核心素养背景下
生本"自主互助"课堂教学文化
的理论与实践

温安武 编著

中山大学出版社
·广州·

版权所有　翻印必究

图书在版编目（CIP）数据

核心素养背景下生本"自主互助"课堂教学文化的理论与实践/温安武编著. —广州：中山大学出版社，2019.6

ISBN 978 - 7 - 306 - 06610 - 7

Ⅰ.①核… Ⅱ.①温… Ⅲ.①课堂教学—教学研究 Ⅳ.①G424.21

中国版本图书馆 CIP 数据核字（2019）第 073445 号

出　版　人：王天琪
策划编辑：嵇春霞
责任编辑：罗雪梅
封面设计：刘　犇
责任校对：袁双艳
责任技编：何雅涛
出版发行：中山大学出版社
电　　话：编辑部 020 - 84110771，84111997，84110779，84113349
　　　　　发行部 020 - 84111998，84111981，84111160
地　　址：广州市新港西路 135 号
邮　　编：510275　　传　真：020 - 84036565
网　　址：http://www.zsup.com.cn　E-mail:zdcbs@ mail. sysu. edu. cn
印　刷　者：佛山市浩文彩色印刷有限公司
规　　格：787mm × 1092mm　1/16　16.875 印张　304 千字
版次印次：2019 年 6 月第 1 版　2019 年 6 月第 1 次印刷
定　　价：56.00 元

如发现本书因印装质量影响阅读，请与出版社发行部联系调换

引言

自 20 世纪 90 年代以来，国际组织及美国、新加坡等国家相继构建学生核心素养框架。1996 年，国际 21 世纪教育委员会向联合国教科文组织提交的报告《教育——财富蕴藏其中》中指出：面向 21 世纪教育的四大支柱，就是要培养学生学会学习、学会做事、学会合作和学会生存。1997 年，国际经济合作与发展组织（OECD）启动了"素养的界定与遴选：理论和概念基础"项目，确定了三个维度（九项素养）：能互动地使用工具，互动地使用（新）技术；能在异质群体中进行互动；能自律自主地行动。美国"21世纪素养"框架，确立了三项技能领域，每项技能领域下包含若干素养要求。（见图 1）

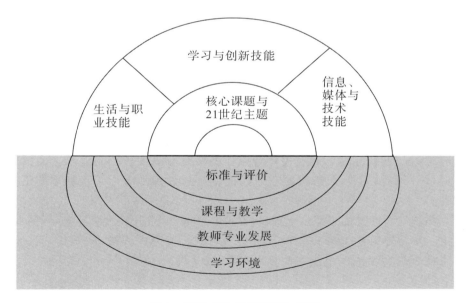

图 1 美国"21 世纪素养"框架

2010 年 3 月，新加坡教育部颁布了新加坡学生的"21 世纪素养"框架（见图 2）。

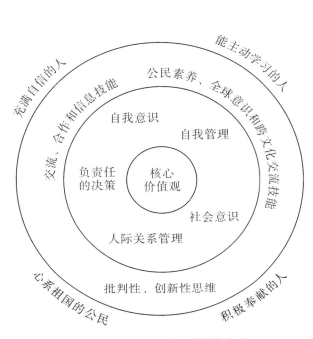

图 2　新加坡"21 世纪素养"框架

2014 年,深圳市实施"四轮驱动"策略,提升学生八大素养:品德素养、身心素养、学习素养、创新素养、国际素养、审美素养、信息素养、生活素养。

世界典型国家与地区对未来公民核心素质的要求,虽各不相同,但对培养学习与创新能力、养成关怀与合作品格有着高度一致的追求。爱因斯坦说过一句话:"什么是教育?当你把受过的教育都忘记了,剩下的就是教育。"

美国学者埃德加·戴尔(Edgar Dale)1946 年提出了"学习金字塔"的理论。学习效果在 30% 以下的几种传统方式,都是个人被动学习;而学习效果在 50% 以上的,都是主动参与式学习。(见表1)

引言

表1 "学习金字塔"理论

两周后我们记得什么事情		涉及本质
我们说过和做过的事记得90%	实际做事	主动
	模拟实际经验	
	做一场引人注目的简报	
我们说过的事记得70%	做非正式演讲	
	参与讨论	
	当场看到事情完成	
我们听过和看过的事记得50%	观看示范说明	被动
	参与讨论	
	看电影	
我们看过的事记得30%	看图片	
我们听过的事记得20%	听讲	
我们读过的事记得10%	阅读	

推行新课程改革以来,学校的教学观念与教学方式有了很大的变化,国家《基础教育课程改革纲要》要求:改变课程过于注重知识传授的倾向,改变课程实施过于强调接受学习、死记硬背、机械训练的现状。但当前学校课堂现状是:为了追求升学率,课堂上部分教师还是以完成教学任务为目的,教育活动的目的大多为应付考试,采取"满堂灌"和"强化"的教学方式,学生被动地接受,压抑学生个性的自由发展。因此,要重新构建适应新课程改革下的课堂教学文化体系,"自主互助课堂教学文化"应运而生。教育的根本任务是育人,是培养学生的"核心素养"。它是为了培育现代社会优秀公民的自觉担当,是为了每一位学生的成长和发展。

随着教育教学改革的推进,以学生为本的教育理念正在逐步深化,"生本教育"是为学生好学而设计的教育,也是以生命为本的教育,是真正做到以学生为中心的教育,[①] 打破了教育教学中传统的"三中心"(课堂中心、教材中心、教师中心)的教育理念。课堂教学作为班级授课中普遍采用的

---

① 参见黄浣波《推广生本教育,深化化学教学改革》,《新课程(中学)》,2012年第4期。

一种教学方式，课堂中存在着一定的文化，作为教育的主体，教师与学生都在进行着"文化适应"。课堂，是学校教学的主要场所，也是师生共同体验生命历程的基本时空。学生每天至少有三分之一的时间在这里度过，教师生命中大多数时间和精力都在为课堂而付出，课堂教学中教师和学生都具有鲜活的生命个性。而文化是课堂的养分，充盈于课堂之内、师生之间，体现的是一种氛围，是一种人的精神气象。① 当今时代，课堂教学成为实施素质教育的主要阵地，课堂教学改革对教师与学生提出了新要求，构建生本"自主互助"课堂是当前教育发展的关键。强调学生的学习主体地位，"就是真正认识和把握学生这个本体，把一切为了学生作为教育价值原则"②。从主要依靠教师的教转向主要依靠学生的学的教育，不仅体现在教育价值上，更是体现在教育伦理上，"对学生的尊重，是生本教育的本质和基本原则，其关键是从内部和外部了解学生"③。"生本教育"从教育意义上强调真正对人的生命意义的尊重，从根本上认识教育。它强调教师在教学过程中应与学生积极互动、共同发展，引导学生质疑、调查、探究，在实践中学习，促进学生在教师指导下主动地、富有个性地学习。④ 生本教育下的有效教学认为人的发展不是心理学中可测量的指标，而是有着价值取向的，对于个体来说是持续不断的变化所构成的意义。⑤

本书旨在解决师生在自主互助式课堂教学环境下课堂教学中的规范、价值观念、思想观念和行为方式转变，并形成师生所自觉遵循和奉行的课堂文化。包括两个方面：一是在人本理念下的自主互助式课堂教学观念文化建立，即在教学价值、教学目标、教学内容、教学过程、教学方式和教学评价等方面建立适应新课程的要求，以生为本，一切服务于以学生发展为宗旨的教学观念；二是构建自主互助的课堂教学制度，并通过反复实践形成良好的教学行为。譬如，先学后教、以学定教、开放融合、问题教学、互助共享、学以致用等都是生本课堂的理想制度。本书旨在探索一条行之有效的在核心素养背景下基于生本的"自主互助"课堂的教学文化实践之路，培育有生本思想、有教学智慧的优秀教师，造就有家国情怀、有学习创新能力的学生。

---

① 参见董丽《浅谈课堂文化对课堂教学的影响》，《学理论》，2011 年第 11 期。
② 郭思乐：《教育走向生本》，人民教育出版社 2001 年版。
③ 郭思乐：《教育走向生本》，人民教育出版社 2001 年版。
④ 参见孙亚玲《课堂教学有效性标准研究》，教育科学出版社 2008 年版。
⑤ 参见郭思乐《课堂：从短期指标回到人的发展——生本教育引发的观念更新》，《人民教育》，2009 年第 3 期。

目　录

第一章　"自主互助"课堂教学文化的理念追源 …………………… 1
　　第一节　研究缘起与核心概念 …………………………………… 1
　　第二节　研究理论依据 …………………………………………… 6
　　第三节　"自主互助"课堂教学文化 ……………………………… 17

第二章　创建"自主互助"课堂教学文化 ………………………… 46
　　第一节　创建"自主互助"课堂教学文化之思索 ………………… 46
　　第二节　基于"自主互助"课堂教学文化模式的流程再造 ……… 56
　　第三节　基于"自主互助"的教师行动方案 ……………………… 67

第三章　"自主互助"课堂行动策略 ……………………………… 96
　　第一节　教学设计策略 …………………………………………… 96
　　第二节　教学设计的重要策略 …………………………………… 109

第四章　"自主互助"课堂文化的光祖实践 ……………………… 150
　　第一节　导学案 …………………………………………………… 150
　　第二节　教学反思 ………………………………………………… 179
　　第三节　课题研究报告 …………………………………………… 199

后　记 ……………………………………………………………… 261

第一章 "自主互助"课堂教学文化的理念追源

第一节 研究缘起与核心概念

一、研究缘起

华为总裁任正非在接受媒体采访时表示,教育是最廉价的国防,特别要重视基础教育,一个国家的强盛是在中小学教师的课堂上完成的。实施素质教育,培养学生核心素养是时代的要求。素质教育的主阵地依然在课堂,课堂教学质量直接影响着人的发展。初中课堂教学"高负低质"的内在原因主要有以下四个。

1. 课堂教学互动性不够

主要原因是教学中教师主导性丧失和学生主体性缺失。互动性不够一方面是教师没有做好充分的教学准备,即对课堂教学全过程的预设不充分,譬如,教学目标不精确,学情了解不精准,教学活动不精巧,教学点拨不精要等,都导致教师课堂主导性丧失;另一方面,学生的态度、兴趣、基础、能力及课前的学习准备等直接影响学习主体的参与性。教师主导的丧失与学生主体的缺失,抑制或阻隔了师生真正的教学互动。众多课堂互动性不够体现在以下四个方面:第一,互动只有热闹的形式,缺乏实质的主题、话题或问题,"假热闹";第二,互动是外力的迫使,并不是学生困惑的追问与智慧的分享,"装样子";第三,把需要时间深度思考的难点内容,在普遍没掌握的情况下,匆忙地让"学霸"展演,"压学子";第四,"消沉性课堂"或"一言堂","霸场子"。诸如此类的课堂教学生态影响了学生学习的深度参与,降低了课堂教学实效。

2. 学习共同体互助性不强

主要原因是学生自主学习的深度不够,学生人际的融合度不足,以及学习共同体组建的科学性较低。首先,自主学习的深度表现在学生对学习内容的预习和准备程度。学生自主学习过程中，是否有问题意识，能够提出问题，是否具有提供给同伴帮助的能力，愿意提供帮助等，这些都直接影响学习共同体的互助功能。其次，学生人际的融合度也是影响互助性的重要因素。有调研显示，当今的初中生大多为独生子女，由于家庭的过分呵护，多数学生以自我为中心，不善于与他人交往，不乐于与别人分享，大多数学生在人际交往中缺乏平等竞争的意识和宽容、平和的心态，部分孩子社会适应能力差，缺乏独立与别人交往、独立决策和判断的意识与能力，部分孩子人际关系敏感，表现为自卑、孤独、压抑、焦虑与抑郁，个别学生甚至敌对和偏执情绪较为突出，影响了他们与他人的积极交往。学习共同体如果都是这样的人际关系，则很难形成互助的氛围。最后，学习共同体的组建不科学。学习共同体的组建如果是强强联合，那势必导致缺乏核心，效率低下；如果是弱弱合作，那可能会走向另一个极端。据对学校（光祖中学）221名学生抽样调研的结果表明，学生偏爱互补型组合，这样可以取长补短，各取所需，在交往中拥有自信，在交流中增长智慧。（见图1-1）

选项	小计	比例
A.互补型	177	80.09%
B.优困型	7	3.17%
C.同质型	25	11.31%
D.随意型	12	5.43%
本题有效填写人次	221	

图1-1 学生学习共同体的组建模式调研情况

3. 自然生成创新性不足

姜海燕在《生成性教学的实践诉求》一文中详细阐述了生成性教学的困境有两个方面："控制"下的伪生成性教学和"否定预设"的无效生成性教学。前者是答案实质的预设被热闹的环境掩盖了，缺少个体的差异和宽容的氛围，教学的结果是可控而且是被控的；后者是为了生成而生成，明确、简单和稳定的教育要素之间的联系其实是没有必要生成的，但现在的课堂为了"热闹"，把这种没有必要生成的内容也要求生成了，导致课堂成了学生的"表演课""作秀课",表演流于形式。教师为了上得"精彩",花了大量时间在表演上,追求形式上的效果而忽视学生的主体性,没有深入地考虑到学生创新思维能力的培养。鼓励课堂的自然生成才能创造课堂教学的无限可能,自然生成的内容可以有课本的理论,可以有通识类的知识,更可以有创见性的观点。给学生思维的空间,方可创造可能。

4. 课堂评价发展性不全

利用评价方式改变课堂教学方式,是引领机制,也是倒逼机制。目前课堂评价多为终结性评价,对课堂教学过程的发展性评价不足,多以结果好坏论英雄,而这个结果主要是成绩。究其原因,一方面是教师传统观念的根深蒂固,另一方面是教育行政部门、督导部门、学校传统的评价体系使然。如果把课堂评价的对象从教师转到学生身上,重点放在学生学习状态、学习方式、参与程度、合作效果、师生交流互动情况等方面,并以此作为衡量教师教育教学水平的重要参考,那么教师就不会过多地把心思用在如何完成讲授任务、如何展示自己的才华、如何单纯提高分数上,定会更加注重学生的表现和核心素养,习惯慢慢养成以后,教学方式的转变也就实现了。新课程改革要引领课堂评价由终结性评价向发展性评价转变,以提高学生的关键能力和必备品格。

课堂教学互动性不够,互助性不强,自然生成创新性不足,课堂评价方式不关注发展性、过程性,这些是造成课堂教学有效性不高的内在原因。

我们尝试建构"自主互助"式课堂教学文化,目的就是从课堂的理想追求出发,力求解决课堂教学"高负低质"的问题,立足"低负优质"的课堂教学,提升学生的核心素养。

二、核心概念界定

(一)自主

以学生为本的教育是指真正以学生为本,为学生学习而设计的教育。自主所体现的生命自觉,不仅仅是教师上好每节课,还在于实现每一个学生的自主学习权。教学的真正意义在于促进学生真正的学习,给学生提供高水平、高水准的学习机会,激发学生"我要学"的欲望。教育呼唤生命自主自觉。生命自觉是叶澜教授最早提出的,她说,时代呼唤生命自觉,生命自觉是新基础教育追求的核心价值观。什么是生命?生命皆有自然、社会和精神等多重属性,是充满活力的、不断生长变化的有机体。什么是自觉?它强调人的生命发展主要是内在动力主导和自主推进的结果,是人的生命成长和发展的基本取向。"自主"即以自主学习为基础,用丰富多彩的主体性学习活动代替单一的讲解接受式学习,促使学生由被动接受走向主动学习,即问题由学生自主提出,概念由学生自主概括,规律由学生自主发现,文本由学生自主解读,实验由学生自主设计和操作,作业由学生自主选择、自主布置和自由评价。

(二) 互助

学校创建自主互助学习文化,互助体现在生命成长共同体学习文化的氛围中,大家互帮互助,合作学习。自霍德(Hord,1997)首次提出教师专业学习共同体的概念以来,学习共同体的概念发展迅速,很多学者在学习、研究、践行共同体的六大概念:其一,共享的使命、愿景、价值和目标;其二,共享个人实践和支持性领导,保证所有学生的学习权和成就创新保障系统;其三,集体分享探究、学习和行动,聚焦教与学的合作团队;其四,运用数据来引导决策和持续改善长远计划;其五,获得社区和家庭的积极参与;其六,提高综合素养,提升学习力和领导力。在自主学习的基础上,通过学生间互相帮助、互相启迪、互相考查、互相影响等,让学生在群体生活互动中实现互助,并学会交往、学会共处、学会自律,培养学生的交流能力、合作能力、自我约束能力和团队意识等现代人必备的素质。

(三) 课堂教学文化

课堂教学文化就是在课堂环境中,由教师和学生在教学、学习、生活、交流等各个领域的相互作用中所创造出来的一切物质和精神的产物以及创造的过程,它是一个多层次的有机复合体。"文化"一词,最早出现在《周易·贲卦·象传》:"观乎人文,以化成天下。"文化包含多重含义,主要分为精神文化与物质文化,文化的传承与教育存在紧密联系。在学校教育中,课堂是主要的教育场所,课堂文化的构建对提高教学效率、建设和谐的师生关系有一定的价值。吴康宁等在《课堂教学社会学》一书中认为,课堂文化是指课堂中的社会文化,可以看成教学中的规范、价值、信仰和表象象征符号的复合体。[①] 杜德栋则认为,课堂文化是指教师和学生等多种教育要素在课堂教学过程中形成的课堂风气、规范、心理环境、价值观念、思维方式

[①] 参见吴康宁《课堂教学社会学》,南京师范大学出版社1999年版。

与行为方式的综合体。① 潘光文认为,课堂文化是教学活动及对教学活动起支撑、规范和引领作用的课堂物质条件、课堂制度、课堂信念、课堂价值的总和。② 从内部结构来看,它可以分为四个层次:第一层次是物质文化,也叫载体文化,它是课堂教学文化的外在标志;第二层次是课堂行为文化,它是课堂教学的"活文化",是课堂教学文化的晴雨表;第三层次是制度文化,也称规范文化,它是文化活动的准则,本身又是文化的组成部分;第四层次是精神文化,包括心理的和观念的两个方面,它是课堂教学文化的核心和灵魂,也是课堂教学文化研究的关键点。

---

① 参见杜德栋《课堂文化密码面面观》,《教育理论与实践》,2011 年第 3 期。
② 参见潘光文《课堂文化的批判与建设》,西南大学博士学位论文,2009 年。

第二节 研究理论依据

"自主互助"课堂教学文化理论与实践的理论基础有很多,主要集中在自主学习理论、建构主义理论、合作学习理论、社会交往理论和学习型组织理论等。

一、自主学习理论

从 20 世纪 50 年代开始,自主学习成为教育心理学研究的一个重要课题。维果斯基学派、行为主义学派、现象学派、社会认知学派和信息加工心理学派等都从不同角度对自主学习做过深入研究。斯金纳行为主义提出自主学习包含自我监控、自我指导、自我评价和自我强化这四个过程和开发出的自我记录技术、自我指导技术、自我强化技术,以及齐莫曼把自主学习分为计划阶段,行为、意志控制和自我反思阶段的研究,对本项目都有借鉴作用。社会认知学派的 Zimmerman 提出了一个系统的自主学习研究框架,对自主学习的实质做了深入说明。(见表 1-1)

表 1-1 自主学习的研究框架[①]

科学的问题	心理维度	任务条件	自主的实质	自主过程
为什么学	动机	选择参与	内在的或自我激发的	自我目标、自我效能、价值观、归因等
如何学	方法	选择方法	有计划的或自动化的	策略使用、放松等
何时学	时间	控制时限	定时而有效的	时间计划和管理
学什么	学习结果	控制学习结果	对学习结果的自我意识	自我监控、自我判断的行为控制、意志等

---

① Zimmerman B. J., Risemberg R. Self-regulatory Dimensions of Academic Learning and Motivation. In: Phye G. D. ed. Handbook of Academic Learning. Academic Press, 1997, pp. 105 – 125.

(续表1-1)

科学的问题	心理维度	任务条件	自主的实质	自主过程
在哪里学	环境	控制物质环境	对物质环境的敏感和随机应变	选择、组织学习环境
与谁一起学	社会性	控制社会环境	对社会环境的敏感和随机应变	选择榜样、寻求帮助

Zimmerman认为，从本质上讲，自主学习的动机应该是内在的或自我激发的，学习的方法是有计划的或经过练习已达到自动化的，学习的时间是定时而有效的，自主学习的学生能够意识到学习的结果，并对学习过程做出自我监控，他们还能够主动营造有利于学习的物质和社会环境。但是在实际的学习情境中，完整意义上的自主学习和极端的不自主学习都较少，多数学习介于这两者之间，因此，研究自主学习首先应该分清学生在哪些方面是自主的，在哪些方面是不自主的，然后再有针对性地施加教育干预。

Winne和Butler认为，自主学习者面临学习任务时，首先要利用已有的知识和信念对任务特征和要求进行解释。任务知识影响学生对学习任务的表征和解释，并对目标设置和策略选择起中介作用。策略知识在自主学习中起着更为重要的作用，充分而有效的策略知识是学习取得成功的关键。同时，能够自觉地选用策略知识也是自主学习的重要标志之一。在涉及自主学习的动机性信念中，自我效能感的作用最为突出，因为它影响学习目标的设置、对学习目标的承诺、学习的坚持性，以及在目标实现过程中的若干决策。学生一旦完成对学习任务的解释，接下来就要设置学习目标，学生所选择的目标在形成和展开自主学习的过程中居核心地位，因为学生要根据学习目标来确定学习方向，判断学习的进展情况，选择和调整学习过程和策略。通常，学生所选择的与学习任务相关的目标主要有两类：一是掌握目标，二是表现性目标。确定掌握目标的学生寻求对学习任务的理解和掌握，而确定表现性目标的学生更多地是为了向他人证明自己有能力。（见图1-2）

学习目标确定之后，自主学习的学生就要根据学习目标选择和运用相应的学习策略，所选择的学习策略可分为两种，即认知策略和意志策略。认知策略包括复述精加工组织等许多具体策略，意志策略包括动机控制策略和情感控制策略等。学生在策略的应用过程中有时会遇到一些困难，主要表现

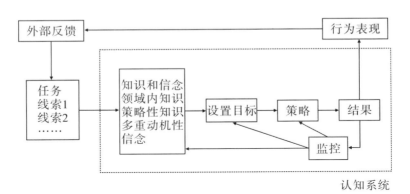

图 1-2 Winne 和 Butler 的自主学习模型①

在：一是难以识别策略适用的条件；二是错误地知觉任务目标并因此在策略与任务之间形成错误匹配；三是选择了有效的策略，但不能有效地使用这些策略；四是畏于策略应用需付出的努力而缺乏策略使用的动机。要克服这些困难，需要加强策略的学习和练习。

大卫·利特尔（David Little）认为，自主学习的实质是学习过程与学习内容的心理连接，即进行客观的、批判性反思的独立学习能力。同时他极大地拓展了自主学习的概念，认为自主学习不是独立于传统课堂教育的学习，课堂上的合作和互动才是培养自主性学习的根本。思考和分析问题的能力是培养自主学习的根本，而思考和分析能力的培养取决于能否参与社会互动中，并在社会互动中进行批判性思考。②

二、建构主义理论

从理论发展上来看，主要基于建构主义与人本主义的思想理论对生本自主互助课堂文化进行研究。建构主义学习理论的基本观点是：以学生为中心，强调学生对知识的主动探索、主动发现和对所学知识意义的主动建构，同时注意文化环境等因素对学生发展的影响。这一理论主要强调学习的过程是学习者主动构建知识与主动学习的过程，批判师本化与灌输性教学方式。

---

① Butler D. L., Winne P. H.. Feedback and Self-Regulated Learning：A Theoretical Synthesis. Review of Educational Research, 1995, pp. 245-281.
② 参见 David Little 等《自主学习方法与途径》，邱永忠、林赞、江琴等译，福建教育出版社 2010 年版。

建构主义认为：第一，学习是学习者主动地建构内部心理表征的过程。学习者不是被动地接受外来信息，而是主动地进行选择加工；学习者不是从同一背景出发，而是从不同背景、不同角度出发；学习者不是由教师统一引导，完成同样的加工活动，而是在教师和他人的协助下，通过独特的信息加工活动，建构起对现实世界的意义。真正的学习应是要建构围绕关键概念组成的网络结构，包括事实概念策略概括化的知识，学习者可以从网络的任何一点进入学习。第二，学生是信息加工的主体，是意义的主动建构者，而不是外界刺激的被动接受者和被灌输的对象。教师是学生意义建构的帮助者、促进者，而不是知识的传授者与灌输者。教师应注重以学生为中心进行教学，注重在实际情境中进行教学，注重协作学习，注重提供充分的资源，强调要设计好教学环境。

人本主义在建构主义思想上进一步发展，不仅肯定学习者的主体性，同时意识到教育要遵循学生的发展规律，尊重学生的个性差异。20 世纪初，美国著名教育家杜威第一次明确提出"儿童中心主义"，指出传统教育的缺陷。1952 年，人本主义的代表罗杰斯受到杜威思想的影响，提出"以学生为中心"的教学思想，抨击传统"三中心"教育理念，实现从以"教"为中心向以"学"为中心的转变，从"教授模式"向"学习模式"转变，推动了以学生为主的教育理念的传播。① 学者们通过"以学生为中心""主动构建知识""遵循人的发展规律"等思想理论，研究生本教育与课堂文化的构建。生本理念下"自主互助"式课堂教学文化实践探索，强调备课组集体备课，形成导学案，学生在导学案、教材、网络等条件下自主初步学习，再通过小组合作互助探究，在老师的引导下完成自主合作学习。行为主义认为：学习是刺激与反应的联结，是在既有行为之上学习新行为的历程，学习过程是一种渐进的"尝试错误"直至最后成功的过程，强化是学习成功的关键。其基本特点是重视知识、技能的学习。生本理念下"自主互助"式课堂教学文化实践探索，强调导学案要引导学生自主学习，重视知识、技能，学生在自主学习中完成知识的正迁移，再通过课堂练习设计和小测设计进行知识技能强化。

三、合作学习理论

合作学习理论认为，合作学习有五个基本要素：第一，积极的相互依

---

① 参见刘献君《论"以学生为中心"》，《高等教育研究》，2012 年第 8 期。

赖。学生们知道他们不仅要为自己的学习负责，还要为他们所在小组中其他同学的学习负责。第二，小组及每个小组成员的责任感。小组成绩取决于小组总的任务的完成情况，小组成绩将影响个人的成绩记录。第三，面对面的建设性的相互交流，学生们有机会相互解释所学的东西，有机会相互帮助、理解和完成作业。第四，小组合作技能。期望所有学生能进行有效的沟通，对小组的活动提供指导，建立并维护小组成员之间的相互信任，有效地解决组内冲突。第五，小组的自我评估。各小组必须定期评价共同活动的情况是否良好，应怎样提高其有效性。合作学习的方式主要有同伴教学法、小组游戏竞赛、小组辅助个体和共学式等。合作学习是目前在世界范围内被广泛使用的课堂教学组织形式。生本理念下"自主互助"式课堂教学文化实践探索，在课堂教学中引入小组互助学习活动，由此引发了对合作学习的探讨，强调在课堂上的小组互助学习，形成学习共同体；注重合作意识的培养、合作能力技巧的训练、交流能力的提高和全面评价能力的提升；注重培养人的社会性，以培养良好的社会主义公民为目标。

四、社会交往理论

社会交往是从动态角度分析社会现象的基本概念。这一概念是从马克思的交往理论中提取出来的。在马克思、恩格斯那里，社会交往指的是人们在生产及其他社会活动中发生的相互联系、交流和交换。他们用社会交往概念论述了历史唯物主义的理论。这些概念是同人们的社会行动的概念相联系的，即他们要解释人们之间相互影响的意义与机制，分析这一过程所包含的社会意义。因此，西方社会学家往往在微观上使用社会相互作用的概念。社会交往系统的基本要素包括社会交往的主体和客体、交往力、交往关系、交往的意识、交往的需要和交情等，它们是一个有机整体。交往力，是指人们进行社会交往活动的能力。社会交往关系，是指人们在社会交往活动中的地位和相互关系。交往关系和生产关系都是社会关系整体的组成部分，生产关系是交往关系的基础。交往的意识是指人们进行社会交往活动的社会意识。交往的需要是指人们进行社会交往活动的需要，是社会交往的动机。交情是指人们在社会交往活动中培养起来并且表现出来的感情。在生活世界中，交往参与者相互之间就一些事情达成共识，只有转向关注作为语境的生活世界，我们才能变换视角，从而揭示出行为理论与社会理论之间的内在联系。社会概念必须与生活世界概念联系在一起，而生活世界概念又与交往行为概

第一章 "自主互助"课堂教学文化的理念追源

念形成互补关系。因此，交往行为主要是一种社会化原则，值得关注。① 生活世界与系统过程是交往行为理论的重要概念之一。在哈贝马斯看来，生活世界有三种解释模式，分别是关于文化或符号系统的、关于社会或社会制度的、关于个性导向或自我本体的。三种模式对应社会的三种功能需要：通过交往行为达到理解，以实现传播、维护以及更新文化知识的目的；互动的交往行为的协调以满足社会整合和群体团结的需要；交往行动的社会化以形成个人认同。因此，生活世界的三个组成部分，即文化、社会、个性，通过交往行动的三个方面，即寻求理解、协调互动和社会化来满足社会文化再生产、社会整合和个性成长的需要。哈贝马斯还认为："为了达到人对其环境的理解，交往行动的参与者置身于一种他们既运用又更新的文化传统之中，再通过对有效断言的主观认识来协调其行动，他们依赖于自己在群体中的成员资格并加强他们之间的合作；通过与能力者的互动，他们发展了童年所内化的价值取向并获得一般化的行动能力。"

在现实的社会中，生活世界与系统过程是相互联系的。经济、政治、家庭及其他制度联系中的活动依赖于生活世界的各个方面：文化、社会与个性。不过进化的趋势是生活世界分化为各自分离的文化、社会与个性的知识库，而系统分离为彼此区别的制度群，如经济、国家与法律，这种分化产生了将系统与生活世界再平衡再整合问题，正是在这些问题中存在着现代社会的危机。② 哈贝马斯断言：理性更多地与运用知识的方式联系在一起，而较少地与知识有关。如果我们认为在一些情境中谈论某事是合理的，那么我们就会明白，这要么是指人们表达的认识，要么是指包含认识的符号表达形式。我们说某个人理性地行动，或者说某种陈述是合理的，实际上就是说这个行为或陈述可以被有关的某些人批驳或辩护，而这恰恰就是他们为了证明自己是正当的或有根有据的。我们不能像经验主义者那样，限制理性行为的范围和对客观世界的认识。我们必须以"交往合理性"的概念来弥补"工具认知理性"的不足。正如哈贝马斯自己所说的，合理性意味着交往，因为只有符合与至少另一个人达成相互理解的必要条件时，某事才是合理的。

根据哈贝马斯的交往行为理论，"自主互助"式课堂教学文化倡导教学本身的价值性、意义性与发展性。教学回归到人，立德树人是根本任务，培

---

① 参见哈贝马斯《交往行为理论》，上海人民出版社2004年版，第337页。
② 参见唐晓群《哈贝马斯的交往行为理论》，《中国社会科学院研究生院学报》，1997年第6期。

养完美人格是教学的更高目标；教学内容是师生间展开交往的文化载体，自主互助课堂教学文化要求学习内容尽可能地与日常生产生活相联系，尽可能创设真实的社会案例或生产实例，使教学交往具有意义性；课堂交流的主要形式从"听讲"转向"平等互动地交流"，在交流中建构知识，催生智慧，产生情感；在课堂教学质效评价上，真正追求学生全面、个性、可持续发展，尤其是潜在的交往能力、合作能力等影响一生的关键素质要得到历练与养成。

五、学习型组织理论

美国麻省理工学院的彼得·圣吉凭借1990年出版的《第五项修炼——学习型组织的艺术与实务》一书荣获世界企业学会最高荣誉奖——开拓者奖。在该书中，他提出了学习型组织的管理理念，在全球产生了很大的影响，创建学习型组织的目的是使人不断超越自己，改善心智模式，开拓创新，增强活力与创造力，强调通过学习，我们重新创造自我；通过学习，我们能够做到以前从未能做到的事情，重新认知这个世界及我们跟它的关系，以及创造未来的能量。一个成功的学习型组织需要经过五项修炼。第一，自我超越，组织的个体通过学习不断理清和加深个人的真正愿望，集中精力，培养耐心，实现自我超越。自我超越是学习型组织的精神基础。第二，改善心智模式，这要求组织检查和修正以往以局部或静态思考的方式为主的心智模式，向注重互动关系与动态变化的思考方式为主的共同心智模式转变。第三，建立共同愿景，形成组织成员普遍认同的目标、价值观与信念。共同愿景的作用在于为组织学习提供焦点与能量，并激发组织成员形成不断向前超越的力量。第四，团队学习，即发展团队成员相互配合、实现共同目标的能力的学习活动及其过程。第五，系统思考，要求人们树立全局的观念，形成整体的、动态的搭配能力和思维模式，运用系统的观念看待组织的发展，将问题置于系统中来思考，从发展的各种要素中寻求新的平衡。

学习型组织是一个持续的过程，是组织通过各种途径和方式，不断地获取知识，在组织内传播知识，创造出新知识，以增强组织自身能力，带来行为或绩效的改善的过程。学习型的人应是能系统思考的、不断自我超越的、不断改善心智模式的、积极参与组织学习的、能在共同愿景下努力发展的人。同时代有很多学者都对学习型组织理论的建立和完善做出了贡献，如阿吉瑞斯（Chris Argyris）在1977年发表的《组织中的双环学习》一文中对组织学习的方式进行了研究，还有鲍尔·沃尔纳的五阶段模型等，彼得·圣吉是在所有研究的基础上的集大成者。

学习型组织理论对"自主互助"式课堂教学文化建设有如下几点启示：其一，学校培养的时代新人，不应仅是泰罗和法约尔看成的"经济人"、梅奥看成的"社会人"、马斯洛看成的"自我实现"的人、麦格雷戈提出的X—Y理论以及此后的超Y理论看成的"复杂的人"等，21世纪的人应该是"学习型的人"，这对培养学生自主学习品质是有力的哲学支撑。其二，因人的学习和发展需要在学习型组织中成全，学校要推进"自主互助"式课堂教学文化实践，不能局限于课堂的改变，在全校乃至每个家庭都要营造学习型组织的氛围与行动，系统推进团体学习。其三，"自主互助"式课堂教学文化建设，要明确集体"愿景"，目标是培养学生学会学习、学会合作、学会关怀、学会担当等关键能力与必备品格。其四，学习型组织提到要实现个体成长，集体发展，必须改善人的心智模式，自主超越，共同成长。这要求我们在"自主互助"式课堂教学文化营建过程中，必须注重人的思想转变和行为改进。一种新型的课堂教学文化的形成需要有一个从"渐变"到"自觉化"的过程，不可一蹴而就，但又必须日新渐进。

六、学习共同体理论

博耶尔（Ernest L. Boyer）在1995年发表了题为《基础学校：学习的共同体》（The Basic School：A Community of Learning）的报告，在报告中首次提出了"学习共同体"的概念。学习共同体（Learning Community），亦称学习者共同体（Community of Learners），是一个由教师、学生、管理人员以及其他人员组成的组织。在学习共同体中，成员有清晰的奋斗目标，可以面对面地沟通与互动。Baker（1999）认为，学校从真正意义上来说应该是一个学习共同体，它必须"有共同的愿景，能够彼此交流，人人平等，有规则纪律约束，相互关心照顾，气氛是快乐的"（厄内斯特·波伊尔，2004）。在学习共同体中，教师与领导是平等的交流，要打破行政领导的科层制领导模式，促进教师与行政层的交流和沟通，互相学习，互相指引，互为专家（Gary M. Shulman，2004）。

"学习共同体"所依据的一个重要概念框架是实践共同体，它由莱夫和温格在《情景学习：合法的边缘性参与》一书中提出，并由温格在《实践共同体：学习、意义和身份》中予以系统阐述。所谓实践共同体，指的是这样一个人群：所有成员拥有一个共同的关注点，共同致力于解决一组问题，或者为了一个主题共同投入热情，他们在这一共同追求的领域中通过持续不断的相互作用而发展自己的知识和专长（赵健，2004）。

有关学者还对学习共同体的理论渊源进行不同角度的探讨。"学习共同体是发展中的一种教学隐喻，它直接与建构主义中'学习是知识的社会协商'这一学习隐喻相对应。其理论假设是社会建构主义和分布式认知，强调知识的社会性特征，知识分布或存在于团队、共同体中"（全守杰，2007）。学习共同体以建构主义为基础，还体现在相关研究者对学习共同体理论背景的分析和推断上：学习是知识和价值的共同建构，且离不开与他人以及环境的互动作用这一建构主义学习观。

学习共同体是促进参与者学习建构知识的一种很好的方式。学者赵健以维果茨基心理发展的社会文化观、社会建构主义和建构论为基点，对学习的社会性进行了论证，即从个人的认知建构到知识的社会协商阐述学习的社会性。参与者个人建构和协商建构成为学习共同体的重要实践途径。他试图解决校内学习与校外世界真实性的问题，对学习的实践特征主要是从心理学关于"实习场"的理论视角进行分析，并结合情境认知和人类学家莱夫的合法的边缘参与的有关理论，提出"学习就是参与学习共同体""学习就是一种社会参与"。分布式认知为知识的个体性与社会性的相互关联提供了有力的解释，而将分布式认知转换为分布式认知资源，需要通过设计课堂学习环境培养学习共同体。开展面向参与者而设计的教学成为必然趋势。

富兰曾强调了内在（Inside）的发展，即学校进行文化重构（Re-culturing）的过程，构建专业学习共同体（Professional Learning Community）。布莱克史坦（Blackstein，2004）也指出，学校的成功有赖于教师的发展，而在当前改革的背景下，教师的发展有赖于建立专业学习共同体。专业学习共同体脉络之支持，将有助于改革的推行。有学者亦指出，越来越多的证据表明，学校改善的最大希望在于将学校转变为专业学习共同体（DuFour，R.，Eaker，R.，1998）。因此，通过教师专业发展以建成教师专业学习共同体，从而从根本上改变学校内的组织文化、结构和领导角色，实现文化重构——注重分享的价值和标准，关注学生学习、反思性对话、实践之非私有化和合作（Louis，K. S.，Kruse，S. D.，Marks，H. M.，1996）。最终，要实现校本学校改善，应立足学校实际，依托教师专业发展，通过教师参与和努力以建构专业学习共同体来实现学校的文化重构，从而建立起学习型组织（宋萑，2006）。从校本教师专业发展的角度来看，教师需要在一个适宜学习与发展的土壤中成长，需要一种以创新为根本的学习型学校的学习的脉络环境，需要同事之间合作分享，需要教师专业共同体的强大支持。而教师专业

第一章 "自主互助"课堂教学文化的理念追源

学习共同体恰恰能提供这些条件,教师专业学习共同体更能体现学校本位的特征,从学校本身存在的问题和学校发展的特殊性出发,在专业共同体脉络中学习和探究,来完善学校发展。

关于如何界定学习共同体的概念,在相关文献中主要有以下几种观点。

第一,有学者认为:"学习共同体就是为完成真实任务、问题,学习者与他人相互依赖、探究、交流和写作的一种学习方式。"(尚茹,2007)此观点偏重从教育学的视角,将学习共同体定义为一种学习方式,与基础教育新课程改革所提倡的新的学习方式是一致的,它强调共同信念和愿景,强调学习者分享各自的见解与信息,鼓励学习者探究,以达到对学习内容的深层理解。

第二,"学习共同体是指由具有共同信念、共同目标的学习者及其助学者(包括教师、专家、辅导者等)共同构成的团体。他们彼此之间经常在学习过程中进行沟通、交流、分享各种学习资源,共同完成一定的学习任务,因而在共同体成员之间形成了相互影响、相互促进的人际关系。"(王越英,2004)

第三,学者徐丽华从教师专业发展的角度出发,立足于将学习共同体视为学校的一种学习组织形式,认为教师学习共同体是指在以校为本的学习团体活动中,以教师个体的自身成长为关注的焦点,围绕着教师在职场中碰到的问题,通过理论引领的交流和新型教研活动的互动,使教师借助个体和集体的智慧将公共知识转化为个人教学风格,并以教师个体教学个性的丰富性来促进协作学习共同体与学校的文化建设,从而达到教师个体与协作学习共同体、学校一起成长。这是将学习共同体作为一种组织的主张,即学习共同体是教学的组织形式,是传统班级组织的替代物,尝试通过组织形式的变革促进学生的学习和健康成长。这是以系统论为基础,从学习型组织理论的角度进行阐释的。

第四,"师生学习共同体"建构的观点,是将学习共同体作为一种关系的主张,其将共同体视为关系的结合,从社会学的视角考察学校的师生交往互动,师生相互促成发展,为共同的成长愿景而奋斗(全守杰,2007)。

总而言之,学习共同体是为了完成、解决或关注某一问题,在共同愿景的指引下,成员间相互对话、沟通或交流,分享与整合各种学习资源并创造性地达到解决问题的目的,并最终使所有成员得到发展的组织。

学习共同体理论对"自主互助"课堂教学文化建设有以下启示:其一,"自主互助"课堂教学文化建设,实质也是打造学习共同体。课堂学习共同体的建设能否成功，关键在于"教师专业发展共同体"的有效建设并持续改进。为此，在推进学校课堂教学文化再造之时，创新性地建设教师发展共同体，持续提升教师的合作意识、交往能力、专业能力、共享精神。其二，"自主互助"课堂教学文化建设需要良好的人际关系来维持，学校要营造民主、平等、欣赏、互动的人际关系，促进师生之间、学生之间、干群之间、家校之间的和谐对话、互动合作。这种积极的氛围是调动师生教学主动性和创造性的隐性文化。其三，共同体理念对"自主互助"课堂教学的要求包括课堂教学要聚焦于一个共同的主题或话题，教学各要素、环节、情景的设计要最大限度地有利于学生参与的广度与深度；对学生进行学习评价时，既要评价个体，也要评价集体，既要评价个体的知识建构与达成，也要评价个体积极参与的状态与水平。

第三节 "自主互助"课堂教学文化

我国对"自主学习"的研究在如何促进学习者自主学习途径方面做了大量的研究工作,探索出了许多值得借鉴和可供推广的方法和经验。其中,有着广泛影响的自主学习的范例有:江苏洋思中学的"先学后教,当堂训练"模式,江苏灌南新知双语学校的"自学交流"模式,江苏东庐中学的"讲学稿"教学模式,山东杜郎口中学的"三三六"模式,山东平邑一中的"学案导学"模式,山东昌乐二中的"导学案和训练案并举"模式,山东兖州一中的"以导学案为核心的""循环大课堂"模式,江西宁达中学的"自主式开放型课堂"模式,等等。它们具有的共同特点是:注重教师的引导,促进学生自主学习,注重给学生创设主动、积极求知的氛围;强调学生自己获得知识;教给学生具体的策略,让学生不断尝试;让学生学会自我监控;注重学生的自我评价、反思与自我强化等。"互助学习"源于合作学习中的同伴互助,由于它在改善课堂内的社会心理气氛、大面积提高学生的综合表现方面实效显著,杭州大学教育系的合作学习小组教学实验,山东教育科学研究所开展的"合作教学研究与实验",以及近年来主体性教育实验对小组合作的探讨,这一系列的教育科学研究和教学实践活动,对合作学习的产生背景、理论基础、目标意义、基本要素等方面进行了系统的研究,为合作学习建构起了完整的理论框架,推动了合作学习在我国的发展。

一、研究的基本走向

(一)论文发表的年份分布情况

为考察研究的规模、国内学者对这一话题的关注度,本书利用中国知网数据库,在期刊库中以"生本理念""以学生为主""自主互助""课堂文化"作为检索词,在关键词中检索,得出2006—2015年关于生本理念下自主互助课堂文化的实践与探索的学术期刊论文共969篇,将论文中的作者、题名、文献来源、机构、发表年度和关键词共6项标引数据下载并导出,以此作为综述的原始数据,并依此做数据分析。运用Excel 2010工具对969篇论文进行统计,得出论文发表的年份分布情况。(见图1-3)

由图1-3可知,2006—2015年关于生本理念下自主互助课堂文化的实

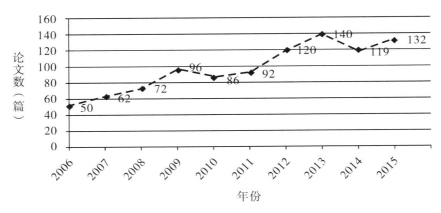

图 1-3 2006—2015 年论文年产出分布情况

践与探索的期刊论文发表数量虽有波动，但整体呈上升的趋势，2011—2013 年增速较快，且于 2013 年达到顶峰，论文发表数量最多，表明该时间段内这项研究受到社会关注，研究较为深入，国内学者侧重研究这一话题；2013—2015 年，每年撰写的关于生本理念下自主互助课堂文化的实践与探索的论文数与时间序列如图 1-3 所示，学术期刊论文数量增速放缓，说明这一研究进入成熟阶段，该研究仍占据教育领域的主要位置。

（二）相关论文文献来源

通过整理 2006—2015 年关于生本理念下自主互助课堂文化的实践与探索的期刊论文，查找文献的来源与出处，分析文献期刊的影响因子，观察研究该项话题的发展水平与认识程度，发现论文被收录的趋势以及生本课堂文化发展的研究阵地，如表 1-2 所示，选取 2006—2015 年论文文献收录量最多的前 9 种期刊，其中，《当代教育科学》独占鳌头，发文 18 篇，紧随其后的《教育科学》发文 17 篇，再者是《中国校外教育》，发文 14 篇，第四则是《教学与管理》，发文 12 篇，四种期刊合计发文 61 篇，约占总收录量的一半，比例达到 46%。说明《教育科学》《教学与管理》《中国校外教育》这类期刊多关注"生本理念的自主互助课堂文化"，研究者如想深入研究这类主题，则可参考这几类期刊。

第一章 "自主互助"课堂教学文化的理念追源

表1-2 2006—2015年关于自主互助课堂文化的实践与探索的期刊论文文献来源（部分）

期刊名称	所占比率（%）
《当代教育科学》	14
《教育科学》	13
《中国校外教育》	11
《教学与管理》	9
《中国教育》	8
《江苏教育》	8
《现代中小学教育》	8
《教育教学》	7
《学周刊》	7
《新课程研究》	5
《才智》	5
《科教文汇》	5

（三）突出贡献机构分布

通过梳理关于生本理念下自主互助课堂文化的实践与探索的期刊论文，发现研究的主要的机构（见图1-4）及这些机构对这一领域的贡献，有助于我们掌握国内研究这一话题的主要地区与规模，深入了解其在不同区域的研究程度，以及不同地区对这一领域的关注度、认可度。

通过图1-4可见，全国研究"生本理念的自主互助课堂文化"的突出机构有以下两个特点：其一，师范类大学占据主要比重，12所大学中占据了10所（西南大学原为西南师范大学）。师范类高校以中小学教育的科研为主，而"生本理念"正是突出学生，以素质教育为主导，促进教育平衡，以学生学为主，转被动为主动，很好地契合了自主互助。这一新理念的提出，结合自主互助，给予这些高校探索与实践的动力。其二，突出的研究机构在地域分布上以发达地区为主。以北京为代表的华北地区和以上海为代表的长江以南地区，二者共占据了7所。北京、上海为教育改革的试验田，在全国起带头标杆作用。长期以来，初、高中生受单一的学科知识评价体系的

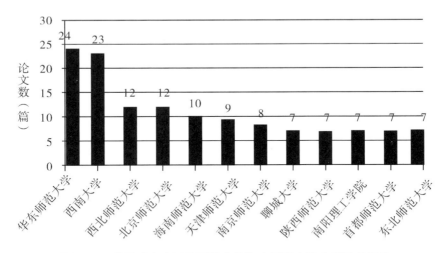

图 1-4 关于"自主互助课堂文化"主题研究的突出贡献机构

影响,往往在学科知识考试上不适应,容易被淘汰与被边缘化,而老师们依然使用传统教育教学方法,使学生学习积极性不高,动力不足。"生本理念"的出现,则有望改变目前的教育状况,以北京、上海为首的发达地区先行改革试验,再往周边辐射,能进一步带动教师、学生观念的转变,真正实现教育走向生本,让学生快乐地学习。

(四)高频关键词的词频分析

通过分析中国知网的数据可得,近 10 年来研究关于生本理念下自主互助课堂文化的实践与探索的期刊论文共 969 篇。关于生本理念下自主互助课堂文化的实践与探索的研究,收集 2006—2015 年期刊论文关键词,通过 Excel 2010 中的 VLOOKUP 函数,找出其中的高频关键词,即在论文中出现频率较高的词,主要有课堂教学、课堂观察、校园文化、教师、教学文化等。将 969 篇文献所有关键词合并成一列,有 4666 行,经统计,其中不同词个数为 2533 个,由高频关键词阈值计算公式 $N = \sqrt{D}$,代入 D 值 2533 个,即词频为 50(含)以上的为高频关键词。[①] 从第四个关键词开始词频较低,难以形成知识群,原因是采样不足,需要按实际情况确定高频关键词范围,

---

① 参见孙清兰《高频词与低频词的界分及词频估算法》,《中国图书馆学报》,1992 年第 2 期。

因此本文选取词频为 8（含）以上 35 个关键词作为高频关键词，进行统计分析。（见表 1-3）

表 1-3 35 个高频关键词顺序

序号	关键词	词频数	序号	关键词	词频数
1	课堂文化	392	19	教学改革	12
2	生本理念	131	20	建构	12
3	课堂教学	113	21	学生	11
4	课堂观察	25	22	和谐	11
5	校园文化	24	23	行为方式	11
6	以学生为主	19	24	新课程改革	10
7	教师	19	25	教师文化	10
8	教学文化	18	26	学习活动	9
9	学习过程	16	27	课堂生活	9
10	教学模式	16	28	教学观	9
11	教学活动	15	29	教学策略	9
12	自主互助	14	30	教学过程	9
13	学习共同体	14	31	教学质量	9
14	教学效果	14	32	对话教学	9
15	自主学习	13	33	师生关系	8
16	课堂管理	13	34	教学研究	8
17	价值取向	13	35	教育理念	8
18	有效教学	12	总计		1045

由表 1-3 可发现 35 个高频关键词的出现频率，除课堂文化、生本理念、以学生为主、自主互助以外，出现频率相对较高的前 10 个热点词为课堂教学、课堂观察、校园文化、教师、教学文化、学习过程、教学模式、教学活动、学习共同体、教学效果。这一统计结果表明，教学过程中的课堂作用与文化作用、教师与学生在生本理念下进行多元互动形成学习共同体，在一定程度上影响着教学效果。课堂教学与课堂观察、校园文化与教学文化是研究课堂文化的主要内容；教师、学习过程、教学模式与学习共同体是研究

生本理念的主要内容。然而，简单地罗列高频关键词无法细致地分析关键词之间的内在逻辑关系，难以发现我国学者对该领域研究的热点所在，因此，需要对关键词进行进一步的分析。

二、文献研究现状分析

关于生本理念下自主互助课堂文化的实践与探索的研究也在继续深入，关注如何追求体现生命活力的课堂文化，通过分析研究的热点问题，挖掘其内在逻辑关系，以及掌握研究中各知识群的联系，能够较好地发现研究的现状与研究的趋势。

（一）研究的热点问题

通过高频关键词的分析得到高频关键词词篇矩阵（见表1-4），将高频关键词词篇矩阵导入SPSS18.0统计工具中，再进行聚类分析，得出高频关键词聚类分析树状图（见图1-5）。用聚类分析树状图进一步描述35个高频关键词之间的关系，并以更为直观、全面的方式表现出来，关键词之间的联系反映、代表了研究的整体结构与方向，从而发现当今研究的热点所在。表1-4中数据表示的是关键词在论文中出现与否；如果论文中出现了，则表中数据显示为1，若未出现，则显示为0。

表1-4 词篇矩阵（部分）

词篇矩阵	1	2	3	4	5	6	7
课堂文化	1	1	1	1	1	1	1
生本理念	0	0	0	0	0	0	0
课堂教学	1	0	0	0	0	0	0
课堂观察	0	0	0	0	0	0	0
校园文化	0	0	0	0	0	0	0
以学生为主	0	0	0	0	0	0	0
教师	0	0	0	0	0	0	0
教学文化	0	0	0	0	0	0	0
学习过程	0	0	0	0	0	0	0
教学模式	0	0	0	0	0	0	0

（续表 1-4）

教学活动	0	0	0	0	0	0	0
自主互助	0	0	0	0	0	0	0

高频关键词词篇矩阵直观反映出关键词在不同论文中出现的情况，为下一步发掘研究的热点问题提供可靠数据。由高频关键词聚类分析得到高频关键词树状图（见图 1-5），从而得知研究的热点所在。

树状图纵轴是关键词名称与其对应出现频率排名 1～25，横轴数字 0～25 表示关键词之间的密切相关程度，越接近 0，则关键词之间的关系越密切，越接近 25，则关键词之间的相关度越低。①

从图 1-5 可以清楚地看出我国生本理念下自主互助课堂文化的实践与探索的研究热点。

热点一，教育教学过程中以教学文化、教师文化、校园文化为发展的重点，贯穿以人为本的、民主和谐的教育理念，将教师与学生的发展相结合。文化影响人的精神层面，能培养学习者的人文精神，营造富有文化气息的学校环境。学校文化是一个大的系统，包括教学文化、校园文化、课堂文化等。学校文化是学校的灵魂，它影响着办学思想、教育理念、人才培养。学校文化也包含精神文化、制度文化、校园物质文化，而其核心是价值观念。学校文化建设是继承和创新的统一，是全校师生长期教育实践的结果。② 教育与文化相互影响，先进的文化能够促进教育的发展，教育的发展能够带动文化的传承，和谐文明的学校文化为学习者提供良好的学习环境与氛围。随着社会的不断发展、信息网络化的诞生、西方文化的不断渗入，各种文化冲击着学生的心灵，对学生的心理健康与学习造成了一定的影响，因此，营造优美、高雅、文明的校园文化是生本理念下教育研究的重点。同时，科技的发展与信息的传递改变了传统的教学方式，以教师的教为中心的理念逐渐被以学生的学为中心的理念所取代，教师在教学中需要遵循人本主义的精神，尊重学生，真诚地对待学生、理解学生。教学文化和校园文化的营造体现了生本理念的核心内涵，推动了课堂文化的构建，成为研究生本理念下自主互助课堂文化的主要内容，受到研究者的广泛关注。

---

① 参见李兴敏、袁子钦、彭兰岚《十五年来我国社区教育研究规律和研究热点——基于社区教育主题硕士论文的全样本文献计量和共词分析》，《成人教育》，2015 年第 8 期。

② 参见顾明远《论学校文化建设》，《西南师范大学学报》（人文社会科学版），2006 年第 5 期。

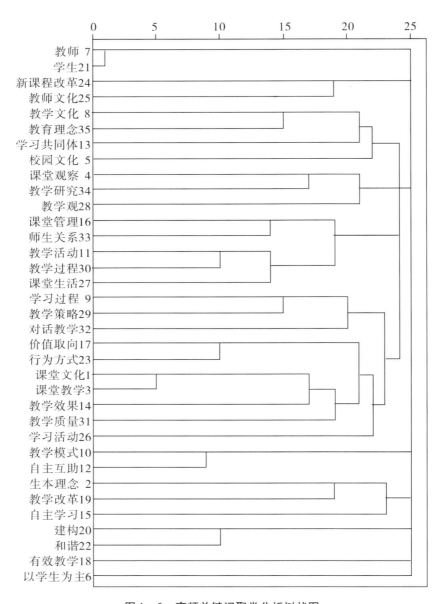

图1-5 高频关键词聚类分析树状图

热点二,教师在教学中进行课堂观察与教学研究,树立正确的教学观。课堂观察是研究课堂教学的有效方法之一,借助课堂观察深入研究课堂教学层面的问题,是当前教学研究的关键与核心。① 近年来我国学者通过课堂观察与教学研究对课堂文化进行分析,发表了大量的论文,且数量呈递增趋势,说明课堂观察作为有效的研究课堂教学的方法,在教学实践中起到不可替代的作用。课堂观察贯穿课前准备与课后反思等一系列过程,具有反思课堂存在的不足并完善教师教学中产生的问题等实践价值。课堂观察有助于构建课堂文化,提升教学品位;有助于实现知识共享,提高教学水平;有助于凝聚集体智慧,促进教学创新。② 教师通过课堂教学等教学研究方法,不仅能够建设先进的课堂文化,提高专业化教学能力,也能够发展学生的不同个性与特点。因此,课堂观察与教学研究也成为学者研究生本理念下自主互助课堂文化的热点话题。

热点三,生本理念下课堂管理与师生关系之间的联系以及课堂文化中课堂生活与教学活动之间的联系是研究的重中之重。有效课堂的形成离不开良好的课堂管理,需要和谐平等的师生关系。课堂千变万化,有着不确定性与不可预测性,课堂管理不仅要管理课堂纪律、课堂教学,也要管理课堂中的师生关系。在课堂教学中,师生之间进行多元互动,学生一旦出现问题,教师能够立即做出灵活反应,进行适当处理,形成课堂学习共同体。在学校,课堂是学生和教师活动的主要场所,学生的大部分时间在这里度过,教师的大部分时间奉献在课堂,教师在课堂生活中要不断调整教学活动,使之适应课堂生活的发展,适应课堂文化的构建。因此,打造自主互助的课堂文化需要有效的课堂管理与和谐的师生关系,需要形成教师与学生共同的课堂生活,我国学者正运用这一理念深入探索研究生本理念下自主互助课堂文化。

热点四,课堂文化中的价值取向、行为方式对课堂教学产生的影响,通过教学效果与教学质量表现出来。当代学生面临一个价值取向多元化的、复杂的社会环境,思想自由,精神开放,课堂作为教育的主要阵地,教师在课堂教学中需要对学生的价值以及行为方式进行正确引导。课堂文化是一种聚合化的文化。课堂文化在构成上体现出多元聚合的特征,教师文化、学生文化、课程文化、制度文化、性别文化、年龄文化等各种文化在课堂中交汇。它们之间既有交叉,又有独立;既有冲突,又有认同。它们之间并不是一种松散的聚合,而是紧紧围绕着培养目标展开的。③ 调整课堂文化中存在的各

---

① 参见张惠英《浅谈课堂观察》,《教育实践与研究(中学版)》,2008年第5期。
② 参见陈金华《课堂观察的价值意义与改进策略》,《中国教育学刊》,2012年第12期。
③ 参见刘耀明《课堂文化的诠释与重塑》,《教育理论与实践》,2003年第23期。

种冲突,聚合文明和谐的文化,对学生进行素质教育与知识技能的教育,从而实现一定的教学目标,满足社会和个人的教育价值需求。探索自主互助课堂文化需要从课堂文化的价值入手,因此,这一热点是当今研究的重点之一。

热点五,在教育改革的大背景下,以生本理念为基础,学习者在课堂中的自主学习与自主互助是研究的重要部分。培养学生的自主学习能力,需要重视教学与学习的过程,以学生主动学习为特点,教师提供示范与必要的指导;自主互助学习强调学习者的层次性、差异性和互补性,让学生在同伴互助中开展学习。正如我国学者认为,"自主互助学习型课堂"教学模式强调让学生独立地研究问题,培养学生的合作意识、团队精神、责任意识和创新意识,增强学生综合运用所学的知识、技能解决实际问题的能力,从而转变学生的学习方式。[①]

(二) 研究热点之间的联系

为了进一步分析研究的现状,考察热点之间的联系,需要再次使用SPSS18.0绘制知识图谱。首先,将高频关键词词篇矩阵导入SPSS18.0统计工具中,具体步骤为分析—分类—系统聚类—导入变量—统计量中勾选相似性矩阵—Ochiai方法—确定,得到关键词的相似矩阵。导入Excel 2010中,用1减去该相似矩阵活动单元格数据,得到相异矩阵。然后,将相异矩阵导入SPSS18.0中,具体步骤为分析—度量—多维尺度(Alscal)—导入变量—等距离数据,形状选正对称—模型选项中度量水平勾序数、条件性勾矩阵,度量模型选Euclidean距离,再勾组图,最后得到知识图谱(见图1-6)。

高频关键词知识图谱中,关键词之间的紧密程度反映其相关程度,不同关键词之间能形成一个整体,如图1-6所示,35个关键词共形成四个整体,分布在四个象限内,划分为四个知识群。第一个知识群主要位于第一象限,关键词较为紧密,主要包含了热点一与热点四,以文化的构建与学生价值取向、行为方式的形成为主要研究内容,说明这两个热点间存在一定的关联性。一方面,校园文化与教学文化的构建为学习者提供良好的学习环境与学习氛围,对学习者的身心发展产生影响,对树立正确的价值观,做出正确的价值判断与行为有着积极意义,同时也影响着文化的传承与发展。从另一方面来说,学生的价值取向与行为方式的形成对文化也造成相应影响,正确

---

① 参见邱玉芬《"自主互助学习型课堂"教学方法探讨》,《现代教育》,2015年第11期。

第一章 "自主互助"课堂教学文化的理念追源

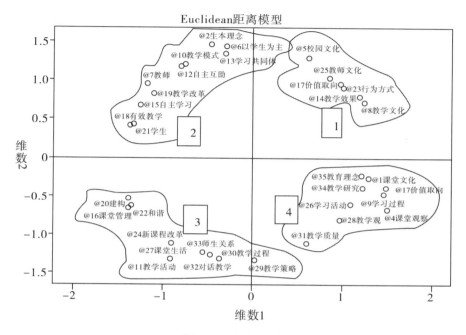

图1-6 知识图谱

的价值取向与行为方式促进民主文明的文化发展;第二个知识群主要位于第二象限,主要包含了热点五,研究学习者的自主学习与自主互助,将教师与学生紧密结合,促进学习共同体的形成,概念明确,层次分明;第三个知识群位于第三象限,涵盖的关键词较多,包含了热点三,主要以如何构建和谐的课堂文化为研究内容,涉及课堂管理、师生关系、教学策略等领域;第四个知识群位于第四象限,包含热点二,以教师在教学中进行课堂观察与教学研究,树立正确的教学观等内容为主要研究对象。其中,热点一与热点四联系最为密切。

三、研究趋向预测

依据上文得到的五个热点,利用时间序列上的趋势预测方法(统计每个热点包含的特征关键词在所有论文关键词中年出现频次的比重变化),可以得到生本理念下自主互助课堂文化研究的五个热点话题的未来发展趋势。

话题一:教育教学过程中的教学文化、教师文化与校园文化的发展

（包含特征关键词："教学文化""教师文化""校园文化"）。

话题二：教师在教学中进行课堂观察与教学研究，树立正确的教学观（包含特征关键词："课堂观察""教学研究""教学观"）。

话题三：生本理念下课堂管理与师生关系之间的联系以及课堂文化中课堂生活与教学活动之间的联系（包含特征关键词："课堂管理""师生关系""课堂生活""教学活动"）。

话题四：课堂文化中的价值取向、行为方式对课堂教学产生的影响，通过教学效果与教学质量表现出来（包含特征关键词："价值取向""行为方式""课堂教学""教学效果""教学质量"）。

话题五：在教育改革的大背景下，以生本理念为基础，学习者在课堂中自主学习与自主互助的研究（包含特征关键词："教育改革""生本理念""自主学习""自主互助"）。

以话题一为例做趋势分析。

通过 Excel 2010 中 VLOOKUP 函数与 Excel 2010 中数据分析功能，将各年份对应话题的特征关键词进行统计分析，得到话题一的三个特征关键词在各年份出现频次以及话题一出现的年比重，并制作折线图预测发展趋势。（见图1-7）

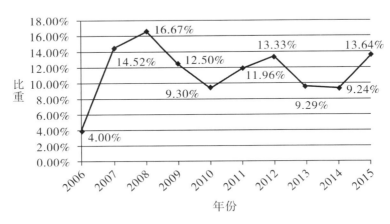

图1-7　话题一研究趋势

由图1-7可以看出，教育教学过程中的教学文化、教师文化与校园文化的发展整体波动较明显，呈上升发展的趋势，因此，该话题可作为学者研究生本理念下自主互助课堂文化的实践与探索的方向。

同理，可绘制话题二、话题三、话题四、话题五的研究趋势图。话题二的研究趋势图表明该话题基本呈稳定发展趋势，研究的热度稍减，研究领域较为成熟；话题三的研究趋势图表明该话题呈稳定上升趋势，学者较为关注这一领域，且研究的成果较多，是未来研究的基本方向；话题四的研究趋势图呈现一种不稳定状态，受到社会价值取向的影响，研究热度稍弱；话题五中的以生本理念为基础，学习者在课堂中自主学习与自主互助的研究，研究趋势图呈现升温趋势，发展状态良好，适合作为生本理念下自主互助课堂文化的实践与探索的研究方向。

综上所述，近 10 年来，我国学者对生本理念下自主互助课堂文化的实践与探索做过大量的研究，这些研究以课堂教学、课堂观察、校园文化、教师文化、教学文化、学习过程、教学模式、教学活动、学习共同体、教学效果等内容为主，取得了丰硕的成果。本文总结这些成果，发现研究有五个热点。热点一，教育教学过程中以教学文化、教师文化、校园文化为发展的重点，贯穿以人为本的、民主和谐的教育理念，将教师与学生的发展相结合。热点二，教师在教学中进行课堂观察与教学研究，树立正确的教学观。课堂观察是研究课堂教学的一种可操作的有效方法之一。热点三，生本理念下课堂管理与师生关系之间的联系和课堂文化中课堂生活与教学活动之间的联系是研究的重中之重。热点四，课堂文化中的价值取向、行为方式对课堂教学产生影响，通过教学效果与教学质量表现出来。热点五，在教育改革的大背景下，以生本理念为基础，学习者在课堂中自主学习与自主互助是研究的重要部分。预测分析五个热点的发展趋势，从而对研究进行深入了解，概括出研究的历史发展以及研究的基本方向、把握研究的现状并对其进行分析，进一步为生本理念下自主互助课堂文化的实践与探索的研究奠定基础。

四、教学模式文献评述

（一）教学模式的概念

"模式"这个词的英文是 model，在《柯林斯英汉双解大词典》中的解释是一个物体的物理表示，它显示该物体的外在形态或者内部是如何运行的，而且通常比所代表的物体要小。由于是翻译，这个解释看上去拗口又不易理解。其实这个英语单词也可以翻译成"模型""范例"，就是将不能直接观察的现象转换为较具体化的东西以便观察，譬如我们生活中的模型飞机就是我们看得到的"模式"。它就像一扇窗户，让我们能够从中窥见事物全貌。对于教学活动这个复杂的系统，人们很难对其进行全部直接的观察，也很难在自然状态下把握其各要素及各要素之间的关系，故而有了教学模式这一概念。人们可以利用教学模式抽取出教学活动中的主要因素和环节，降低其复杂性，以使我们在一个较为简化的框架内对该现象进行探讨和研究。[①]我国学者郭文安先生认为，教学模式是指在教学实践中形成的具有一定指导性的简约理念和可照着做的标准样式，它具有为完成一定任务而活动的方法特征，也属于方法范畴。但教学模式又不同于单一因素的某种方法，它是在一定理念指导下的多种方法的特定组合，因而它既有其简约的理念特征，又有其可以照着做的实践特征，是理论与实际相结合的产物或结晶，因此，教学模式在教学中起着单一的教学方法所难以起到的具体而明确的引导和示范作用。在学界中，质疑教学模式的声音也层出不穷，譬如杨开城批判教学模式（特指作为模式化了的教学程序的教学模式），他认为，"作为模式化了的教学程序的教学模式，在解释学上是一个伪概念，在技术学意义上，它既不是一个有效的教学工具，也不是教师专业发展的恰当中介"。这种观点也使我们警醒，"教学有法，教无定法"。当一种模式应用于所有学科、所有学生、所有课型、所有教师的时候，这一模式的科学性就值得怀疑了。尤其是，不同学校借鉴使用这些模式的时候，如果忽略了地域差异、校情差异，就更容易出现问题。因此，如何因时、因地、因校制宜，探索适合本校特色的课堂教学模式需进一步研究和探索（时晓玲，2013）。

尽管学者们在概念界定上各有侧重点，不尽相同，但是依然存在一致的见解。比如把教学模式看作连接教学理论和教学实践的桥梁，认为它是一个教学理论的具体化和教学实践的概括化的系统，是一个处于中间的形态。因此，教学模式不是简单的教学经验和教学行为的汇编，而是把一般性的教育教学经验上升一个层次，成为一个源自教学实践而又高于教学实践并能对教学实践起指导作用的"指导性规范"。同时，教学模式又是有"靠山"的，这就是教学理论。教学模式使教学理论"亲民化"，真正实现理论指导事件的应然目标。因此，把教育研究者的理论具体化，运用在实实在在的教学实践中，这就是教学模式。基于以上的论述，我们认为教学模式不是横空出世的，它身上流淌着教学理论和教学实践的血液，肩负着改变教学、推进教学的使命。我们把教学模式看作在一定教学思想或教学理论指导下建立起来的一种能够同时促进教师的"教"和学生的"学"的较为稳定的教学活动结

---

① 参见徐学福《教学论》，人民教育出版社2012年版，第292页。

构框架和活动程序。作为结构框架,突出了教学模式从宏观上把握教学活动整体及各要素之间内部的关系和功能;作为活动程序,则突出了教学模式的有序性和可操作性。

(二)教学模式的研究现状

把"教学模式"作为主题、篇名和关键词在中国知网上检索(三者为并列的关系),从图1-8可以看到,近10年来,我国学术界对教学模式的研究整体上呈上升趋势,从这里也可以反映出教学模式越来越多地受到广大的教育者的关注,越来越广泛地进入研究者们的研究视野中。而这对于我们吸收和总结古今中外的教训和经验,结合我们自身的背景条件,进行教学改革,最后探索出一条适合我国国情的教学模式,真正实现教育利国利民的双重目标,是大有裨益的,至少也可以说是一则可喜的消息。而且教学模式与"翻转课堂""高职院校""课堂教学"等关系密切。我们可以看出近10年来哪些新事物或者旧事物中深层次的关系被挖掘出来。譬如"翻转课堂"这个词,源自2007年前后的美国,属于舶来品,后面会详细谈到。而我们在请来"他山之石"时,机遇与挑战并存,挑战是不容小觑的:对国外教学模式的生搬硬套,盲目批判、抛弃我们自己的教学模式等。如果不处理好这些关系,会对我国教育产生消极负面的影响,甚至会危害民族,贻害子孙。所以这些都应该引起我们的重视,值得我们认真思考,反复反思。

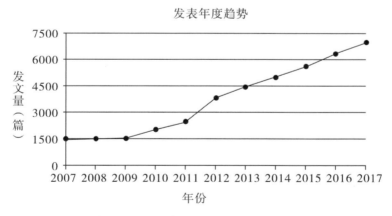

图1-8 学术界对教学模式的研究现状(来源:中国知网)

国外最早提出"教学模式"这个概念的是美国学者乔伊斯和威尔,他们于 1972 年合著了《教学模式》一书，这本书后来在美国成了深受欢迎的关于教学的畅销书。他们认为，教学模式是"一种可以用来设置课程（诸学科的长期教程）、设计教学材料、指导课堂或者其他场合的教学的计划或类型"。他们根据教学模式是指向人类自身还是指向人如何学习，将其分为四类。（见表 1-5）

表 1-5　乔伊斯、威尔对教学模式的分类

信息加工类	归纳思维模式——通过收集和组织信息形成概念
	概念获得模式——增强基本的思维能力
	图—文归纳教学模式——通过课程培养读写能力
	科学探究及其训练模式——推理的艺术
	记忆模式——直接获取事实
	共同研讨法——提高创造性思维能力的艺术
	讲授式教学模式——先行组织者模式
社会类	合作学习模式——从双人合作到群体研究
	价值观学习模式——角色扮演和公共政策教育
个体类	非指导性教学模式——以学习者为中心
	自我概念发展模式——未成年人和成年人的内在自我
行为系统类	掌握学习模式
	直接指导模式
	模拟训练模式——接受训练和自我训练

以上的解释和分类可以说是关于教学模式的经典阐释了，我们后来的很多关于教学模式的研究，很大一部分都是在乔伊斯和威尔提出的框架下进行的。一般讲到教学模式，都是从六个方面来谈，也就是教学模式的结构（徐学福《教学论》中认为包括理论依据或者教学思想）、教学目标、操作程序、师生角色、实现条件（也称支持系统）、教学评价。各个学者对它的分类大抵如此。郭玉莲没有把师生角色列入其中。国外有很多教学模式，从传统派赫尔巴特创建的"明了—联想—系统—方法"的"四段教学法"，到现代派杜威提出来的"暗示—问题—假设—推理—验证"的"五段教学法"，都是教育史上有着深远影响的教学模式。之后各式各样的教学模式更是层出不穷，有以行为主义心理学为理论基础的程序教学模式，以人本主义

第一章 "自主互助"课堂教学文化的理念追源

心理学为基础的非指导性教学模式,诸如此类,不胜枚举。此处着重介绍近10年来影响较大的两种教学模式,一个是翻转课堂,另一个是基于 SPOC 的翻转课堂。

(三) 翻转课堂

1. 翻转课堂的缘起

翻转课堂(Flipping Classroom,或译作"颠倒课堂")近年来成为全球教育界关注的热点,2011 年还被加拿大《环球邮报》评为"影响课堂教学的重大技术变革"(何克抗,2014)。上面也说到了,翻转课堂是源自美国并迅速流行开来的一种教学模式。任何新事物的产生和发展都有其自身的原因和背景,翻转课堂也不例外。它要追溯到 2007 年前后的美国,在科罗拉多州落基山林地公园高中,两位化学老师乔纳森·伯尔曼(Jonathan Bergmann)和亚伦·萨姆斯(Aaron Sams)在教学中遇到一个棘手的问题:班级中有些学生因为生病不能正常上课,有些学生因为家距离学校比较远,在交通上浪费了很多时间,这样致使部分学生因为缺课而跟不上学习进度。为了改变这一现状,两位老师进行了深入的思考和大胆的尝试。一开始,他们把老师上课时使用的 PPT 演示文稿和教师实时讲解的音频用录屏软件使之结合起来,上传到网络上,让学生能够自由下载或观看,希望通过这种方式让缺课的学生可以补课。渐渐地,很多不需要补课的学生也开始接受这种学习方式。于是,两位老师就在学生在家看视频、听讲解的基础上,把课堂作为答疑课,摇身变成辅导者,为作业或者实验过程中出现困难的学生答疑解惑,指点迷津。至此,新的变化产生了:先前旧的"课堂讲课,课后做作业巩固"的教学习惯、教学模式变成了"课前在家听、看教师的讲解视频,课堂上在老师指导下做作业(或实验)"。"翻转课堂"因课堂发生了如此的"颠倒或翻转"而得名。接着,随着可汗学院的发展壮大,翻转课堂越来越广泛地被运用。之后,2011 年"MOOC"(慕课)的崛起,改变了翻转课堂的教学内容和教学方式。其中具体的发展历程,此处不再赘述。

2. 翻转课堂的案例

既然称之为"翻转课堂",我们有必要再深入探寻到底"翻转""颠倒"在何处。"翻转课堂"是一种教学模式——教学过程的模式,所以,我们来看看"翻转课堂"的教学过程与我们所谓的传统的教学过程有何差异之处。张金磊等人认为,传统教学过程通常包括知识传授和知识内化两个阶段。知识传授是通过教师在课堂中的讲授来完成,知识内化则需要学生在课后通过作业、操作或者实践来完成的。在翻转课堂上，这种形式受到了颠覆，知识传授通过信息技术的辅助在课后完成，知识内化则在课堂中经老师的帮助与同学的协助而完成，从而形成了翻转课堂。随着教学过程的颠倒，课堂学习过程中的各个环节也随之发生了变化。传统课堂和翻转课堂各要素的对比见表1-6。

表1-6 传统课堂与翻转课堂的比较

	传统课堂	翻转课堂
教师	知识传授者 课堂管理者	学习指导者 促进者
学生	被动接受者	主动研究者
教学形式	课堂讲解+课后作业	课前学习+课堂探究
课堂内容	知识讲解传授	问题探究
技术应用	内容展示	自主学习、交流反思、协作讨论
评价方式	传统纸质测试	多角度、多方式

从上表可以看出，翻转课堂在教师、学生、教学形式、课堂内容等多个因素上，均对传统课堂产生了巨大的颠覆。由此可见，翻转课堂的确名副其实。张金磊等人还根据翻转课堂的内涵以及建构主义学习理论、系统化教学设计理论，在前人的翻转课堂模型基础上，构建出一个更加完善的课堂教学模型。（见图1-9）

从图1-9可以看到，该教学模型主要由课前学习和课堂学习两个部分组成。在这两个过程当中，信息技术和活动学习是翻转课堂学习环境创设的两个有力杠杆。信息技术的支持和学习活动的顺利开展保证了个性化协作式学习环境的构建与生成。

3. 翻转课堂的评价

翻转课堂这一教学模式问世已经10多年了，在世界范围内掀起了一场教学改革的热潮。关于它的作用和影响，国内外学术界纷纷进行探讨。何克抗将一些有影响的观点总结为以下几点：第一，翻转课堂能体现"混合式学习"的优势；第二，翻转课堂更符合人类认知的规律；第三，翻转课堂有利于构建新兴师生关系；第四，翻转课堂能促进教学资源的有效利用和开发。谢贵兰认为，翻转课堂和慕课利用微课和微视频突破了传统课堂的局限，翻转了课堂的时间、地点，使课时从有限的45分钟变为无限，学生学

第一章 "自主互助"课堂教学文化的理念追源

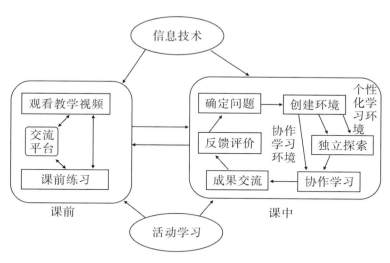

图1-9 翻转课堂教学模型

习不再受45分钟的限制，也不再受空间的限制。以往学习好的学生在课堂上表现为专心致志、反应快、效率高，而那些反应较慢、接受能力稍微差一些的学生因为课后遇到困难得不到及时有效的帮助而落后。以前的课堂是低效率的重复演练和等待下的同步走，现在"吃不饱"的学生可以通过微视频、微课和慕课学到更多的知识和技能，那些没听懂又有意愿学习的学生也可以借此反复学习和演练，直到弄懂为止。当然，也有学者从学科角度提出不可一味追捧翻转课堂。谷峰认为，英语翻转课堂过"热"，容易忽视训练英语技能的真实交际性语言环境，容易导致小学、中学和大学英语翻转课堂教学"一刀切"。在当下狂热的学习模仿翻转课堂的背景下，能用一种批判性的眼光不全盘吸收的态度看待问题，可谓难能可贵。

（四）后MOOC时代——SPOC

1. 背景分析

在教育领域有一个著名的"乔布斯之问"——为什么计算机改变了几乎所有领域，却唯独对学校教育的影响小得令人吃惊？现在的情况好像发生了不小的改变。曾明星等人认为，当今数字化、网络化、智能化的学习方式逐渐盛行，但学生的学习效果并没有实质性提高，学习过程常停留在浅层学习层面，网络学习因此被称为"滋生浅层学习的温床"（张浩，吴秀娟）。

所以,在网络学习席卷全球的大背景下,思考技术与教育结合下的利害关系,是具有现实意义的。

因为我们要介绍的 SPOC 与 MOOC 关系紧密,所以先介绍一下 MOOC 的相关内容。MOOC(Massive Open Online Course)中文直译"大规模开放在线课程",2008 年由加拿大 Dave Cormier 和美国 Bryan Alexander 两位学者首次提出之后,迅速成为网络课程实践中的新潮流,影响遍及大学所有学科,因此又被称为复数的 MOOCs,自 2012 年以来,以"海啸"(斯坦福大学校长 John Hennessy 描述此潮流的用语)之势风靡全球(桑新民)。MOOC 作为一种新事物,它的价值观是"将世界上最优质的教育资源,递送到地球最偏远角落"。从 MOOC 的四个关键词中可以看出它的支撑体系:Massive——没有身份和人数限制的"大规模参与",Open——近乎零成本的"开放性访问",Online——线上的网络课程的形式,Course——结构清晰、内容简洁、名师担当的课程。所有的这些融合在一起,碰撞出美丽的火花,引发人们对一流教师、优质课堂、教学变革和教育公平的无限美好憧憬。随后 MOOC 之"火"越烧越旺,尤其是在 2012 年,由于全球 MOOC 课程与用户数量出现爆发性增长,《纽约时报》把这一年称作"MOOC 元年"。毋庸置疑,比起它的前辈——"开放教育资源"(OER,Open Educational Resource),MOOC 在课程设计、海量访问和增值服务方面取得较大进展。然而,从实践层面来看,MOOC 还面临着不少困难与挑战,集中表现在制作成本、商业模式、教与学方式、浸润式学习体验、高辍学率和学习管理等方面。种种挑战在很大程度上可能与 MOOC 的大规模访问、不限身份、完全在线教学等特性有关(贺斌)。

MOOC 改变了传统的教学模式,让人们看到了教学改革前进的方向。与此同时,MOOC 也给教育界带来了至少三个方面的压力,即阻碍提高个性化教学质量目标的实现、阻碍技术本身内在教育价值的实现、影响大学教育的本质功能(王今殊,2010)。香港大学的苏德毅(Peter E. Sidorko)比较了 MOOC 的优势和不足。(见表 1-7)①

---

① Peter E. Sidorko. "MOOCs and SPOCs:Where is the Library?" Access Dunia Online Conference 2013:Libaries and Publishing – evolving in the New Directions,2013,pp. 7 – 8.

表1-7 MOOC 的优势与不足

优势	学生	没有先修条件；没有规模限制；开放；免费；学生主导
	大学	完成大学的使命；成本低；有潜在的回报；提升大学名望；产生巨量学生学习数据
不足	学生	没有规模限制；没有正式的学分认证（只有课程完成证书）；几乎没有学生互动；评价问题；学术诚信；高注册率—低成功率；得到的支持有限
	大学	没有先修条件；评价问题；学术诚信；第三方平台问题

现在MOOC就像一场席卷全球的狂风骤雨，但是，这场雨的雨点还很乱，没有很明确的目标和一定的规划。康叶钦认为，当前的MOOC风暴中，还没有看到全球各顶尖大学对于MOOC的发展有明确的战略目标和计划。大多数大学对于MOOC是边走边看，在摸索中前进。各大学迫切希望通过MOOC达到什么目标？它能否成为大学提高教育质量进而提升国际竞争力的重大举措？究竟是向全球推广课程、争夺全球生源，以服务全球学习者为己任，还是服务于本校教学质量的提高？如何平衡MOOC课程的收支？加州大学伯克利分校的阿曼德·福克斯教授指出，当前MOOC对大学实体课程的影响很小，而这原本应该是大学的最初目标和出发点。也许正因如此，哈佛大学、加州大学伯克利分校等全球顶尖名校开始越超MOOC，尝试一种小而精的课程类型——SPOC。

SPOC是英文Small Private Online Course的简称，按照字面意思理解为"小规模限制性在线课程"。一般认为，这个概念是由福克斯教授最早使用的。其中，Small和Private是相对于MOOC中的Massive和Open而言的。"Small"是指学生规模一般在几十人到几百人；"Private"是指对学生设置限制性准入条件，达到要求的申请者才能被纳入SPOC课程。陈然等人从若干因素对比了MOOC和SPOC，做成了表1-8。

表1-8 MOOC 与 SPOC 的比较

	MOOC	SPOC
开放性	完全开放	限制性申请
学生人数	无限制	小规模
学习形式	线上自学	混合学习，翻转教学

(续表1-8)

	MOOC	SPOC
课程期限	短（平均4~8周）	长（按学期制约18周）
结课率	低（平均约10%）	高（几乎100%）
出勤率	低	高
教材内容	自制	自制或选用他人教材
学习成本	低（除了认证费外，几乎全免费）	相对较高（学分、学杂费等）
评价形式	线上反馈测试、作业、同伴互测	除了在线评价外，还包括课堂测试与互动
选课竞争性	低（无选课人数与资格限制）	高（有选课人数与资格限制）
学生资格	无限制	以校内注册学生为主，不同课程会设定不同程度的资格限制
发展策略	发展具有本土特色与创意的课程，借此推广国际合作与交流	发展符合高校培养人才需求的混合课程，提升高校教学效果
优势	学校方面：提升课程的国际品牌与形象，当选课人数多时可能获得名利的回馈；学生方面：适合自学动机强的学生，以最经济的方式获得学习成效	学校方面：相对MOOC成本较低，聚焦于提高校内课程质量；教师方面：以学习效果为导向，教学资源集中，提升教师的教学设计与学生的学习效果
劣势	高成本（人力与资金）；投入成本与获得效益可能不成正比例；平台与机制运营维护相对复杂	知名度相对MOOC较低；就高校教育目标而言，SPOC相对于MOOC几乎没有劣势

可见，SPOC和MOOC存在很紧密的关系，并不是完全对立的关系。桑新民同样认为将SPOC与MOOC完全对立起来是不妥当的。他认为，MOOC作为一种网络课程的时代潮流方兴未艾，SPOC确有对MOOC的批判和超越，但更应该看作对MOOC的补充和完善，将此判定为MOOC之后的一个新时代，显然有失偏颇。近年来，西方人提出"翻转课堂"，中国从中小学

第一章 "自主互助"课堂教学文化的理念追源

到大学的课堂也跟着翻转起来。MOOC 潮流在中国"登陆"仅仅一年,又要用 SPOC 来否定和取代。这种介绍和引进外来文化教育的方式,对中国大学的发展弊多益少。

2. SPOC 的案例

国外对 SPOC 的研究与运用也开展得如火如荼,譬如世界名校哈佛大学,就对三门课程进行了 SPOC 实验。加州大学伯克利分校也开始了 SPOC 的实验与推广。还有两所高校利用麻省理工学院的 MOOC 课程进行 SPOC 实验。国内,清华大学的"电路原理"课程在 edX 平台和清华的学堂在线平台向国际和国内同步上线,同时也在校内课堂中开展了基于混合式学习和翻转课堂的 SPOC 实践;"云计算与软件工程"课程则在加州大学伯克利分校的授权下开展 SPOC 教学改革试验(康叶钦)。

3. 对 SPOC 的评价

自 SPOC 这个概念出来之后,争论就一直不断。有人把它当作对 MOOC 的彻底颠覆,也有人认为它在本质上并没有太大的创新。贺斌总结归纳了 SPOC 的六个优势:模块式的微讲座与精准的自测问题,项目化或问题化设计,选择性的时间调换,专注于高价值活动的教师时间,大数据分析,翻转课堂。而康叶钦从促进教学改革,提升教学质量,成本低且可用于创收,重新定义教师的作用,创新教学模式,使学习动机增强,提高课程的完成率等方面来谈 SPOC 的优势。不过,任何事物都有其两面性,我们需结合实际情况辩证学习。正如肖川在《完美的教学》一书中所说,"教学所依存的条件是十分多样和微妙的,因而具体的教学情境千差万别"。也正如我们经常说的,"没有完全相同的两个学生,也没有完全相同的两节课"。尽管任何教学模式都有明确的应用目的或中心领域,而且有具体的应用条件和范围,有一定的针对性,但"模式"只能是"模式",它有着天然的局限性。

(五)国内的教学模式

一说起我们国家的教学模式,可能很多人立刻想到的是"传递—接受"式,这种"刻板印象"并不是没有来由的。中华人民共和国成立初期,我们国家整个教育体系是向苏联"老大哥"学习,当时的苏联教育采用的是赫尔巴特的"四段教学法",这一套程式至今仍在沿袭,许多教师在教学中仍自觉不自觉地采用这种教学模式。吴玉莲认为,传统的课堂教学主要是以讲授式为主,并辅以师生互动的课堂教学模式,大部分教师在教授理论时基本上沿用苏联教育家凯洛夫的组织教学、导入新课、讲授新课、巩固新课、布置作业五环节教学模式,即这种课堂教学模式的特征是以"教"为主,即以"教师为中心""教材为中心""课堂为中心"的"三中心"教学模式。这种课堂教学模式忽视了课外实践,甚至连课堂实践、师生互动等也被忽视,最终导致了不少课堂出现教师台上滔滔不绝、学生台下昏昏欲睡的局面。

为了克服传统教学模式的弊端,后来陆续出现了很多教学模式,如"自学—辅导"式教学模式,这种模式在中国可以说是遍地开花,有着丰富的教育实践,如中国科学院心理所卢仲衡主持的"自学辅导"实验研究,黑龙江胥长辰在"自学式"教学基础上提出的"学导式"教学法,上海育才中学段力佩创建的"茶馆式教学法",上海嘉定中学钱梦龙进行的"导学教学法"改革等。"自学—辅导"式教学模式的基本程序是自学—讨论—启发—总结—练习巩固(时晓玲)。

1. 三种生长在中国大地上的教学改革

1986 年,洋思中学遵循"没有教不好的学生"的办学理念,选择了"先学后教,当堂训练"的教学改革模式。其成功之处主要是"目标导向、任务驱动",把课堂教学过程转化为引导学生自学的过程。但是,"先学后教"也存在着弊端:一是需要学生在课前做大量的准备工作,加重了学生课余负担;二是忽视了教学需要保持一定的"神秘、惊奇与好奇心";三是没有教师引领的学习重心容易偏离方向,在实践中,班级内部差距加大;四是教学所要求的"当堂清、日日清、周周清、月月清"中的"清"不易界定。知识、能力是一个漫长的形成过程,一张试卷只能考查某一部分知识的掌握程度,因此,要做到所谓"清"就显得过于简单,且会导致"清"什么、学什么的应试倾向。

1998 年,杜郎口中学按照夸美纽斯"寻找并找出一种教学方法,使得教师因此可以少教,但是学生却可以因此多学"的"少教多学"的理念,构建和形成了以学生为主体、以学习为主线、以展示为特征的教学模式。其成功之处主要是课堂的开放程度大,"兵教兵"调动了学生学习积极性。但是,"少教多学"也存在弊端:一是指令性规定"讲与学",存在着把教、学辩证统一、有机联系割裂开来的"线性思维"现象;二是"兵教兵"导致课堂信息量减少,"萝卜炖萝卜",使有效教学时间难以保障,有时还难以区分学生求知欲、展示欲与表现欲;三是课程"整体性与系统性"体现不到位。

1999 年,东庐中学尝试以"统一教案,师生共用"的理念,从抓备课组建设入手，进行集体备课研究，以"讲学稿"为载体进行课堂教学模式改革。其成功之处在于遵循"三人行，必有我师"的理念，强调教师合作性，激发了集体备课的智慧。但是，"讲学稿"同样存在弊端：一是容易把"教学目标"与"学习目标"混淆；二是内容安排不一定适合学生需求，学生主动性不足；三是容易把"讲学稿"的内容习题化，学习成了做题的过程；四是容易削弱学生"学"的主体意识，甚至走向"穿新鞋，走老路"的弊端；五是师生共同使用一个"讲学稿"，不仅忽视了教师独特的教学风格与学生的学习特点，面对学习能力参差不齐的学生实施不同难度内容的教学也是一个问题。

反思这几所学校的教学改革，它们走在了教育实践探索的前沿。这种敢为人先、勇于探索的精神是值得我们学习的。当然，也不可避免会出现很多问题，余文森在总结归纳这些问题时，把它们分为两大类：一类是形式化，一类是绝对化。李炳亭则在肯定杜郎口教学改革经验可取、可学、可用的基础上，提出了应该处理好的几对关系：求知欲与展示欲、学生主体性和教师主导性、先知与后知、课内与课外。

2. 信息技术环境下的项目学习

"项目学习"（Project-based Learning，简称 PBL）也称"基于项目的学习""基于专题的学习""课题式学习"等。"信息技术环境下的项目学习"是指利用信息技术选择和利用多种资源，以学习研究学科的概念和原理为中心，以制作作品并将作品展示给他人为目的，并在一定时间内解决一系列相互关联着的问题的一种新型的探究性学习模式（刘福景）。

黄纯国认为，教学实践表明信息技术环境下的项目学习具有多种优势与特征：学习情景真实而具体，学习内容综合而开放，学习途径多样而协同，学习手段数字化、网络化，学习的收获多面而有个性，对学生的评价连续且方式多样。既然信息环境下的项目学习有这么多优势，那具体怎么操作呢？接着黄纯国又提出了设计项目、分组分工、制定计划、探究协作、制作作品、汇报演示和总结评价七个基本步骤。在分组分工、制定计划、总结评价方面，他设计了以下表格。（见表1-9、表1-10、表1-11）

表1-9 小组分工表

组长：

组员	分工	主要工作
		1. 收集资料 2. 整理资料
		3. 问题解决 4. 演示制作
		5. 汇报讲演

表1-10 研究问题及计划表

项目主题：

编号	需要研究或解决的问题	需要使用的工具、手段、软件	所需时间	可能出现的困难
1				
2				
3				

表1-11 评价参考表

评价内容	分值	标准	小组自评	小组互评	教师评价

与传统的课堂教学不同，在信息技术环境下的项目学习，学生是通过直接体验来获取知识，而不是通过教师间接传授知识。在这种情况下，教师的身份发生了变化，不再仅仅只是"知识的传授者"。信息技术下的项目学习体现了专题性、综合性和开放性的研究性学习特点：以学生发展为本，课程的内容由师生共同构建，注重学生研究过程的体验等。这就决定了教师要成为"课程的组织者、情感的支持者、学习的参与者、信息的咨询者"。

即使在信息技术环境下，项目学习也有它的优点，但它并不是日常教学的全部，它只是教学环节中一个非常重要的部分。它不可能替代全部的正规教学，也不能替代其他教学模式。而且因为是较多利用信息技术的一种教学模式，所以对学生和教师的信息素养能力要求较高。

3. 中小学创客教学模式

教育部《教育信息化"十三五"规划》指出:"应有效利用信息技术推进'众创空间'建设,探索 STEAM 教育、创客教育等新型教育模式,使学生具有较强的信息意识与创新意识。"在中小学阶段培养学生的信息意识和创新意识,使学生从小具备这种意识,适应社会发展的需要。但当前中小学教学仍以知识讲授为主,缺乏相应的实践操作,学生习得的知识与现实生活相脱节,无法满足 21 世纪信息社会对创新型人才的需求(代晓溪)。于是,创客教育应运而生。创客教育是创客文化与教育的结合,是基于学生兴趣、采用项目学习方式、利用数字化工具,倡导造物、鼓励分享,以培养学生问题解决能力、团队协作能力和创新能力的一种素质教育(于方军)。创客教育的产生,是与 3D 打印技术、机器人技术、智能材料技术、更为简洁的编程语言等技术性的条件一同产生的。高金丽依据乔伊斯和威尔的教学模式理论,认为创客教学模式有五个核心要素:指导理念、教学目标、教学过程、评价标准和实践条件。杨晓彤等认为,网络空间支持的中小学创客教学模式以创新教育理论、项目化学习理论、设计型学习理论为理论依据。其中,创新教育理论确立教学目标和价值追求,项目化学习理论明确学习方式和学习策略,设计型学习理论提供作品设计与创作思路。

中小学创客教学的课堂是通过让学生完成有创意的作品、与同学分享的过程来提高学生的信息意识和创新意识的。但是,对于中小学创客教学的具体操作流程,不同的研究者提出了不同的看法。杨晓彤依据上面提到的三种理论,加上对创客作品过程的分析,提出以创意构想(Thinking)—迭代设计(Designing)—作品创作(Creating)—发布分享(Sharing)(即 TDCS)为核心环节的中小学创客教学"七步"流程,如图 1-10 所示。

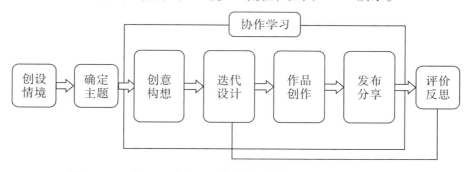

图 1-10　以 TDCS 为核心环节的中小学创客教学"七步"流程

杨晓彤经过两轮教学实践，对上面的流程又做了进一步的完善，提出 CTM（Case-Teaching Method）模型，如图 1-11 所示。

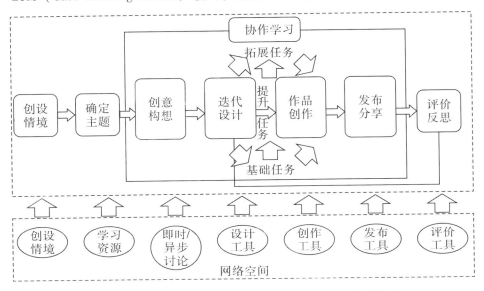

图 1-11 CTM 模型（网络空间支持的中小学创客教学模式）

CTM 模型与以 TDCS 为核心的流程相比，采取基础任务、提升任务和拓展任务的迭代设计范式，具有较强的针对性和可操作性。然后以网络空间为支撑，将网络空间的作用通过各种途径与手段真正落实到具体的创客教学中，这一点是超越之前的。

高金丽依据皮亚杰"建构主义"、布鲁纳"发现式教学"、乐高"4C 教学法"等著名教育理论与方法，在分析创新品质及创新能力结构的基础上，设计了创客教学的基本流程，如图 1-12 所示。

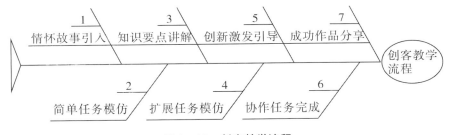

图 1-12 创客教学流程

这种创客教学模式突出了学生的学习兴趣，根据学生认识的深浅程度安排教学。同时，也没有忽视教师讲授和组织管理。现在越来越多的研究者开始关注创客教学，顺应创客教学及创新型人才培养的发展需要，丰富了中小学创客教学的理论与实践，为进一步开展中小学创客实践与评价提供了重要的借鉴和参考。

第二章　创建"自主互助"课堂教学文化

第一节　创建"自主互助"课堂教学文化之思索

一、学校办学思想是课堂教学文化之灵魂

光祖中学前身为光祖学堂，始建于 1906 年，是由南洋爱国华侨捐资，仿上海南洋公学（今上海交通大学）中院兴建的一所新式学堂。它开南粤近代教育之先河，矢志兴学育才，为国争光，为社会培养了大批英才，至今已有 113 年办学历史。学校首任校长欧榘甲师从康有为，秉承"维新"精神，提出"家国之光"办学理念，从此，光祖之莘莘学子脱颖而出，建功立业，流芳青史。如今恰逢盛世，立足新时代，学校传承"家国之光"办学理念，秉承"民族大同、追求幸福、报国求新、和谐包容"的学校传统，进一步丰富和发展办学理念，为培养具有丰厚民族文化和时代创新精神的学生打下良好学力基础与精神底色。

学校主要办学理念

学校使命：一切为了师生幸福成长

学校定位：南粤教育先锋学校

校训：家国之光

培养目标：做高素养的现代中国人

高素养的现代中国人，其内涵丰富并有发展性。结合国家的要求、时代的呼唤，综合考量影响成长的要素与学校的文化特质，我们选取"有担当、有理想、有智慧、有毅力"等品质作为光祖师生的共同追求。

有担当（Mission）——承担并负责任。明朝唐顺之在《与俞总兵虚江书》中写道："若夫为国家出气力，担当大任，有虚江辈在，山人可以安枕矣。"老舍名著《四世同堂》也写道："每一个有点知识的人都应当挺起胸来，担当这个重任。"光祖学堂为救国而生，光祖中学为强国而兴。光祖始终坚持为民族复兴、国家强大而育人。每一个光祖中学培养的学子都应具有

强烈的爱国意识，树立为国家崛起、中华民族复兴、造福全人类的崇高精神。

有理想（Ideal）——是对未来事物的美好想象和希望；是人们在实践过程中形成的、有实现可能性的、对未来社会和自身发展的向往与追求；是人们的世界观、人生观和价值观在奋斗目标上的集中体现。对现状永不满足、对未来不懈追求，是理想形成的动力和源泉。宋代大诗人陆游有诗曰："鲲鹏自有天池蓄，谁谓太狂须束缚？"在光祖中学求学的青少年都应该对未来充满期待，对个人的成长、社会的发展、国家的强大树立美好的愿景，并在崇高理想的指引下脚踏实地、奋斗不止。

有智慧（Wisdom）——生物所具有的基于神经器官（物质基础）的一种高级的综合能力，包含有感知、知识、记忆、理解、联想、情感、逻辑、辨别、计算、分析、判断、文化、中庸、包容、决定等多种能力。智慧让人可以深刻地理解人、事、物、社会、宇宙、现状、过去、将来，拥有思考、分析、探求真理的能力。智慧是由智力体系、知识体系、方法与技能体系、非智力体系、观念与思想体系、审美与评价体系等多个子系统构成的复杂系统。通过光祖中学三年学习，学生不仅要完成国家课程的基本内容，还要将学习到的知识、技能、方法和积极的态度、正确的观念、良好的个性融入各种实践活动中，培育素养，形成智慧，为以后快乐工作、健康生活、幸福人生奠定基础。

有毅力（Grit）——是人们为达到预定的目标而自觉克服困难的一种意志品质。毅力，是人的一种"心理忍耐力"，是一个人完成学习、工作、事业的"持久力"。毅力是一个人敢不敢自信、会不会专注、是不是果断、能不能自制和可不可忍受挫折的结晶。毅力是实现理想的桥梁，是驶往成才的渡船，是通向成功的阶梯。孙中山先生说过，"最后的成功，归于最后的努力者"。培养学生的毅力已经成为美国、日本等国家教育的重要内容。光祖中学培养学生的毅力，就是要赋予学生百折不挠的勇气、矢志不渝的坚韧、义无反顾的上进心，使他们具备这种高贵的品格，为人生发展提供精神动力。

二、课程教学现状是教学文化重构之起点

光祖中学树立了"生活即课程"的大课程观，在开足开齐国家课程的基础上，围绕培养目标，开设了几十门校本课程。在教学理念上，我们深入理解并尊重教学规律及人的成长规律，针对现存课程与教学中的问题，以

"自主互助"式课堂教学文化的理论与实践为突破口,力求实现课程与教学的改进与超越。光祖中学在课程与教学的实施上,可以形象地将学校发展视为从"电梯形课程教学"向"登山型课程教学"逐渐转型。电梯型课程教学是以"目标—成就—评价"来展开的,它存在着孤立学习者,分割学习内容的问题。登山型课程教学是以"主题—经验—表达"的形式来实施的,达到顶峰虽是理想的成就目标,哪怕是晚达到其至没登上顶峰,在登山过程中也展现了登山所蕴含的奋斗精神与挑战的勇气。登山型课程凸显了学生的"主体性",学生能够自己选择自己的道路,以自己的方法、自己的速度登山,随着一步步攀登,视野开阔,其乐无穷。

学校虽然在课程建设方面取得了一些成绩,但我们深知问题也不少。自新课程改革实施以来,学校一直在积极推进课程与教学改革,新的课程与教学观念已得到广大教师的认同,多数教师的课堂教学行为也有不同程度的改进。学校领导、老师、家长乃至学生都明白学力比学历重要,素质比分数重要,中考方案也在不断朝素质导向上改进,高中录取也要看"综合评价"。但中考成绩毕竟还是就读优质高中的主要依据,在分数指挥棒没变或难变的情况下,课程的丰富与选择性缩水;教学追求与评价虽不唯分数,但主要还是分数;在窄化的目标引领下,教学直奔知识与训练,轻视学习的过程与方法,淡化学习中的情感、态度与价值观的形成。为提高分数,课堂中忽视学生主体,忽视合作参与,力求单位时间里让学生多记、多练,提高成绩。

为培养学生的核心素养,学校开展"自主互助"课堂教学文化理论与实践研究面临以下挑战:其一,教学既要减负提质,更要提高素养;其二,学校要营建出民主、平等、进取、合作的文化氛围;其三,形成学习型组织;其四,提升教师的专业素养等。

三、"自主互助"课堂教学文化是品质教学之理想

"自主互助"课堂教学文化,是为完成立德树人,造就时代新人这一根本任务,是在对现实课堂教学行为方式的审视基础上,对现代课堂教学价值、观念与方式等的甄选,企望在现代教育教学理念引领下,逐渐改变或改进教与学的行为方式,从而实现教学生活的高品质。尤其是长期经历自主互助教学生活后,师生都能自觉成为有主体人格的社会主义建设者与接班人。

课堂教学文化是指师生通过长期的教学活动而形成的思想观念与行为方式的整合体以及创造的过程。对于课堂教学文化的内容或要素,不同的学者有不同的看法,比较通俗的是指教学观念文化、教学制度文化、教学行为文

第二章 创建"自主互助"课堂教学文化

化、教学物质文化四个维度。

当然，这四个维度的作用与地位是不相同的，课堂教学观念文化是课堂教学文化的内核，对其他维度有决定性影响。因此，我们尝试在教学观念层面，对"自主互助"课堂教学文化进行了选择与建构。

第一，民主是"自主互助"课堂教学的文化核心。课堂民主是社会主义民主在教学过程中的实践和运用，是培养学生民主素养的主要途径，同时，民主社会的发展需要又对我国当前的课堂教学提出了新的挑战。"自主互助"的课堂促使学生个性自由发展，活动广泛参与，师生深度对话，这些都是课堂民主的内在要求，也是实现民主课堂的有效途径。

第二，平等是"自主互助"课堂教学的文化基石。在师生不平等的课堂，教师是知识的把持者，课堂话语权的垄断者，进而也成了学生思维的禁锢者，课堂上全然没有了"人"，学生不能充满情趣地深入学科学习和生活世界中，表达自己的声音、建构自己的观点、产生自己的思想。课堂平等指师生人格尊严上的对等，平等和谐的课堂文化氛围有利于鼓励学生畅所欲言，发挥自主性，激发互助性。平等是基石，不平等基础上的"自主互助"是被动无效的。

第三，开放是"自主互助"课堂教学的动力之源。开放理念是国家五大发展新理念之一，它是激发经济发展的动力，开放也是"自主互助"课堂发展的动力之源。开放教学是指"以知识教学为载体，把关注人的发展作为首要目标，通过创造一个有利于学生生动活泼、自主的教学环境，提供给学生充分发展的空间，从而促使学生在积极主动的探索过程中，各方面素质得到全面发展的一种教学理念"[①]。开放课堂的核心是以学生的发展为本，开放课堂，还要引导学生运用开放的视角，面向世界，面向未来，面向现代化。

第四，合作是"自主互助"课堂教学的沟通桥梁。合作是指互相配合做某事或共同完成某项任务。课堂合作主要是学习共同体成员间的合作，开展小组合作学习的流程为明确目标—独立思考—合作交流—补充完善—拓展提升。精彩的合作课堂是学生的精彩，是学生自主提升，更是学习同伴互动间质疑补充，合作中相互成就。

第五，自主是"自主互助"课堂教学的文化前提。著名教育家苏霍姆林

---

① 张抗私、于秋华、王萍：《开放式教学方法与大学生素质教育》，《东北财经大学学报》，2003年第3期。

斯基说过:"一个孩子,如果从未品尝过学习劳动的欢乐,从未体验克服困难的骄傲——这是他的不幸。"这给予教育工作者深刻的启示:我们每位教师都有责任使每个学生成为学习上的幸运儿,让每位学生都能在应对问题、思考对策、探寻解决方略的历练中闪烁智慧,砥砺意志,滋生探究的欲望,养成探究的能力。要求学生凭自己的力量,自觉、主动、独立地进行学习——自主阅读、思考、质疑;自主发现、提出、解决问题;自主总结、概括、纠正、反思,解决困惑,掌握知识,发展能力。

第六,探究是"自主互助"课堂教学的文化支撑。探究式教学(Hands-on Inquiry Based Learning),又称"做中学"、发现法、研究法,是指学生在学习概念和原理时,教师只是给他们一些事例和问题,让学生自己通过阅读、观察、实验、思考、讨论、听讲等途径去主动探究,自行发现并掌握相应的原理和结论的一种方法。它的指导思想是在教师的指导下,以学生为主体,让学生自觉地、主动地探索,掌握认识和解决问题的方法和步骤,研究客观事物的属性,发现事物发展的起因和事物内部的联系,从中找出规律,形成概念,建立自己的认知模型和学习方法架构。可见,在探究式教学的过程中,突出强调学生的主体地位、主动能力。

"自主互助"课堂文化的建构共需要以上六要素的参与,其中,民主是基石,是"自主互助"课堂的核心文化元素;平等、开放需要外部引导和创设,是实现课堂民主的必要条件;合作、自主是内在要求,是"自主互助"课堂的形式和内容;探究是必不可少的沟通方式,是链接自主与合作的桥梁与纽带。(见图2-1)

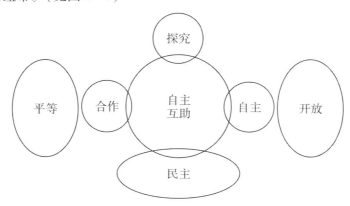

图2-1 "自主互助"课堂文化建构六要素

四、优化学校文化是新教学文化形成之支撑

学校文化创建是个系统工程。最早提出"学校文化"这一概念的是美国学者华勒（W. Waller），他早在 1932 年就在其《教育社会学》一书中使用"学校文化"一词。他认为："学校文化形成的来源之一是年青一代的文化，之二是成人有意安排的文化"，"是学校中形成的文化"。学校文化就是学校生活的全部，是全校成员共同创造、经营的校园生活，是在学校精神文化（核心价值体系）的主导下的众多要素的集合。依据文化层次理论，学校文化是物质文化、制度文化、精神文化和行为文化四个方面。有学者根据李亦菲对学校文化的要素与结构的分析提出了"学校文化的生态树模型"。（见图 2 – 2）

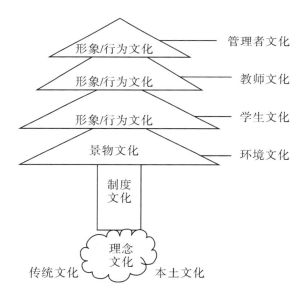

图 2 – 2　学校文化生态树模型

在这一模型中，我们将理念文化类比为树根，制度文化类比为树干，学生文化、教师文化和管理者文化类比为树枝，行为文化和形象文化类比为树叶，传统文化和本土文化类比为树赖以获得养分的土壤，现代文化和外来文

化类比为树赖以获得能量（食物）的阳光。①

课堂教学文化是学校文化的亚文化，它是学校文化的具体化，体现学校文化的理念、制度和行为等，因此要创建新的课堂教学文化必然要优化学校文化，当然，随着新的课程教学文化的持续改变与改进，学校文化也会因此而变。两种文化相互制约、相互影响。

(一) 学校物质文化

学校物质文化是一所学校在其发展过程中，由老师、学生、员工共同创造、共同享有的各项设施及其所表现的教育意蕴。主要包括学校的校容校貌及各类硬件设施，如学校的建筑、景观设计等。光祖中学依山而建，环境优美，历史悠久，古朴典雅，置身其中，让人肃然起敬，心旷神怡。

近年来，为保障"自主互助"式课堂教学文化建设的推进，学校在物质文化建设上重点做了两件事：一是在政府的大力支持下，加大了资金投入，完善了功能室，增添了设备设施，确保了教学必需，提升了学校信息化层次，打破学习时空限制，实现了无围墙学校。即学习条件便利化，师生只要想学，条件不受限。二是作为一百多年名校，历代师生砥砺奋进，留下了不少有教育价值的景观或文物。对于历史名校的重点景物，不只是要守护，更是要为育人所用，讲好过去的故事，凝聚师生之人心，调动师生之人力，开发师生之潜能，促进师生之发展。为此，学校教育注重以文化人，以史育人，首任校长欧榘甲手书校训"家国之光"是校魂，更是光祖人的家国情怀，后山"坑梓烈士亭"是悲壮的怀念，更是光祖人的报国志向。光祖有壮烈的历史诗篇，更有当今平凡的奉献。校史室中陈列了名师的业绩，记载了学生的优异表现。这些师生的故事，正是学校推进课程与教学改革的动力与范例。譬如，著名诗人黄惠波当年在学校做语文老师时，用整个的心做整个的教育，他的每节课都有"后记"（即时下要求的"教学反思"），他通过课堂观察与作业批改，细致到每个学生哪里没掌握，是态度问题，是知识理解问题，还是思维问题等，对学生存在的问题，在什么时间、用什么方法帮助解决，具体安排都写在教案上。为调动教师的职业使命感、工作责任心，黄惠波应邀来校，结合他为师的经历，畅谈了"做一名幸福教师"的修为，让全校教师受益终身。

---

① 参见徐瑢《新课程背景下（中学）学校文化建设的现状与完善策略研究》，苏州大学硕士学位论文，2008年。

（二）学校制度文化

制度是指要求人们共同遵守的行为准则和办事规程，也指在一定历史条件下形成的礼俗、法令等规则。不同的行业和组织有其自身约定俗成的规矩，设置制度的目的是让人们能把各项工作按要求达到预计目标。

学校制度一方面要突出教育的特点与学校的追求，另一方面要为学校的教育实践提供机制保障。学校制度一般包括学校范围内的教学、管理，此外，还包括学校的组织形式、仪式、节日活动等。

学校制度文化是学校在长期的管理实践中摸索、选择、沉淀下来的管理思想和管理理念。历史名校的制度文化有广泛深远的影响。教育有规律性，也有历史性，为深化课程与教学改革，培养学生核心素养，学校不断进行制度创新。在制度重建中，学校注重"人本性""民主性""针对性""聚焦性""激励性"等原则。以人为本是教育价值追求的现代取向，教育应回归到人，回归到人的主动、个性与可持续发展。制度的本质不是为约束和惩处，而是引导、促进与成全，学校制度的导向是人性美好，生命绽放。光祖学校制度的人本化，首要是尊重人的权益，为师生对美好生活的向往创造条件，更加紧要的是注重唤醒人的自主意识，形成合作品格，营建起各美其美、美美与共的学校环境。譬如，学校把师生看成学校与社会的财富，把优秀教师视为学校最宝贵的资源，学校财力投入教育教学中去，师生的时间与精力用到学习与有意义的工作中去。

学校制度文化建设要坚持民主性，即制度要"从群众中来，到群众中去"，民主参与的重要性不言而喻，如果制度不通过深入调研与充分讨论来研制，仅由管理者拟定条文就匆忙地推行，实施难度很大，效果甚微。为此，制度关乎哪个群体，就请群体中的优秀分子来参与，事关什么事，就请做这事最专业的人来把持。这种主动参与的制度建设行动，其实就是文化建设与制度认同的过程，这样出台的制度，就不会是文字化的条款，而是师生内心的文化自觉、言行自主。历史名校由于历史的积淀，有很深的文化之根，除显性的制度在发挥作用以外，干部与教师的思想观念、行为方式已成习惯，这是隐性文化的力量。文化是个中性词，无论显性的制度还是潜在的规则，都有积极的一面，也存在消极的因素。推进"自主互助"式课堂教学文化实践，就是要找出师生学习工作中有哪些人还不主动、哪些事不愿合作，通过什么样的引导与规范，可以改变被动与孤立的学校生态。也就是说，制度要有很强的方向性与针对性。譬如，为提高管理的主动性与创造性，学校提出一个年级就是一间学校，让年级管理团队从初一起就对三年的教育教学做出整体规划。

教育是一项非常复杂的系统工程，学校方方面面的工作尤为琐碎，教育无小事，事事得关心，因此学校的制度特别多。然而，如果学校管理仅仅停留于日常事务，保安全，保运行，那么学校的办学水平就很难提升。作为学校管理者，要牢记教育使命与责任，突出抓好教育与教学工作，切实回答为谁培养人、培养怎样的人、如何培养这样的人这三个基本问题。光祖中学大力推进课程与教学改革，就是在自觉追求培养爱国创新的现代中国人。所以制度的建立、完善、运行都聚焦到课改上来。我们围绕教师的专业发展，学生的素质提升制定并实施了系列行之有效的制度。

为调动教学的主动性与积极性，学校制度要有激励性。光祖中学的评价与奖励制度，既重过程也重结果，只要努力了就肯定，只要进步了就表扬。通过几年的努力，学校形成了潜心教学，主动学习，相互欣赏，共同进步的良好风气。

（三）学校精神文化

学校精神文化是学校文化建设的核心内容，也是学校文化的最高层次。它主要包括校园历史传统和被全体师生员工认同的共同文化观念、价值观念、生活观念等意识形态，是一所学校精神面貌的集中反映。学校精神文化也被称为"学校精神"，并具体体现在校训、校风、教风、学风、班风和学校人际关系上。学校精神文化，说到底就是一种团队精神，它能使学校群体的每个成员产生一种精神的认同感和归属感，成为学校每个成员"植根于内心的修养"。历史名校的校长应该正视学校原有的文化观念、价值观念、生活观念，做优秀文化的弘扬者，落后思想的革新者。

光祖中学始建于1906年，是一所一百多年的历史名校，名在历史悠久，名在理念先进，名在文化灿烂，名在英才辈出。光祖中学因爱国华侨"教育救国"捐资兴建，是深圳建校最早的学校之一；首任校长欧榘甲提出的"家国之光"办学理念引领世代光祖人奋发图强，报效祖国；因光祖人血脉中有浓郁的家国情怀，只要是为祖国为人民，光祖人乐于奉献、勇于捐躯。在抗日战争时期，光祖师生积极投入抗战运动与战争中，曾生将军等人领导东江纵队书写了一曲抗战的壮烈史篇。光祖中学的爱国主义精神对所有光祖人产生了深远的影响，家国之光的核心理念世代承传。

什么是好学校？见仁见智，莫衷一是。因为教育太复杂、标准难统一。

第二章 创建"自主互助"课堂教学文化

我们认为一所好学校至少要有这三好：好精神、好思想、好团队。为此校长不能事无巨细、事必躬亲，要统领全局，抓住关键，突出重点，突破难点，勇于改变，善于创新。

爱国主义是中华民族的核心素养，也是推动民族振兴、国家富强的不竭力量。光祖中学经历了一百多年的沉浮与沧桑，学校的办学水平时高时低，这其中有主、客观多种因素影响，但影响质量优劣的关键在人，是人的爱国之情，报国之行。

教育在某种意义上说，是一种唤醒与践行。为实现学校文化的"人化"，学校将爱国精神外化为师生的具体追求：干部敬业爱创，教师乐业爱生，学生乐学向善。我们坚持从自己做起、从小事做起，以干风带教风，以教风促学风，从而逐渐形成了为祖国努力工作、发奋学习的好风尚。

办现代教育，学校文化建设不但要"守望"，更要"展望"。新时代、新教育，对人才有了新的要求。在全球化的知识经济时代，培养学生的关键能力、必备品格，是现代教育应然的责任。学校文化建设之事，每天都在发生，但适应时代要求的新文化要靠学校成员主动选择并用心营建，唯其如此，新的育人文化才会"生发"出来。

我们深知建设"自主互助"式课堂教学文化是一项系统的、长期的、艰巨的任务，但教育新文化一旦成型，就会形成一种场域，对身在其中的人起着潜移默化的新影响。我们无法预测与评估文化建设的结果与成果，但我们坚信文化的力量，理想的价值。只要我们将自主与合作当成学习与工作的方式，我们的生命就有力量，人生就有价值。

精神文化不是虚无缥缈的，它就是人的精神。学校文化建设发展的目标指向化人，实现学校文化发展的关键也是"人"。

核心素养背景下生本"自主互助"
课堂教学文化的理论与实践

第二节 基于"自主互助"课堂教学文化模式的流程再造

一、"自主互助"课堂教学模式

"自主互助"课堂教学模式十分注重学生在课前的"自学",重视学生分小组的学习,关注对学生动手能力、创造能力的培养。我们要思考的是"自学"与"自主学习"是不同的概念,不能混淆。我们学生在没有教师作为"支架"的"自学"中,往往是盲目、无助而收效甚微的,因此我们要提供给学生的是老师能给予指导和帮助的"自主学习"。什么样的分组方法是得当、合适的,怎样确保每一个学生都能参与其中,教师如何使小组的功能最大化,以及小组学习的程度从何得知,在培养学生的动手能力、创造能力的同时,如何融入对合作意识、团队意识、共享意识的习得,以及社会交往能力、问题解决能力、系统思考能力的训练,这些问题都是值得深思的。根据建构主义的观点,学生不是空着脑子走进教室的。也就是说,学生是有一定的知识基础或者学习背景的,而我们教师要做的就是利用这一点来进行教学。学生是有主观能动性的,是发展中的人,既有发展的需要,也具备巨大的发展潜力,所以教师要好好利用学生的"自主学习",即激发学生学习的主动性,在学生主动学习的基础上,提供给学生一定的指导和帮助。

学校是一个集群,也是人们通常说的"小社会"。在这里,人与人相互交往,各种思想在这里聚集、碰撞。一个个学生组成了一个班级,一个个班级组成了一所学校。然而,用什么方式才能很好地利用这种集体的凝聚的力量?怎样把它运用到我们的教学中呢?这时就要引出"学习共同体"的概念了。学习共同体是为了完成、解决或关注某一问题,在共同愿景的指引下,成员间相互对话、沟通或交流,分享整合各种学习资源并创造性地达到解决问题的目的,并最终使所有成员得到发展的组织。我们要做的,就是构建一个课堂学习共同体。

综上所述,就是基于自主互助,构建一个依托学习共同体的教学模式,如图2-3所示。

我们的教学模式里,教师作为一个板块,是"引导者""帮助者",是课堂的组织者和管理者。教师有三把"利刃":倾听、串联、追问,这也是教师在"导学"中的策略。"倾听",就是做一个出色的倾听者,认真倾听

第二章 创建"自主互助"课堂教学文化

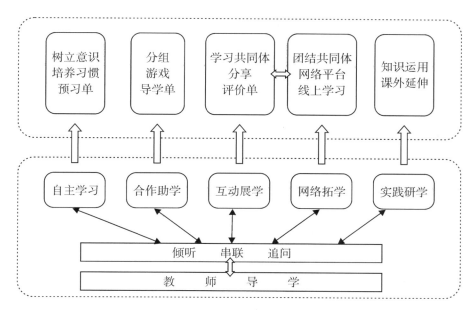

图 2-3 基于自主互助的学习共同体教学模式

学生的诉求。"串联",就是联系学生已有的发展水平和知识背景,对倾听的结果做出及时而有效的反馈。"追问",就是教师接收到学生的问题,对其进行深度的思考之后,再把问题抛给学生,以激发其思考,塑造学生系统思考的能力,帮助学生实现自我超越。

学生的板块根据教学活动的流程,分为五个部分:自主学习、合作助学、互动展学、网络拓学、实践研学。其中,自主学习属于课前,合作助学和互动展学属于课中,剩下的网络拓学和实践研学的部分属于课后。互动展学中,小组里的学生组成学习共同体,所以它与小组学习相互联系、相互促进。同时,学习共同体延伸到课后的网络平台,它和网络拓学也产生积极互依的关系。

我们怀抱着这样的愿景:在这个模式里,学生能够在老师的指导和帮助下合理有效地进行自主学习,结合头脑中已有的知识,结合课堂之外生活中的直接经验,打破校内校外的界线,连接学习和生活,吸引学生的兴趣,促进学生巨大潜能的有效实现。然后在课堂上建立课堂学习共同体,进行小组分工,合作学习,这样既培养了学生的合作意识、团队意识、人际交往能力以及思考、解决问题的能力,又可以在学生之间形成"支架",在班级里掀起互帮互助、互相学习的良好风气。此外，还能培养学生的集体荣誉感，凝聚班集体的力量，使学生朝着共同的目标和愿景更加愉快、有活力地学习。

二、自主学习

（一）自主学习概念

教育呼唤生命自主自觉。什么是自觉？它强调人的生命发展主要是内在动力主导和自主推进的结果，是人的生命成长和发展的基本取向。"自主"以自主学习为基础，用丰富多彩的主体性学习活动代替单一的讲解接受式学习，促使学生由被动接受走向主动学习，即问题由学生自主提出，概念由学生自主概括，规律由学生自主发现，文本由学生自主解读，实验由学生自主设计和操作，作业由学生自主选择、自主布置和自由评价。

（二）怎么做

基于上述的教育理念，在实际教学中，开展"自主学习"的主题班会，设计以"自主学习"为主题的黑板报和手抄报，同时将"自主学习"主题的海报张贴在学校的宣传栏，举办"自主学习"活动月。通过这些活动形式，引导学生树立自主学习的意识，从小培养他们自主学习的习惯。老师的任务，就是设计一张帮助学生自主学习的预习单，用来给学生做课前自测。预习单的内容包括：原有的知识清单，根据原有的知识可以帮助解决完成哪些没有学过的知识，然后就是学生的反思和提问。这样做就是为了了解学生已有的知识储备，以便促进新旧知识间的联系，帮助学生理解、建构新的知识。

（三）案例

下面的预习表是深圳大学师范学院张兆芹学习共同体工作室在深圳市光祖中学的"PCM"项目中为其设计的预习单。

第二章 创建"自主互助"课堂教学文化

n. n. n（或者第几章第几节） ×××（一）预习单

设计人：×××　　序号：1

班级　　姓名　　日期：　年　月　日

说明与要求：

（一）以每小组为单位由组长组织评等级分；

（二）评分标准：视问题的难度、答题的正确性、小组成员的积极参与性、合作性等给分（A^+，A，A^-，B，C）。

课前自测：

1. 填写×××原有知识清单。

2. 已知×××，解答×××。

3. 已知×××，解答×××。

我的反思：

我的提问：

三、合作助学

（一）合作学习概念

合作学习是新一轮课改所倡导的一种重要的学习形式。它不仅能够改变学习方式，更重要的是还可以改善人际关系，使学生懂得关注他人的需要和考虑自我与他人的关系。合作学习以学习小组为基本组织形式，有效的合作学习的基本要素包括积极互依、面对面的促进性互动、个人和小组责任、社交技能适当使用、积极进行合作历程的反思。

（二）怎么做：成立合作学习小组（见图 2-4）

1. 科学分组

分组要遵循"组间同质，组内异质"的原则。所谓组内异质，表现为小组成员在性格、成绩、动手能力和表达能力、家庭等方面有一定的差异性和互补性。而组间必须同质，即小组间尽量减少差异，使其各方面情况相当，特别是学业成绩方面，尽量使各小组之间的竞争公平、合理。不是根据学生在教室的座位前后四人为一个合作小组，也不是简单地把几张课桌拉在一起组成合作小组，而是根据班级的实际情况，本着"组内异质，组间同质"的原则，把合作学习小组组建成团结、互补、高效的小集体。

小组人数最好为6人，采取"4+2"模式，即一个组长、一个副组长、四名同学共同组成一个合作学习小组。一个小组由一名任课教师担任导师，实行导师制。

2. 合理分工

选举产生学习组长、纪律组长、生活组长、各科小组长，选举要公平、公正、公开，遵循少数服从多数的原则。

3. 强化管理

每一个小组要有自己的组名、组训、组牌、口号。

组名可以充分发挥学生的想象力，不作限制，譬如，"地里的小萝卜队""大白鹅要飞很高队""变形金刚队"等，鼓励学生想出独特有趣的队名。每个组都要设计一张自己的小组信息表，该表从设计到制作必须要求全员参与，完成后还可以学生投票选出"最佳设计组""最有创意组"等，鼓励每一个学生积极参与，用小组带动个人。

制定小组管理的规则：一人进步，全组受奖；一人落后，全组帮助。

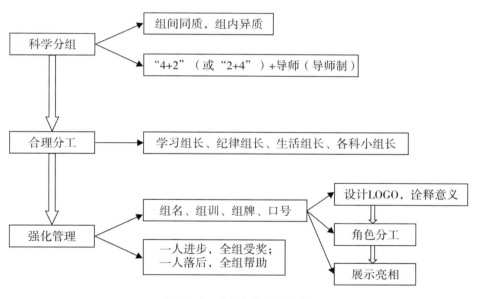

图 2-4　成立合作学习小组

（三）案例

下面的导学单是深圳大学师范学院张兆芹学习共同体工作室在深圳市光祖中学的"PCM"项目中为其设计的导学单。

n.n.n（或者第几章第几节）　　×××导学单

设计人：×××　　序号：2

班级　　姓名　　日期：　　年　月　日

学习目标：

（1）了解×××；

（2）掌握并运用×××；

（3）体会×××。

学习重点：掌握并运用×××

学习难点：×××

学法指导：本节课×××

※导学过程：

新课导入：

引入：请同学们思考×××？

一、复习旧知

×××

任务一：运用×××

二、建构新知

　　×××

任务二：运用×××

三、运用感悟
例1. 练习

例2. 练习

例3. 练习

课堂练习：×××
我的总结：

总结1：

总结2：

我的反思：

四、互动展学

(一) 互动展学的概念

互动展学的核心是建构学习共同体。学习共同体有六大概念：共同的使命、愿景、价值和目标；共享个人实践和支持性领导，保证所有学生的学习权和成就创新保障系统；集体分享探究、学习和行动，聚焦教与学的合作团队；运用数据来引导决策和持续改善长远计划；获得社区和家庭的积极参与；提高综合素养，提升学习力和领导力。

学习共同体的学习观包括：学习为合作者集体的建构表征过程；学习是对社会系统的参与；学习是浸润到一种社会文化中；学习就是行动本身，就是参与实践；学习是各个水平的学习者的异质交互过程。在当今学习型社会，学习者参与的学习活动不是孤立的记忆、推理和练习，而是与自己的个人世界和环境以及其他参与者发生互动从而建构知识的过程。

(二) 怎么做：构建学习共同体（见图2-5）

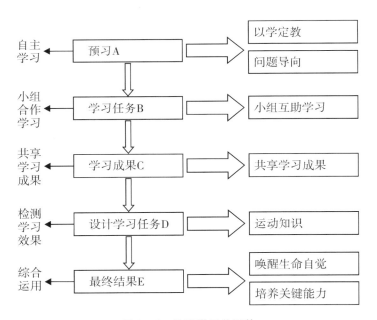

图2-5　构建学习共同体

第二章 创建"自主互助"课堂教学文化

(三)案例

下面的评价单是深圳大学师范学院张兆芹学习共同体工作室在深圳市光祖中学的"PCM"项目中为其设计的评价单。

自主互助课堂对学生进行有效评价,主要有三个维度:自我评价、学科小组长评价、教师评价,其中学科小组长的评价至关重要。学科小组长对成员的评价主要按以下步骤:第一,课前督促组员自主学习、合作并依据组员自主学习程度,在小组周清表进行评价。第二,课中反馈小组自主学习、合作互助情况,对每个组员在课堂的表现按 10 分制进行量化评比。第三,课后运用评价单检测组员学习效果,并以百分制进行量化评比。第四,学科小组长对小组成员学习表现情况实行一周一小结——每周五将本组量化考核登记在周清表中,并对优胜者进行表扬,当然也可以奖励小礼物。教师依据各小组周清表量化考核情况,对小组进行评价,评出优秀组与潜力组。依据表现情况进行奖励,譬如,优胜组可合影纪念,可组织周末亲子游等,同时周评价也是设置下周学习任务的依据。

```
         n. n. n(或者第几章第几节)    ×××评价单
                设计人:×××      序号:3
         班级      姓名      日期:   年   月   日
课堂检测:
1. 问题×××
(A) ×××  (B) ×××  (C) ×××  (D) ×××

2. 问题×××



3. 问题×××



4. 问题×××
```

思考题：
5. 问题×××
6. 问题×××

※共同回顾，感悟收获：
1. 知识总结：

2. 方法、技巧总结：

3. 你关于本节知识的奇思妙想：

自我评价：　　　　　学科长评价：　　　　　教师评价：

（四）网络拓学

随着科学技术的日益进步，越来越多的科技在影响着教育的发展。我们在实际教学中，可以利用网络的力量来辅助教学，如 QQ 群、微信群、微信公众号、网站等。

（五）实践研学

在实际生活中运用课堂知识，将课堂知识延伸到生活中。

第三节 基于"自主互助"的教师行动方案

教师综合素质是学校的第一品牌。中学教师教育能力的高低将决定基础教育教师质量的高低,从而直接影响到中小学实施素质教育和培育核心素养、深化课程改革的能力和水平。光祖中学为了进一步提升学校教师队伍的整体实力,促进名师队伍的快速提升,通过对学校调查分析,启动了"PCM"骨干教师培育项目。

一、项目宗旨

(一)搭建交流学习平台

建立深圳大学与光祖中学"PCM"骨干教师培育项目,为教师搭建与专家、名师交流平台,以教师日常教学为依据进行理论与实践指导,从而提高教师教学水平,促进教师专业发展。

(二)形成合作学习共同体

创建学习共同体是学校改革的哲学,体现在公共性和平等性,意味着学校是各种各样的人协同的生活方式。在学校里,学生、教师、管理人员和家长都是主人,每一个人的学习权和尊严都应该得到尊重,各种各样的思考方式与生活方式都应该得到尊重。所以我们要学会倾听、学会反思、学会包容、学会合作。大家明白自己的权利和各自承担的责任。同时,创建学习共同体也体现在发展性和卓越性。学校必须追求发展性和卓越性,无论是教师的"教",还是学生的"学",各尽所能追求卓越的最高境界。正如加德纳的多元智能理论认为,每个人都可以出彩,活出自己独特的魅力。通过"双导师"培养方式建立协同机制,与学员形成合作学习共同体。专家(理论导师)为"教授式"指导,重在对学员进行教育理念、课题研究等方面的指导;名师(实践导师)为"教练式"指导,重在对学员实践能力的提升和优化;学校实践导师重在"师带徒"。

(三)整合优质教育资源

充分整合高校专家及在职名师等优质资源,为培养对象提供理论与实践指导，促进培养对象由骨干教师迈向卓越教师，加速培养一批师德高尚、具有先进教育理念及卓越教学技能的名教师。

二、"PCM"项目的指导思想

张兆芹学习共同体工作室是集中小学教学研究基地、教师专业发展培育基地、教师交流沟通平台为一体的教、研、育一体化工作室。工作室以学校内涵和特色发展、教学改革难点问题研究为重点，以培育和提升教师核心素养、学习力和领导力为目标，采取PCM全过程导师制培育模式，通过建立教师专业学习共同体，促进学习型学校建设和教师专业成长和发展。主要是以"教师如何教""学生怎么学"和以"微团队建设、微教学改革和微课题研究"二维探究、三维提升为切入点，将教学、培育、教研等教师培育途径有机结合一体化运作，为青年教师提供有计划、有系统且有效的学习共同体培育课程，通过一年的教、研、育一体化培育，帮助青年教师专业成长，逐步使青年教师向骨干教师和专家型教师过渡。

（一）培育目标

通过一年的"理论学习培育—跟岗学习实践—问题解决体验—成果展示反思"的"四模块"系统培育过程，使青年教师逐步向骨干教师和专家型教师过渡，并形成一个完整的骨干教师学习共同体培育体系，力图打造一支优秀的青年骨干教师队伍，从而带动学校教师队伍整体素质的提高，提升学校核心竞争力。

（二）培育思路

采取PCM全过程三导师制培育模式：PCM分别指Professor（理论导师）、Coach（实践名师）、Mentor（校内学科导师），全过程三导师制是指每位青年教师配备一名理论导师＋一名实践名师＋一名校内学科导师。"PCM"骨干教师培育项目是学校名师建设的重要形式。

"P"，理论导师：以深圳大学和华南师范大学等学科教学论专家为理论导师，指导学校名师成长。导师每月将到学校指导项目活动，并进入学科与核心成员进行"一对一"针对性的指导，同时负责组织开展学科组专题研究指导活动。

"C"，实践名师：由广东省各重点中学有影响力的名师与教研员组成导师团队，与学校核心学员进行师徒结对，并进行实际课堂教学授课展示。

第二章 创建"自主互助"课堂教学文化

"M",校内学科导师:学校骨干教师、发展意愿强烈的学科带头人,在理论导师与实践名师的"一对一"双重指导下,认真学习,提升综合素质。

此外,学校教师要积极参与理论导师与实践名师指导下的专题学习与课堂教学研究活动,认真开展"自主互助课堂文化"的实践与探索课题研究活动和主动发展提升。

PCM全过程三导师制要求导师育前沟通、育中陪伴、育后跟踪指导。理论导师主要是通过"专题讲座""参与式研讨"等培育形式更新青年教师的教育理念,提升青年教师的专业能力和素养,帮助青年教师由新手和经验型教师向骨干和专家型教师转变。学科导师主要是通过听课、评课、专业研讨等方式帮助青年教师认识教学规律、掌握先进的教学经验和方法,提升青年教师的教学能力和组织教学的能力。实践名师主要是从本校优秀教师中聘请的指导教师。实践名师要全程跟踪指导学员学习、实践,为学员提供最真实、生动的观摩、学习和实践现场。学员也可随时深入导师所在的课堂进行跟班学习,学习真实、完整的教学实施技巧和班级管理经验。

理论导师指导学员主要以集体指导为主,辅以个别指导。实践名师所带学员人数为3~5人,以个别指导为主,辅以集体指导。校内学科导师一般是一名学科导师与一名学员结对(与学校"青蓝工程"结合实施)。

青年教师通过PCM全过程三导师制构建学习共同体专题培育,学习五项修炼技术,通过建立共同愿景、系统思考、自我超越、改善心智模式、团队学习等,对教育价值、态度与信念,以及对学校、对学生、对整体的社会和世界观等产生彻底的改变,是个人重新自我认识、自我评估与自我定位的重要阶段。因此,青年教师需要专业的优秀教师对他们进行帮助、指导,支持、理解、鼓励他们成长。加上光祖中学的青年教师来自全国各地,对环境和周围的人是陌生的,需要形成一个学习共同体,以相互交流、相互激励、共同成长。

培育分为四个模块:理论学习培育—跟岗学习实践—问题解决体验—成果展示反思。其一,理论学习培育。在新学期开学前(7—8月),对青年教师进行1~2天集中培育。其二,跟岗学习实践。采用PCM全过程三导师制的形式,为每一个学员安排"理论导师+实践名师+校内学科导师"进行跟岗学习。其三,问题解决体验。在培育中段集中学习,主要目的是解决学员在半年的教学和跟岗学习中遇到的棘手问题,学员进行中期汇报。其四,二次跟岗学习。在进行了问题解决后,学员回到岗位进行二次跟岗学习和实践。其五,成果展示反思。一年的学习结束之际,要求每个学员汇报、展示自己一年的成绩，深圳大学张兆芹学习共同体工作室专家团队进行评价反馈。

1. 开展"自主互助"课堂教学指导

通过双导师（理论导师和实践名师）进课堂听课、评课，最大限度地帮助培养对象在课堂教学目的性、生本性、有效性、教学视野、教学理念、教学方法与教学技能等方面有明显提升，在市、区系列评优活动中有所突破，从原有基础提升到更高一级的层次。

2. 开展"自主互助"学科教学建模指导

通过专家名师进课堂指导，使培养对象的备课、教学设计、学案设计从理论与实践两方面得到进一步提升。通过专家的理论指导，帮助学科提炼"自主互助"教学思想并指导发表论文；实践名师深入课堂进行现场指导，进而形成体现学校特色的学科教学模式。

3. 课题研究指导

项目组的理论导师指导学校现有重大课题《核心素养背景下生本"自主互助"课堂教学文化的理论与实践》，结合学校开展的课题，以核心学员为分主持人，指导学科组、教研组开展子课题研究，通过指导课题研究，全面提升学员的科研素质。

三、目标定位

（一）"PCM"项目是名师理论学习的平台

理论导师和实践名师都是省学科专家，有利于促进核心成员及学员的理论学习。同时，双导师深入教研组，有利于理论与教育教学实践相结合，指导学员在学校课题《核心素养背景下生本"自助互助"课堂教学文化的理论与实践》的框架下，结合教育教学实践中的具体问题研究子课题，通过微课题研究活动，使骨干教师的理论水平及教育教学水平不断得到提升，使一批骨干教师逐步成长为研究型和专家型名师。

（二）"PCM"项目是学科教学研究的平台

"PCM"骨干教师培育项目是教师共同开展教学实践研究的平台。培养对象要在导师的指导下，立足课堂，结合学校"自主互助"的课题研究工作，通过导师听课评课进行教学诊断。参与骨干教师项目的成员要在导师的指导下主持校级微课题，牵头成立"自主互助"课堂研究共同体，同时开展规范、高效的研究活动，全面促进每个成员形成适合个性特点的课堂教学模式，提升学科教学质量。

（三）"PCM"项目是市区名师的孵化器

学科专家的丰富资源、高端研修活动、学科生本教学模式的打磨、个性化教学风格的展示、与优秀学校的优秀科组建立学术联盟、同行教师之间的深度交流，能有效促进工作室成员独特的教学风格的形成，使学习成员成长为市、区名师，进而促进特色科组的建设。

四、课程模块及培育内容

安排以下模块和内容：
（1）讲授类课程：增强教师培育工作的针对性、有效性与吸引力。
（2）体验类课程：五项修炼工具体验活动工作坊。
（3）经验分享类课程：开展1～2场工作坊研修（或专题论坛），与同行进行经验分享与交流互动，撰写学习心得。

五、培育方式

主要采取专题培育和体验学习的方式进行。具体采用以下方式。

（一）专题讲座与专家引领

专家分专题介绍教师教育和学习共同体的前沿理论，传递先进理念、解读热点、剖析焦点问题，启发新思维、传递新知识、介绍新方法，拓展专业视野，提升教师教研能力，通过培养骨干教师学科问题意识、学科思维能力和开展学科研修活动培养骨干教师学科素养。

（二）自主研修与个体反思

指定拓展性、关联性阅读材料，撰写学习笔记和学习心得；针对当前教师教育改革发展中所出现的问题开展研讨，找准解决问题的策略和路径。

（三）观课评课、现场感悟反思

观课评课、现场感悟与同伴互助反思；在专家点评与指导下，更新教育理念，优化行为，提升教育教学能力和智慧。采用"同课异构""专题研习""成果展示"的培育方式。

"同课异构"是组织学员听课评课及讲座的培育活动,即每次至少要听2节或2节以上内容相同的课,在此轮活动中要争取让每位教师都有一次上课的机会。

"专题研习"是针对学员最需要解决的具体问题而进行的研习方式,如如何解读教材,问题如何生成、解决、拓展,如何回归复习课,如何评讲试卷等。一般由指导教师在调查了解青年教师需求的基础上组织学科组的新教师进行研讨。

"成果展示"是在一个学期的学科跟岗式培育结束后,组织学员开展"一课三议、三课一评"活动,"一课三议"是由三个同学科学员组成团队,同一节课安排一个人上课、一个人说课、一个人评课,学习共同体团队组合共同打造。"三课一评"是指上课教师在自己先上2节课,反复打磨后再向学科组推出,由同组学员进行评议。最后所有学员上汇报课。

(四)发展性评价考核

对参与的每一位学员的学习及进步情况和导师受欢迎的程度进行考核,学员成绩计入教师继续教育学时。培育活动的指导情况、学员学习情况、进步情况、取得的成绩和成果等进入档案,在学期结束时集中组织对各学科的培育情况和培育档案进行总结评比,按一定比例评出"优秀培育团队""优秀培育教师""优秀学员",并给予适当的奖励。

六、实施步骤

第一阶段:自主互助课堂观念文化认同阶段(2017年2—6月上旬)。

(1)课题主持人宣讲。让教师、学生与家长理解学校课堂文化的内涵,认同教学的理想追求。

(2)分科组开讨论会。重点讨论学校教学文化是否具有时代性、生本性、系统性与明确性,进而丰富内涵,雕琢表达。

第二阶段:师生教学可控行为规范阶段(2017年3—7月)。

(1)布置书面预习任务或编制导学案,要求学生自觉完成学习任务。

(2)学生有学习问题记录本或利用信息技术收集学生学习问题。

(3)基于学生学习任务中的难点、疑点、盲点进行"二次备课"。

(4)问题就是最好的教学资源,课堂围绕问题,生生互助,共同学习。

(5)逐步利用信息技术,对学生学习成效进行及时、真实的形成性反馈与纠正。

第三阶段：教师工作坊集中培育，学习最新教育理论和五项修炼技术（2017年8月）。

第四阶段：师生教学智慧行为养成阶段（2017年9—12月）。

（1）专家带专题：聘请学科专家对"自主互助"课堂文化下的课堂进行创新性构建。

（2）骨干做示范：学校优秀中青年骨干，领悟文化精髓，重建课堂生态。

（3）其他教师模仿：年轻教师要通过课堂反复雕琢，逐步达到要求；资深教师的课堂教学也要有部分改变。

七、培育内容

（一）通过自主互助课堂文化观念认同，建立共同愿景

1. 如何培育生命自觉

可以观察到特别优秀的人大多有一个共同特征：非常自主，非常自觉，总是主动寻找工作目标和任务。这种自主自觉的人，可能是我们这个时代最需要培养的人。培育生命自觉主要包含以下几层意思：一是明自我，即对自我的生命自觉。明白自己一生追求什么，有什么人生信念，都自主自觉树立起来。明自我，教师要学会规划自己的职业生涯，你的三年、五年的发展规划。明自我，教师要知道自己的优势、劣势、潜势在哪里。二是明他人，即对他人生命的尊重和敬畏。三是明环境，即学会自觉捕捉所处的生存环境中有利于生命成长的优势资源，能够主动参与环境的改造，从不抱怨，而是主动介入环境，改变环境，担负起自己的责任。

2. 学习共同体五项修炼技能策略

（1）核心学习力——改善心智模式，建立高效的沟通能力。

学习型学校所倡导的改变不仅仅是他们行为层面的改变，更重要的是思维的改变。旨在了解个人风格，学习改善心智模式，提高沟通能力，掌握改善心智模式的技能。

"心智模式"是根深蒂固于人们心中，并影响人们如何了解周围世界，如何采取行动的许多假设、成见、图象和印象。它具有以下特点：了解每个人都有心智模式；心智模式决定我们观察事物的方法和做出的相关结论；心智模式指导着我们的思考和行为；心智模式让我们将自己的推论视为事实；心智模式往往是不完整的；心智模式影响着我们的结果，并不断强化；心智

模式往往比其有用性更加长寿。

可见，心智模式不仅影响人们如何认识这个世界，而且影响人们的行为。同时它还会限制人们的见识和选择。圣吉选择一个例子来说明心智模式的限制性，那就是管理中的等级制。等级制是一种根深蒂固的心智模式，人们长期不知不觉听命于它，而圣吉崇尚的是开放、适合人类特点的心智模式。因此，个体必须学会培养探询的技巧。例如，让心智模式呈现在人们面前，并用探询的方法对某种观点进行审视，但是当人们进行讨论和深度会谈后，为了避免困窘或受到威胁，会出现单边控制，如单边自我保护和防卫、回避和掩饰。人们常常忽视这些内心力量及其导致的结果。于是，通过检视思维，通过练习左手栏，辨认"跳跃式的推论"，兼顾探询与辩护（反思技巧和探询技巧），正视拥护理论与使用理论两者间的差异，目的是搞清楚哪些潜在的假设影响了谈话，阻碍了目标的达成，强调整体过程系统思考的哲理。改善组织的心智模式，最关键的是检视领导者所持有的心智模式，否则，组织的行动只局限于固有的、为决策者所习惯的范围之内。通过团队学习，有效地表达自己的想法，并以开放的心灵容纳别人的想法，从而产生远较个体看法深入的见解。

心智模式就是由我们自己产生的对世界深信不疑的观点、图像和假设，有时也随我们的经历而改变。心智模式是历史经验的沉淀，它是人与人沟通的基础，也可能是人与人沟通的障碍。"仁者见仁，智者见智"，我们的信念和价值观都是心智模式的体现。因此，我们应"把镜子转向自己"，有效地表达自己的想法，以开放的心灵容纳别人的想法，从而建立高效的沟通能力。

建立高效的沟通能力需要学习有价值的高效交流工具，包括了解个人风格、左手栏和右手栏、推论阶梯、主张和探询。

①了解个人风格。学习共同体中的许多冲突都是由教师个人成长经历过程中形成的思维方式、习惯、与人交往方式和解决问题的不同风格引起的，不同的性格差异形成不同的风格，而不同风格的存在恰恰孕育着创新的力量，因此，相互分享不同风格和差异，学会如何与自己不同风格的人或事相处、共事至关重要。建立一种分享的学习文化是构建学习型学校至关重要的因素。在学校中，学习共同体主要有两种形式：同伴互助和专家协助。我们可以根据每位教师的特点，设计调查个人风格表挂在学校网站上，作为教师相互了解的基础，在互动过程中认识个人的偏好，在学习共同体中相互参考、换位思考，以避免产生人际沟通障碍，确定最佳互动方式，并制定学习

共同体制度，分清责任和义务，并做好行动记录。

②左手栏和右手栏。"左手栏"概念是由哈佛大学著名教授阿吉瑞斯博士引入的，用于区分我们所说的与我们所想的或所感觉到的。它会帮助我们理解交流中未说出的感觉、假设和信息，这些信息很重要。"左手栏"里的内容会持续很久，很多情绪、推断、结论会久久地停留在我们心里，让事情变得更复杂，甚至会长久地影响以后的交流和谈话。"左手栏"中的内容有时候就像是我们人际关系中的"有毒废物"，我们可以倒掉它（直接说出来），那将污染人际关系；我们也可以深埋它（隐藏起来），但它最终会渗透出来。我们可以找到一种方法，一种安全没有威胁的方法，即通过检查和测试我们的左手栏中的内容来重新处理我们的"左手栏"，并帮助别人也这样做。检验我们的"左手栏"主要是推理过程，运用推论阶梯，需要深度交谈并延迟我们的假设和判断，我们遵循一定的流程和方法，分享彼此的推理过程。只有我们学会自己问自己"我在想什么，什么原因使我这样想"时，我们才能真正地认识我们目前的思考状况。"右手栏"是实际上说出的事实和信息。

左手栏	右手栏
心里想的话（拥护理论）	嘴上说的话（使用理论）

只有当我们意识到心智模式在限制我们的思维时，才会感觉到需要真实地质疑自己现有的观点，也才会是真正的学习，因而才能改变我们的行为和现状，才能实现我们想要的结果。

③推论阶梯。如何把握我们的谈话以避免冲突和误解呢？推论阶梯便是解决这些问题的有效工具，它能够帮助我们更好地认识自己的思维。通过推论阶梯，我们会看到个人的差异对我们思考问题的影响，以及我们从事实到结论的推理思路。它是我们思考过程中的图像化解释。一般的推论阶梯模式是生活的数据—选择你认为可见数据—加入内涵（个人和文化的）—得出结论—做出推论—形成成见和假设—影响选择生活数据。（见图2-6）

"我不仅有责任告诉你们我的意见和他们是如何形成的，我也有相同的责任征求你们的意见，并倾听你们要说的话。"

④主张和探询。"主张"使你的推理过程变得更加清晰，能更好地让大家来检验，发现最佳观点。为了提高"主张"的有效性，我们可以使我们的思考过程更透明、慢慢地走上推论阶梯、公开地测试我们的结论和假设，并通过别人提出最新方案。"探询"是邀请对方表达他们的意见并且描述他

我根据自己的信念采取行动	反射环路：我的信念会影响我下次选择的资料
依我的文化背景采纳了某些信念	
我下了结论	
根据我的注释做了一番假设	
我赋予这些资料的意义	
我从观察中选择想要的资料	
我可以观察到的原始资料和经验	

图 2-6　推论阶梯

（资料来源：彼得·圣吉：《第五项修炼：实践篇》，齐若兰译，台湾天下文化出版公司 1995 年版，第 400 页）

们的推理过程，以便发现最佳观点。为了提高"探询"的有效性，可以请对方公开思考步骤；逐渐地带领对方走下阶梯，回到双方共同认可的可见数据；使用和缓的语言；把你的假设与别人的假设进行比较。可以问：您的观点是什么？您的观点是怎样形成的？您有不同的结论吗？有哪些我们不知道的数据？如何验证这些数据的可靠性？我们掌握的数据全面吗？

经过反思，我们了解自己的心智模式，了解他人的风格和心智模式。如果我们注意隐藏在自己"左手栏"里的内容并使用"推论阶梯"来审视我们的心智模式，就能改善我们的沟通方式。如果我们遵循"主张"和"探询"的流程，就能进行坦诚的交流——真诚而有意义的交流，从中我们检查自己旧有的观念和假设，来改变心智模式。

游戏：整合叙事活动

目的：通过讲述有关个人生活的故事活动，教师会发现每个人的生活经历是如此不同，思维方式是如此不同，学会关心，学会体谅，良好的人际关系在讲故事过程中建构起来，共同分享他们中的关键事件，加深亲密感，增强理解和沟通。

过程：这就意味着每个人需要说两句有关自己出生时发生的事情，然后其他人用一两句话来描述自己一岁时发生的一件事，然后二岁、三岁

> 时等发生的一件事……
> 　　总结经验并提出以下问题：你意识到你有而伙伴没有的优势吗？你所述的关于自己的故事是怎样影响你的行为、情感和思想的？你们共同的故事怎样影响你们的关系的？你现在理解吗？
> 　　学习结束后，能够认识和发现自己的心智模式，在团队学习中使用心智模式的工具来营造与他人更坦诚、更开放、更有意义的交流。

（2）核心学习力——自我超越，激发实现热望的能力。

自我超越的意义在于创造，它是一种终身的修炼。意识到要自我超越的人，会敏锐地觉察自己的无知、能力的不足和成长的极限，学会如何在生命中产生和延续创造性张力。

圣吉认为，自我超越是个体成长的学习修炼，有来自两方面的紧张和冲突——创造性张力和情绪张力。创造性张力是积极的，来自致力改变现状的决心。情绪张力是消极的，来自对改变现状的可能性缺乏信心。圣吉强调诚实面对差距的重要性，强调自我向极限挑战，实现自己内心深处最想要实现的愿望，主要方法是保持创造性张力，它是学习型组织的精神基础。精熟自我超越的人，他们对生命的态度如同艺术家对艺术作品一般，全身心投入，不断创造和超越，而整个组织的学习意愿和能力，则建立在每个个体的学习意愿与能力之上。因此，组织应充分认识到个体成长对组织是非常有益的，并创造鼓励个体发展的组织环境，圣吉所提出的自我超越的修炼包括建立个体愿景、保持创造性张力、看清结构性冲突、诚实地面对真相和运用潜意识五个方面。

第一，建立个人愿景。焦点是在自己真正追求的终极目标，内心深处真正想要的东西。

第二，保持创造性张力。愿景与现实之间的差距是创造性张力的源泉。

第三，看清结构性冲突。它是一个各方力量相互冲突的结构。

第四，诚实地面对真相。

第五，运用潜意识。将潜意识的运用当作一种修炼加以提升。

学校教师可以以课题研究促进自身自主发展，把发生在教育教学实践中难以解决的问题转化为课题，进行校本研究，记载典型事件，开展案例研究。学习结束后，能够认识和发现自己，诚实地面对自己，认识到理想和现实之间的差距，激发创造性张力去努力实现自己的理想。

> 思考与练习题：
> 1. 结合实际分析你目前的创造性张力和情绪张力情况，你能否克服情绪张力？
> 2. 在教学过程中，你如何引导学生克服情绪张力，激发创造性张力？
> 3. 制订教师个人自主发展行动计划，通过对自身的发展目标思考和职业生涯规划设计，不断反思促进教师自主发展的途径。

（3）核心学习力——建立共同愿景，培养整体视野。

首先要了解个人愿景和共同愿景的关系，掌握如何建立共同愿景。

"共同愿景"意即一种共同的愿望、理想、远景和目标。它是大家内心中的一股共同的力量，是具有感染力的一股力量。对共同愿景的真正关注应根植于个人愿景，这是因为关注是每个人的行为，而这种行为根植于个人的价值、期望和向往。共同愿景推动冒险和实验，学习型组织的共同愿景包括共同的目标、价值观和使命感等要素，学习型组织所强调的共同愿景是由个人愿景汇聚而成，而不是领导者强加于组织成员的。为此，组织必须持续不断地鼓励成员发展个体的愿景和共同愿景的融合，愿景为学习提供了焦点和能量。在缺乏共同愿景的条件下，学习只是适应性学习，只有个人愿景和组织共同愿景互相融合，才会有创造性学习。因此要激发他们对生命崇高意义的追求。只有共同愿景与组织内个体愿景（包括领导者个体愿景）融为一体，才有可能成为组织真正的共同愿景。

建立共同愿景的关键在于我们如何与别人交流，以及我们如何反映我们共同想要的具有挑战性又并非遥不可及的东西，尽可能用通俗易懂的语言表达，所表达的共同愿景要有感染力、简洁易记。具体做法包括以下几方面：首先，建立由教职工、学生、家长和社区相关人员组成的学习共同体。说明学校的使命，用SWOT分析学校校情，向大家说明学校目前在竞争中的地位，描绘学校未来的前景和梦想。其次，确定学校核心价值观。由校长解释核心价值观的内容和作用，核心价值观要体现在学校共同愿景中。最后，确定愿景宣言。

第二章 创建"自主互助"课堂教学文化

> 小游戏：学校拼图
> 目的：共同愿景建立
> 材料：红、蓝、黑三种颜色的笔各 2 支，白纸 6 张
> 时间：1 小时
> 步骤：
> 1. 将学员分成 3 组，给每个小组发一套游戏材料。
> 2. 请一个小组描述学校的愿景，一个小组描述学校现状，一个小组描述学校发展历程，最后请学员各自发表观点。
> 讨论：
> 1. 学校的愿景和我们各自的愿景是否一致？
> 2. 个人愿景和学校愿景的关系如何？
> 3. 现状与愿景差距在哪里？如何改善？
> 学习结束，能够：
> 学会树立自己清晰的个人愿景，并能从整体的视野考虑建立共同愿景，如何使个人愿景和共同愿景相结合，其关键在于我们如何与人交流、沟通和妥协，建立一种共同的愿望、理想、愿景和目标。

（4）核心学习力——团体学习，建立团队合作能力。

重点要掌握团队中深度会谈的技巧，学会提问、聆听和沟通的技巧。

团体学习是发展团体成员整体搭配与实现共同目标能力的过程。只有组织拥有众多会学习的团体，才可能发展成为善于学习的组织。团体学习的修炼必须精于运用"深度会谈"与"讨论"。深度会谈是自由和有创造性地探究复杂而重要的议题，通过深度会谈，人们可以互相帮助，彼此用心聆听，觉察彼此思维中不一致的地方，如此集体思维才能愈来愈有默契。反思和探询是深度会谈的基础，要善用冲突，坦诚相互间的冲突，可增进集体思维的敏感度，让想法自由交流。讨论则是提出不同的看法，并加以辩护。有效的团体学习的基本规则包括：一是悬挂假设；二是视彼此为工作伙伴；三是探询精神。团体学习要求团体从片段看到整体，从迷失复杂的细节到掌握动态的均衡搭配。

首先进行深度会谈。深度会谈的目的是提出不同的看法，以发现新看法。具有发散性特点，用于探究复杂的问题。有效的深度会谈有三项必要的

基本条件：所有参与者必须将他们的假设悬挂在前面；所有参与者是工作伙伴；必须有一位辅导员来掌握深度会谈的精义和框架。

反思和探询技巧是深度会谈的基础。要注意消除习惯性防卫。

①提问方式。最佳的提问方式是以一个简短的问题开始，即先搭建一个对话情境。例如，你有时间回答有关 XYZ 的几个问题吗？我在调查我们所讨论的这个内容时遇到了麻烦，在你方便的时候，我们能谈一谈吗？我有兴趣了解你在此方面的进展情况，等你有空的时候能告诉我吗？这样的提问方式，表达了你对团队成员的时间的尊重，当确定你的确在询问某个具体问题时，团队成员就会专心致志地回答问题。提问方式有三种：封闭式、开放式、综述式。

第一，封闭式提问。封闭式提问需要一种答案，如简单的"是"或者"不是"，一般不允许被提问者详细地谈一谈。在你想明确事实或者信息以继续工作时，可采用这种类型的提问。大多数封闭式提问以此为开头：

你是不是……？你能不能……？

有多少……？你在不在……？

你将来会不会……？你过去是不是……？

第二，开放式提问。开放式提问需要比较详细的解释。这种类型的提问要提出一些盘根究底的问题，要澄清问题并寻找解答。开放式提问鼓励对话，通常以此为开头：

什么……？告诉我……？谁……？

向我说说……？为什么……？请解释一下……？

什么时候……？请描述一下……？你是怎样……？

第三，综述式提问。综述式提问是任何沟通的关键因素。期待得越多，造成误解的可能性越大。综述式提问评价了听者或参与者对信息、指导或决定的理解情况。

②聆听。聆听是最具价值的沟通工具。只有通过聆听，我们才能了解到事实、问题和其他人的见解。因此我们鼓励每个人参与其中。一个友好的环境能激励新思想和创新，从而提高团队工作效率；而一个压抑的或者充满竞争的环境会抑制团队的活力，还会埋下不信任的种子。在他人对你说话的时候，要集中注意力。通过积极的肢体语言和口头回应，表明你正在聆听对方的谈话。聆听表明你对他人感兴趣，热衷于他人的努力。当人们感到没人在听他们说话的时候，他们心里便开始嘀咕："我为什么要白费力气呢？"

> 可通过以下方式表明你正在聆听对方的谈话：
> · 保持眼神的接触。
> · 给出不同语言的提示。
> · 点头、面向说话的人、身体微微前倾。
> · 提出开放式的问题。
> · 在适宜的时候做出回应。
> · 使用某些字眼，如"是的""我明白"和"请继续"鼓励说话的人。
> · 有意识地停顿一下。
> · 不要打断对方的谈话。
> · 不要接话茬。
> · 做出总结。

把注意力集中在说话者身上，保持注意力意味着首先要清理一下思绪，然后全神贯注地听对方说话。

第一，集中注意力。

第二，自我监督，查明什么时候思想开了小差，再次集中注意力。

第三，证实，通过提问和转述来检查是否真正理解。

聆听需要减少内部和外部的干扰因素。同外界因素相比，内部因素则更显突出。例如，脑海中想着成堆事务中的某件事情，或者光想着如何回答而忘了去听对方的谈话。除此之外，还有其他一些干扰因素，它们来自我们自身的内部障碍。

哪些障碍会阻碍理解呢？妄下判断，存有刻板印象，无端打断谈话，由于地位和身份不同而产生的不适感，这些统统为内部障碍。不过，通过自我意识和耐心地练习可克服它们。如果情感方面的回应源自内部障碍，则放慢速度，集中关注谈话的内容，而不是交代的事项。在做出回应之前，停顿一下，努力寻找某种共识。如果时间紧张使思想不够集中，重新安排一个谈话时间。只有你自己才具有克服自身障碍的力量。

③关于沟通。关于沟通，我们都有各自的舒适度。有时候，某些沟通方式会让我们感到气愤，有的显得很唐突，有的则显得愚笨。此外，有的人嗓门响亮，有的人说话慢声细语，总之要么不如我们自己的沟通风格那么得体，要么就是太像我们自己了。有时候，团队的成员过去有些矛盾，或多或少地留下些怨恨。不管当初是什么原因造成的，当前都不应当成为问题。应

该撇开历史朝前看。未来指向团队的目标,帮助团队中的每个人成功对于个体的成功来说,是至关重要的。手头的议题是什么?目标是什么?每个成员需要其他人做些什么?要提醒他们团队的目标是什么,每个人的成功都离不开团队。所以,团体学习必须确认并选择问题,分析问题,产生解决问题的方案,选择并规划解决方案,进行方案执行和效果评估等。

要时刻注意自己的言语。如果你需要某人的帮助、支持、同情或者鼓励,尊重就是口号。妄下断语或者使用居高临下的腔调,都不会让他人感动,相反,它让他人远离你的要求、需要和问题。

小游戏:众志成城

目的:
1. 显示团队合作的重要性。
2. 让学员体会个人在团队中的价值。

材料:粉笔若干。

时间:20~30分钟。

步骤:

全体学员分成若干个8~12人小组。

教练在教室的地板上用粉笔画一个嵌套的由小到大的多层次正方形。

要求小组成员尽可能多地进入面积小的正方形区域内,用什么方法都可以,但脚不能踏出正方形区域外。

站立人数最多的面积最小的小组获胜。

讨论:
1. 这个游戏给你什么启示?你觉得个人的力量在团队合作中起到什么作用?
2. 取得这个游戏胜利的关键是什么?

小游戏:建塔或桥

一个人有创造力不难,难的是充分发挥一个团队的创造力。通过团队创造力配合的练习,一个充满创造力的团队就诞生了!

目标:让团队成员在执行团队任务中发挥创意,并且让每个组员都能扮演各自角色,为完成团队任务做出贡献。让团队的成员们认识到合作的重要性。

形式：全体学员，5人一个小组为最佳。

时间：30分钟。

教具：每组吸管30支，胶带一卷，剪刀一把，订书机一个。

过程：

1. 发给每个小组材料，并说明每组要在25分钟之内用这些材料建一座自己认为最漂亮的塔。这座塔的塔高至少50厘米，外形要求美观，结构合理，创意第一。

2. 做完之后，每组把塔摆在大家面前，进行评比。胜出的小组会得到一些小礼品。

讨论：

1. 你的小组工作过程中是否每个人都有参与？当别人参与程度不够的时候，你有什么感觉？

2. 你的塔的创意是怎样得来的？

3. 你对小组的合作有什么看法？

（5）核心学习力——系统思考，训练处理复杂问题的能力。

系统思考的修炼就是要求人们能综合全局，能形成系统思维模式，从片段看到整体，从迷失复杂的细节到掌握动态的均衡搭配。因此，我们学习掌握系统思考工具箱。

系统是由一组相互作用、相互关联且相互依赖的部分所组成的、具有特定的目的、复杂而统一的整体。系统思考方法具有巨大的价值。它能够帮助我们预测行动将导致的后果，从而找到利用自身精力和资源的最佳平衡点，发现驱使我们以及他人行为的潜在动机，做出更好的决策。系统思考是五项修炼中的核心技能，它可以融合其他各项修炼成一体。圣吉的各种系统思考工具来源于系统动力学的方法，认为系统基模展示了系统复杂性下的简单性。一个人扩展了系统基模的知识，就能增强理解管理事务的能力，从而能够抓住获得改进的机会，圣吉称这些机会为杠杆点。在杠杆点上创造有意义的变化能够产生事半功倍的效果。

系统思考作为一种思考问题的方法，为我们提供了一套工具和技术。如何清晰而言简意赅地捕捉系统的本质？绘制和使用系统循环图是系统思考的核心。一张清晰、简洁的系统循环图可以在帮助我们"见树木又见森林"

的过程中起到巨大的作用，它有助于我们抓住复杂系统的本质，明确地解析事物运行的情形。同时，它还可以支持团队高效地工作、促进团队有效而清晰地交流、帮助形成睿智的决策。系统循环图是由因果链组成的，因果链主要有两种连接：S 型连接和 O 型连接。如果原因方面的上升导致结果方面的上升，这个连接就是 S 型连接；如果原因方面的上升导致结果方面的下降，这个连接就是 O 型连接。真实系统的系统循环图通常主要由连续的闭合因果链构成，我们通常将这种结构称为反馈回路。有两种基本的反馈回路：增强回路和调节回路。增强回路的特征是整个环路上的 O 型连接数是偶数（这里定义零也是一个偶数），而调节回路上的 O 型连接数则为奇数。注意观察这些回路中的 O 型连接可以发现，调节回路中只有一个 O 型连接，而增强回路中要么根本没有 O 型连接，要么有两个 O 型连接。因此，如果回路中有偶数个 O 型连接，它们的作用就可以相互"抵消"，从而使得整个回路发挥一种增强的效果，就像整个回路完全由 S 型连接构成的那样。这和算术有点相像。如果我们令 S 等于 +1，O 等于 -1，那么，我们可以通过将回路中的 +1 和 -1 们累乘起来，用以确定整个回路的性质。仅包括 S 型连接的回路的乘积是 +1，因此是一个增强回路；由于 -1 × (-1) = +1，因此，一个由两个 O 型连接和任意一个 S 型连接构成的回路的乘积都等于 +1，从而也是一个增强回路。任何包含偶数个 O 型连接的回路都会表现出这一性质，这就是"正反馈"。此外，包含奇数个 O 型连接的回路的乘积总是等于 -1，它们总是表现出调节回路的性质，这就是"负反馈"。

如何辨认增强回路和调节回路呢？对于任何连续的闭合回路，沿着环完整地走一圈，数数一共有多少个 O 型连接。如果有偶数个 O 型连接，那么这个回路就是一个增强回路，每运转一周就增强自己。记住，零也是一个偶数。如果是奇数个 O 型连接，那么这个回路就是一个调节回路，整个回路似乎在寻找或力求实现某一目标。在应用这一规则时，你需要确认以下几点：你已经走完了某一个回路，没有遗漏任何连接；你所数的 S 型连接和 O 型连接都位于这个回路之内；你要肯定所有的 S 型连接和 O 型连接都已经被正确地辨识出来；当然你也要检验图形中的逻辑。

无论回路多么复杂，由多少因素构成，这些规则都适用。这些规则之所以一直都适用，是因为正如我们所见，所有连接要么是 S 型，要么是 O 型。这是我们分辨增强回路和调节回路的简单规则。因此，所有的系统都是由众多的增强回路和调节回路相互联系组成的网络而构成，推动系统中所有活动的只有两个基本循环，即增强回路和调节回路。增强回路能加剧朝同一方向的变化，产生"越来越……"的效果。调节回路的作用是使得系统运行保持在一定的水平上。

例如，在教师聘任制背景下对教师流动问题的系统思考。

推动系统中所有活动的是两个基本循环，即"增强回路"和"调节回路"。增强回路能加剧朝同一方向的变化，产生"越来越……"的效果。像在教师流动中，我们发现，合理的教师流动能使教师资源得到合理配置，教师队伍结构能不断调整，促使教师整体素质提升；而高素质的教师队伍，必然会推动学校教学质量的进步，教师流动会得到社会认同；同时，社会也会为教师流动提供更为便利的条件，加速教师的更新，有上有下、有进有出，带动教师合理流动，从而形成一个闭合的良性循环（见图2-7左）。反之，不合理的教师流动就会造成一个恶性循环，而这些循环最终导致"富者愈富、贫者愈穷"，造成学校发展呈现出"马太效应"。

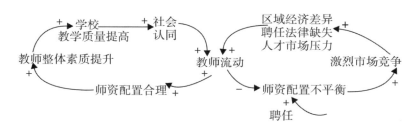

图2-7 教师流动情况

然而，每一个增强回路都有潜在的上限，没有什么东西可以无限制发展下去。我们发现，教师流动陷入良性或恶性循环时，它会受到系统行为的另一个组成部分——调节回路的调节。

调节回路（见图2-7右）使得系统运行保持在一定的水平上。我们发现，区域经济差异、人才市场压力及聘任法律条款缺失等因素引起教师流动中出现不合理现象。为了引导教师合理流动，实施教师聘任制，但其与流动之间产生的冲突导致师资配置不平衡——经济发达地区、重点学校中优秀教师的比例增高；经济落后地区师资短缺，师资结构失衡，刺激市场竞争更加激烈，使人才市场的高压力、区域经济差异性对教师流动的作用得更加明显。现状与我们理想的合理流动并不相符，要解决这一矛盾，必须发挥好聘任制的调节作用。

同时，我们在寻找策略时常会陷入"舍本逐末"的模式中。上面的回路代表快速见效的症状解。面对不合理流动时，我们习惯采用"微管理"方式，"头痛医头，脚痛医脚"，对聘任局部改革；或者进行简单的危机处理，希望短期内解决问题。可是经过循环之后，又回到了原来的问题上，问题甚至变得更严重。下面的回路代表的是受时间滞延的根本解。由于专注于"问题"和"症状解"，限制了我们寻找根本解，导致根本解的效果要更长的时间才会显现出来。所以，在探寻教师合理流动策略时，我们依然需要系统思考。

（二）探索自主互助课堂模式，组织合作学习

全面了解学生的学习基础和个性特征，要实现以学定教，以学生的学习为中心，必然要充分了解学生的情况，如了解他们的兴趣爱好、情绪情感、个性特征和人际关系等，这对安排小组成员、设计学习过程和研究主题都非常重要。精心安排学习内容，设定问题，突出合作的主题，在课堂上追求活动式、合作式和反思式学习，使学生之间形成柔和的交往方式，互相倾听、对话和记录。

合作学习的基本要素包括以下几个方面。

①积极的相互依靠关系。让学生认识到在某种程度上大家必须同舟共济，一荣俱荣、一损俱损，角色上是互相依靠的，他们必须相互帮助、鼓励和支持，一起解题、互相学习、互相启发，从而促进相互间的学习。

②个人责任。合作学习的目的是使每个成员都强烈地意识到自己的个人权利。个人责任是确保所有成员在合作学习过程中能加强实际能力的运用，是确保每个学生都尽责为小组做出努力，并反馈给小组和个人，从而确保每个成员为结果负责。

③人际交往等社会技能。要教会学生人际交往的基本常识和基本能力，如领导力、决策力，建立信赖关系以及交流和解决冲突的技巧，学习五项修炼技巧。教师越注重对社会交往技巧的教授和鼓励，合作学习的学习小组就越能达到更高的成就。同时要建立一个关心、支持的学习小组，提高学生的心理调适能力和社会能力。

④小组反思。小组是否反思它的状况对小组效率有很大的影响。应考虑哪些成员的行为对小组有帮助，哪些没有帮助，哪些行为可以继续，哪些行为不能继续，教师要在每节课结束前留出一段时间给每个合作小组，以检查组员是如何有效学习的。

因此，合作学习小组必须积极地相互依靠，同舟共济。成员必须面对面

地促进自己和他人的学习和成功,每个人都应竭尽所能做好工作,恰当地运用达到成功所需的人际关系和小组技能,并且讨论小组成员怎样合作才有效。

合作学习中教师作用体现在:教师协助学生组建合作学习小组,教会学生最基本的概念和策略,监督学习小组的运作,教授学习小组合作技巧,必要时提供帮助,用一套系统的参考标准评价学生的合作学习,并确保合作学习小组成员有效合作。

自主互助学习要顺利、有效地实施,就要教师全过程地精心设计与组织。尤其在构建合作小组、设计学习流程、研制导学案、实施对话式教学等方面要做足功夫。

1. 构建学习小组

小组建立要本着"组间同质、组内异质、同质结对、异质帮扶"的原则。组间同质便于各组间展开公平竞争,组内异质便于小组内互助合作,同质结对便于组内开展对学,异质帮扶便于组内有效合作和帮助。按照以上原则,一般是将学生分为六大组,每组 6~7 人。再次确定学习小组组长、副组长,并对组长进行培训;指导组长对成员进行细致的角色分工。

2. 小组学习流程化

学习设计要在课前进行充分预设,并形成清晰的学习流程。(见图 2-8)

3. 研制导学案

首先,将导学案分为三部分:预习单、导学单、评价单。其次,注意制定导学案中的几个关键点:导学案设计的合理性、有效性;导学案的设计要根据教学的内容确定;导学案的设计要符合学生的认知规律;导学案的设计要充分考虑到学生的认知结构、生活体验、情感心理;导学案的设计要有利于学生学习策略的自我总结和自我选择;导学案的制定更要有利于自主合作的教学片段设计。教师研制学案要突出一个关键词:预设。自主预习阶段——教师要预设学生的自学方式、自学时间、自学要求、学生自学时可能会遇到的疑难问题,自学巡视时关注需要个别指导的学生。有效展示阶段——教师要预设展示的方式(自主展示还是提问展示)、展示的时机、展示的策略、展示的学生层次、展示时可能会暴露的问题、思想与方法点拨的角度等。合作探究阶段——教师要预设探究方式、探究角度、探究可能达到的深度;集体或个别指导的合作小组或个体,点拨讲解的起点、内容。达标检测——教师要预设不同学生的不同达标度、达标反馈的方法、个别指导帮扶的对象,评价激励的方案,总结梳理的方法、内容等。

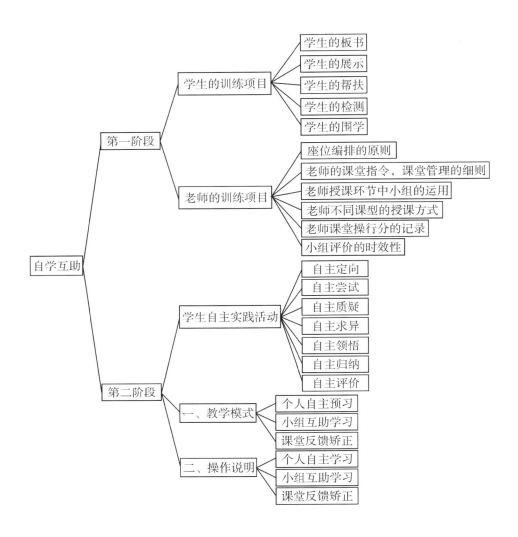

图 2-8 小组学习流程

4. 确保对话式教学活动顺利开展

要落实师生对话、学生与文本对话、学生与学生对话、学生自我的对话、学生与环境和社会对话诸多对话表现形式，教师的作用主要体现在以下四个教学环节中。

（1）自主学习环节教师的作用。

首先要用明确的语言告诉学生应该达成的目标和完成的任务。关注学生是不是都在学习，学习的规范是否落实，进行及时提醒。其次要观察学生学习时有哪些障碍，为指导交流做准备。再次要观察学习的进程，把握学习的时间。

（2）学生互助讨论环节教师的作用。

①观察、倾听学生的交流，对交流的过程进行指导。对偏离方向的进行提醒，对一些影响交流效率的情况（不全部参与交流、交流中不注意倾听、只说不做标记等）进行指导。

②收集学生在学习中出现的闪光点和呈现的问题，为展示时的指导点拨作准备。学生的智慧是无穷的，只要给他们一个机会，他们发现和提出的问题，远比教师原先预设的内容多。当然，因为认知前提和思维水平的不同，还会有一部分学生出现一些知识、理解的错误，教师一定要收集好，这是一节课中教师巡回的最重要的作用。

③具体问题具体分析。对交流中的个性问题作指导，帮助解决。对交流中的共性问题、重点问题作引导，鼓励学生在展示时提出来，作为推动学生认识提升的生成资源。要学会让问题之球在学生中传递，争取达到"兵教兵、兵练兵、兵强兵"的目的，让学生之间资源共享。

（3）精讲点拨环节中教师的作用。

这一环节中，教师牢牢把握两点：何时点拨？——抓住点拨的时机；点拨什么？——提炼点拨的内容（方法、规律、拓展、知识网络建构等）。讲学生解决不了的。当问题之球在学生手中传不动时，教师就要及时点拨。不一定非得把内容直接拿出来，可以设问、引导学生，引起学生思考、质疑，从而激发智慧的火花，最终要依靠学生自己解决问题。讲学生想不到、想不深、想不透的。这里的知识有时不仅仅是本节课的内容，可以依据本节知识前挂后连。讲学生学习过程中易混、易错的知识和难点。教师在学生交流的过程中，在和学生交流的过程中，要时刻观察学生的表情，若发现难于理解的知识，就要及时引导和点拨。另外，我们还要讲随堂生成的问题。这些问题或许是我们教师没能提前预知的，又或许是本节内容没有体现、但是学生提出来了的，我们就要解决。

（4）学生训练环节中教师的作用。

为了保证高效性、减轻学生的学习负担，某些课程没有课后作业，要求训练当堂结束。教师在这一环节的作用表现在以下几方面。

保证训练的时间——教师巡回观察,确保学生能够把刚学的知识转化为能力。有时候,一节课的整体调控可能会出现偏差,最后时间会紧张,但是即使不能完成后面的讲解和矫正,也要保障课堂训练的时间,这一环节能保证把学生的真实情况呈现出来。精选训练的内容——题目要灵活,要有层次性,不能是纯记忆的,不能重复。没有课后作业,又要高效,就要求所选的题目既能巩固知识,又能提升能力。严格训练的形式——像考试那样让学生完全独立地、快节奏地按时完成,教师不做辅导,学生不得抄袭,这样的课堂作业实际上是高强度的训练。它对全面提高学生的素质很有作用,能够检测课堂教学的效果,能及时反馈准确的信息,便于教师进行补缺。学生在课堂教学的全过程中高度紧张地学习,取得事半功倍的效果,减轻了课外负担。重视训练的结果——这样的检测就是学生当堂内容的掌握和拓展情况,教师不能草草结束,一定要关注结果,引导学生自己整理、归纳和提升能力。结果分析要从两方面考虑,一是方法,二是知识。每次小组讨论后,组内一同学把本组的疑难问题写在黑板上,一开始发现写在黑板上的题目较多,分析和调查后知道学生不会讨论,讨论不彻底,所以匆匆把意见不一致的内容写在黑板上,这样就要进行学法的指导;还有知识性的缺陷,教师就要归类整理出知识的漏洞,针对具体情况,分别进行知识的及时补充、提升、综合。

问题的设定需要注意以下几个方面。

①探究的内容要与学生的经验具有一定的相关性,学生看到问题后会产生日常生活的联想,会有解决问题的渴望。

②探究的问题是一个复杂问题,不是回答是与不是的问题,答案会随着学生学习的不断深入具有一定后续研究价值。

③问题具有一定的难度,学生需要自己动手操作,观察研究,并充分调动自己原有的知识,将这些知识重组、重构,并通过交流、头脑风暴法碰撞产生。

小组合作学习往往是借助导学案展开的。如何找到小组合作学习的基点,这是考验教师智慧的地方。刚开始可以根据需要采取讲授和小组合作相结合的方式方法。合作学习对象的任务相对比较复杂,具有一定的挑战性,依靠一个人的力量是不能完成的,需要大家齐心协力才可以完成。(见图2-9)

如何分组。佐藤学希望是异性4人一组,笔者建议是5人一组,一个拳头,有力量,单数投票方便。要通过分组调动学生的积极性、参与性,这是

第二章 创建"自主互助"课堂教学文化

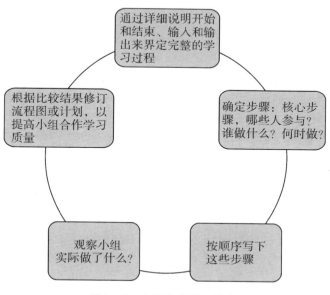

图 2-9 小组合作学习流程

教师智慧的体现。要考虑教学设计与小组学习的衔接问题：如果小组讨论的结果与老师预设的发生冲突怎么办？如果学生讨论未能达到本课的预设目标怎么办？小组之间产生观点冲突怎么办？课堂是有生命的课堂，是师生相互生成的交响乐。

倾听与对话。学习不是直接给出答案，而是充分对话。学习是与学习内容对话、与自己对话、与他人对话。学习的幸福不是明白答案的幸福，而是共同追求成功的过程的幸福，迎接新的学习挑战的快乐。从互相倾听走向和谐交响，学习不再是勉强的，而是关心、多维的对话。

通过细致入微的课堂观察记录，不断调整策略。以学习作为学校生活的中心，把课例研究作为学校的核心工作，在课例研究中注重课后的讨论，而课后的讨论应基于课堂事实，围绕学生的学习情况展开。

基于自主互助学习研究的经验，光祖中学所尝试的"自主互助"课堂则是把两者有机地结合在一起，其核心是倡导"先学后教"理念，"自主互助"式课堂目前形成的基本模式是独立自学—小组交流，互助落实—课堂讨论，质疑释疑—回扣目标，训练巩固—反馈矫正、反思升华。这种教学模式给学生提供了宽松、民主的自主与合作发展空间。通过小组成员的协作互助,共同解决问题,每一位学生的能力得到培养,潜能得到开发。在这种教学模式下,学习的主体是学生,学习效率的高低取决于学生能否主动学习。自主学习应该始终处于课堂的中心地位,教师的教是为学生的学服务的。"自主互助"课堂就是对这种教学关系的最好诠释,同时它采取的是"节节清"和"堂堂清",具体流程与要求是:前置性独立自学—课堂合作与探究—课后巩固练习—教学检测—教学评估与教学反馈。确保每节课不留死角,严格控制教学节奏。通过理论指导与实践行动研究相结合的方法,重点探索课堂中的教学价值、教学目标、教学内容、教学过程、教学方式、教学评价的变化,实现"自主互助"式课堂教学的制度建设与实施,从而构建"自主互助"式课堂教学文化。

如何让学生主动学习?我们认为应寻找教学与学生实际和专业特点的结合点,采取有效的策略和方法,最大限度地为学生创造"自主、探究、合作"的机会,给他们提供一个充分展现自己的舞台。

①思。思考提问,启发学生思考,让他们学会自己提出问题,学习的主人公是学生,学生有了疑问才会进一步思考,才能提出问题,才能有所发现、有所创造。针对学生不愿思考、不爱提问、不会探究的现状,教师要想方设法鼓励学生自主发现问题,自主提出问题,从而有效地培养学生自主学习的能力,激发学生学习的兴趣。做到这一点,需要教师做好以下几点工作:首先,教师必须学会提问。只有提出一些学生感兴趣的、也想解决的,并具有一定思维力度、富于启发性的问题,才能确保学生回答问题的积极性,才能使他们顺利、有效地掌握所学知识。其次,教师要善于启发学生提出问题,教给他们发问的方法。教师要激发学生勇于思考并提出问题的积极性,帮助学生提高发问的质量,让他们不仅懂得"是什么",更要去探究"为什么""还有什么""说明了什么"。最后,还要教给学生提问的方法,让他们懂得,只有进行了认真的分析、比较、思考之后提出的问题才会有深度、有价值、有质量。

②研。研讨问题,引导学生探究、合作、自觉解决问题。在平时的教学中,学生会经常提出一些与众不同甚至怪异的想法,教师不能轻易否定学生提出的问题或者猜想,也不能急于下结论,而要把问题交给学生,让他们独立思考,带着明确的任务、运用恰当的自学方法进行探究,使自学更扎实有效。在遇到个人不能解决的问题时,也可参与小组合作,共同探讨解决。那怎样才能有效地进行小组合作学习呢?教师应科学合理地构建好合作学习小组的框架,遵循"组内异质、组间同质"的原则,深入了解学生基本情况,

全面考虑小组各组员的学习能力、心理特征、表达交往能力等因素，尽可能进行学习实力强弱搭配、行为表现好差搭配，以充分发挥组员之间相互约束、相互影响、相互激励的作用，避免出现小组间学习效果过分悬殊的情况，从而为学生搭建一个探究的平台，培养学生探究的"勤奋"，提高学生自主合作探究的能力。

③展。大胆展示，鼓励学生主动、大胆地展示交流。学生在小组合作讨论后，关键是交流。在交流的过程中教师应允许学生争论、说理、答辩，让学生充分发表自己的见解，提出自己的观点，直至把问题弄清楚。同时，要注意培养学生倾听的能力，让学生在小组交流中倾听他人发言，听出他人发言的重点，对他人的发言做出判断，有自己的见解。听的时候需抓住下列要点：一是听表达的大致过程，从总体上把握他人发言的要点；二是听他人解答问题的思维策略及思考方法；三是听他人的观点与自己的想法有哪些不同，分析出其正确与错误、合理与不合理的地方，以便进行修正和补充。在认真倾听的基础上，要对他人的发言进行积极评价，评价时需抓住以下核心：评价他人的亮点，充分肯定他人；指出不足的地方；提出自己的观点或建议。刚开始，学生对于自己的观点的展示不够大胆，怕说得不恰当，或者说错了，但经过一段时间的锻炼，学生在课堂上能够积极发言，大胆地表述自己的观点，久而久之，养成了勤于动口的习惯。

④练。巧设练习，调动学生持续的课堂活动积极性。例如，数学课堂教学的重要环节是课堂练习，它是学生掌握知识、形成技能、发展智力、挖掘创新的主要手段。但是进行课堂练习时上课时间往往已经过去了一半，学生认为该懂的都懂了，该会的也都会了，便产生疲劳情绪和满足心理，认为不必再练习。那怎样引导他们去向知识的深度和广度进军呢？笔者认为要在以下几方面下功夫：其一，在"趣"上下功夫，为了让学生对已有的知识掌握得更加牢固，并对相关的知识进行再现、组合、整理，教师可让学生利用已有的知识经验自己设计练习，这样既能激发学生的学习兴趣，又能从内心激发他们的斗志。其二，在"点"上突破，针对不同层次的学生设计不同的练习，这样既能解决优等生"吃不饱"的问题，又能保证中下等水平的学生也有所进步，从而提升全班学生的整体水平。其三，在"巧"上探索，设计练习要有针对性，对于那些易混淆的内容，教师要引导学生加以辨析，进行对比练习。其四，在"拓"上下功夫，如一题多变、一题多问的练习，教师可以让学生根据已知条件，相互提出问题并加以解决。在多层次的练习中调动学生的兴趣，拓宽学生思维的广度。

⑤纠。帮助学生主动反馈，自觉纠正。在练习过程中，对于学生出现的问题，教师可采用反馈纠正、再反馈再纠正的方法，在反馈纠正中不断地解决老问题，提出新问题。在课堂上反馈纠正需注意以下要点：少数人的问题个体纠正，预料中的问题计划纠正，出乎意料的问题机动纠正，要害性问题重点纠正，经常出现的问题变式纠正。这样，反馈纠正才是及时、扎实、有效的。

总之，课堂上采用"思""研""展""练""纠"的教学方法，让学生的精神面貌发生了很大改变，他们都能自觉、主动、创造性地学习，初步掌握了合作学习的方法，学习效率有了明显提高，并感受到了自主互助学习带给自己的快乐。同时，教师也普遍感觉到课堂教学过程带给自己的快乐和幸福，在试验过程中勇于实践，大胆创新，学校的教研气氛更浓厚了。

"自主互助"式课堂教学要实现充分的自主、良好的互动、全面的发展，教师应在以下三方面加强修炼。

①摆正教师在自主互助教学中的位置。在自主互助教学中，学生主体性的真正实现，是以教师更深入地介入学生的学习活动为前提的。教师的作用应包含这三方面：营造激励性的教学环境，为实现学生的主体性提供动力支持；从实际出发，准确揭示教学目标；提供正确的学习导向，为实现学生的主体性提供方向保障。营造激励性的教学环境，就是要唤醒、激发学生沉睡的意识，营造让学生敢于学习、敢于质疑、敢于交流、具有安全感的学习环境；设置激发学生"我要学"的学习内容，使他们产生"我"的中心感；采取有效策略，使学生在质疑、讨论、交流中处于撞出思想火花的兴奋状态；让学生拥有提出问题的勇气，以及问题被证明是独特的、有价值的成就感。从实际出发，准确揭示教学目标，就是根据教材和课程标准的要求，围绕学生的实际水平，设置教学目标及重点、难点，有针对性地提出论题。以语文教学为例，王荣生博士认为，语文教学的根本问题是教学内容的问题。同样，语文教师要帮学生实现主体性主要体现在教学内容的选择上。语文不同于其他学科，教材只是语文教学的媒介而不是教学内容，语文教师在教学内容的开发和建设上有更大的自主权。同样一篇课文，可以创生出大相径庭的教学内容，这就需要教师多方权衡，选择最适合学生主体发展需要的教学内容。提供正确的学习导向，就要纠正学生对文本的"错读"。学生对文本的"错读"是由于学生的文化积淀与文本之间出现较大落差，两者无法站在同一水平线上对话而产生的。教师应当合理加以引导。同时，教师还要为偏离"语文"的主体活动导航，使语文教学始终围绕"语文"学习的中心，

第二章 创建"自主互助"课堂教学文化

真正提高学生的语文素养,而不是旁逸、泛化到其他的内容。

②给予学生更多的读书、思考空间。虽然学生讨论是需要的,可以激发学生的学习热情,并培养学生的合作能力,讨论课需要听到学生"讲话",但在课外甚至课上还要提供空间给学生读,提供时间给学生思考。乍看这会影响教学进度,耽搁课堂讨论,但唯有读才能让学生更了解教材,唯有独立思考才能吃透教材。

③注重在讨论过程中加强学生的积累和感悟。高中语文新课程的宗旨是进一步提高学生的语文素养,使全体学生都能获得基本的语文素养。语文素养以语文能力为核心,是语文知识、语文能力、语言积累、思想情感熏陶、思维品质训练、审美情趣培养、学习方法探索和学习习惯养成等的有机融合。语文素养不仅表现为有扎实的语文基础知识,还表现为较强的识字写字能力、阅读能力、写作能力和口语交际能力,更表现为较强的综合运用能力——在生活中运用语文学以致用、举一反三的能力以及不断更新知识的自学能力。因此,在自主互助教学中,更要加强学生的感悟和积累,注重各方面能力的培养。

总之,自主互助教学是一种能积极发挥学生主动性的教学形式,它能提高学生学习的积极性,激发他们的创新意识。在教学过程中,教师应不断反思总结实践过程中出现的种种问题,积极探索有效的新形式、新思路。做到如苏霍姆林斯基说的,让我们的学生在每节课上"享受热烈的、沸腾的、多姿多彩的精神生活"。

第三章 "自主互助"课堂行动策略

第一节 教学设计策略

一线老师对教学设计都非常熟悉,每次教学都要提前做好教学设计,"预则立,不预则废",好的教学设计是保证教学质量的前提。

一、对教学设计的基本认识

(一)教学设计的概念

帕顿(Patten J. V.)在《什么是教学设计》一文中指出:"教学设计是设计科学大家庭的一员,设计科学各成员的共同特征是用科学原理及应用来满足人的需要。因此,教学设计是对学业业绩问题的解决措施进行策划的过程。"

赖格卢特(Charles M. Reigeluth)认为教学设计也可以称为教学科学。他在《教学设计是什么及为什么如是说》一文中指出:"教学设计是一门涉及理解与改进教学过程的学科。任何设计活动的宗旨都是提出达到预期目的的最优途径,因此,教学设计主要是关于提出最优教学方法的一门学科,这些最优的教学方法能使学生的知识和技能发生预期的变化。"

梅里尔(Merrill)等人在发表的《教学设计新宣言》一文中对教学设计所作的新界定值得引起人们的重视。他们认为:"教学是一门科学,而教学设计是建立在这一科学基础上的技术,因而教学设计也可以被认为是科学型的技术。"

肯普(J. E. Kemp)给教学设计下的定义是:"教学设计是运用系统方法分析研究教学过程中相互联系的各部分的问题和需求。在连续模式中确立解决它们的方法步骤,然后评价教学成果的系统计划过程。"

一般而言,教学设计是指根据课程标准的要求和教学对象的特点,将教学诸要素有序安排,确定合适的教学方案的设想和计划。一般包括教学目标、教学重难点、教学方法、教学步骤与时间分配等环节。

（二）教学设计的特征

（1）教学设计是把教学原理转化为教学材料和教学活动的计划。教学设计要遵循教学过程的基本规律，选择教学目标，以解决教什么的问题。

（2）教学设计是实现教学目标的计划性和决策性活动。教学设计以计划和布局安排的形式，对怎样才能达到教学目标进行创造性的决策，以解决怎样教的问题。

（3）教学设计是以系统方法为指导。教学设计把教学各要素看成一个系统，分析教学问题和需求，确立解决的程序纲要，使教学效果最优化。

（4）教学设计是提高学习者获得知识、技能的效率和兴趣的技术过程。教学设计是教育技术的组成部分，它的功能在于运用系统方法设计教学过程，使之成为一种具有可操作性的程序。

（三）教学设计的原则

（1）系统性原则。教学设计是一项系统工程，它由教学目标、教学对象的分析、教学内容和方法的选择以及教学评估等子系统所组成，各子系统既相对独立，又相互依存、相互制约，组成一个有机的整体。在诸子系统中，各子系统的功能并不等价，其中教学目标起指导其他子系统的作用。同时，教学设计应立足于整体，每个子系统应协调于整个教学系统中，做到整体与部分辩证统一，系统的分析与系统的综合有机结合，最终达到教学系统的整体优化。

（2）程序性原则。教学设计是一项系统工程，诸子系统的排列组合具有程序性特点，即诸子系统有序地排列成等级结构，且前一子系统制约、影响着后一子系统，而后一子系统依存并制约着前一子系统。根据教学设计的程序性特点，教学设计中应体现出其程序的规定性及联系性，确保教学设计的科学性。

（3）可行性原则。教学设计要成为现实，必须具备两个可行性条件。一是符合主客观条件。主观条件应考虑学生的年龄特点、已有知识基础和师资水平；客观条件应考虑教学设备、地区差异等因素。二是具有操作性。教学设计应能指导具体的实践。

（4）反馈性原则。教学成效考评只能以教学过程前后的变化和对学生作业的科学测量为依据。测评教学效果的目的是获取反馈信息，以修正、完善原有的教学设计。

(四) 教学设计的发展历程

教学设计经历了三个发展阶段[①],如表3-1所示。

表3-1 教学设计的发展阶段

ID 阶段	学习理论	教学理论	系统论	特点
ID1	行为主义的联结学习	五段教学理论、学科结构理论	老三论:系统论、信息论、控制论	肯普模型 客观教学设计 以教为主
ID2	联结—认知学习理论	九段教学理论、掌握学习理论	新三论:耗散结构理论、协同论、突变论	梅里尔模型 客观教学设计 以教为主
ID3	建构主义的学习理论	建构主义教学设计	新三论:耗散结构理论、协同论、突变论	主观教学设计 以学为主

其中,ID1和ID2阶段为以"教"为中心的教学设计,ID3阶段为以"学"为中心的教学设计。接下来我们讨论的教学设计策略主要是ID3阶段的教学设计。

(五) 教师的教学意识

在进行教学设计之前,教师首先需要培养和提升自身的教学意识。

(1) 对话意识。与课程标准对话,与教材对话,与同伴对话,与名师对话,与学生对话。

(2) 课程资源开发意识。社区、家庭资源的合理利用,媒体、网络资源的合理开发,其他学科资源的有机结合。

(3) 以"学"为主的意识。找准学生学习的现实起点,精心安排学生的探究过程,让学生体验学习过程。

(4) 预设与生成的意识。

---

① 那一沙、袁玫、吴子东:《教学设计研究综述》,《西南交通大学学报》(社会科学版), 2013年第5期。

（5）教育质量意识。制定切实可行的教学目标，注重多种教学方法的优化组合，安排有质量的课堂练习或活动。

二、教学设计的实施策略

（一）指向策略——制定切实可行的教学目标

教学目标是教学活动的出发点与归宿，是评价教学活动的重要依据，是保障教学过程中的师生具有明确的共同指向的必不可少的设计。教师在制定一节课的教学目标时，既不能单纯地只考虑认识性目标，也不能将发展性目标制定得面面俱到；既不能将三个维度的目标简单叠加，也不能将整体目标机械分割；而要在对教学内容和学生状态进行分析、对可能的期望发展进行分析的基础上有机地统整三维目标。

下面介绍一种教学目标设计的原则——"SMART"原则。SMART 原则最早出现在管理目标中。在教学设计中，它具体的含义如下。①

（1）S（Specific），要求制定的教学目标必须明确、具体，就是要用具体的语言清楚地说明要达到的标准。模棱两可的教学目标无法真正地让教学过程严格围绕教学目标进行。例如，在语文教学中，将教学目标定为"提高学生对课文的理解能力和欣赏水平"，这样的教学目标就过于宽泛、模糊。这样的教学目标既适合本堂课，也适合任何一堂课；既适合本篇课文，也适合所有学段的课文。教学目标模糊，难以有效指导教学过程，也不利于学生理解教学目标并为达到目标而有效地开展学习。这样的教学目标就形同虚设。如果能够结合课堂教学实际和教学重点，将教学目标修改为"掌握本课生字词、学习作者通过联想来抒发感情的方法、体会作者在文中的情感"，那么教学目标就具体、明确了，学生也能很容易理解，并围绕该目标开展学习。因此，在制定教学目标时必须把明确、具体作为第一要求。

（2）M（Measurable），要求教学目标必须是可衡量的。这是指教学目标必须有明确数据，有能够作为追踪和衡量目标是否达成的依据。如果教学目标无法衡量，那就无法判断是否实现，就完全丧失了当堂达标教学理论的意义，教学目标也无从实现。在语文教学中，将教学目标定为"大部分学生能够掌握课后字词"，"大部分"就是一个难以量化的词语，课堂教学后也难以评估和确定是否达成了教学目标。上述教学目标可以表述为"80%

---

① 参见柴晓美《SMART 原则在教学目标制定中的应用》，《现代教学探索》，2011 年第 1 期。

的学生当堂掌握全部字词"。这样，如果80%或超过80%的学生掌握了全部字词，那么这堂课就达到了预设的教学目标。因此，教学目标制定的第二个原则就是必须是可衡量的。教师和学生必须有一个明确、统一标准、清晰的可度量的标尺，杜绝在教学目标中使用概念模糊、无法衡量的描述。如果教学目标确实无法量化，没办法用确切数字描述，就可以考虑将目标进行流程化或细化，使目标可以衡量。

（3）A（Attainable），要求教学目标必须是可实现的。这是指教学目标必须符合教学实际和学生实际。要求制定的教学目标具有可实现性，即教学目标可以正确有效地指导教学过程，能够通过教师的教学实践来实现，学生可以正确理解教学目标，并围绕教学目标有效地开展学习。同时，制定教学目标又必须具有一定的可行性。如果制定的教学目标过高，学生经过努力无法达到，不但无法实现当堂达标的教学要求，而且长此以往，学生的自信心和学习兴趣容易受到伤害，不利于他们主动性和创造性的发挥。反之，如果制定的教学目标过低，学生可以轻而易举地实现，也不利于学生学科知识体系的构建，影响学生整体素质的提高。因此，制定教学目标必须紧密结合教学实际、学生实际。另外，还要根据学生的学段和学情，有针对性地安排教学目标，使每一位学生都能达到相应的教学目标，并获得成功的体验。

（4）R（Relevant），要求制定的教学目标必须紧密联系整个学期总的教学目标，关心学生的成长与发展。不能将大量的时间、精力和资源用于制定与整个学期教学目标无关、对学生成长与发展不利的目标。每一堂课的教学目标必须是整个学期教学目标的子目标，是整个学期教学目标的有机组成部分，每一堂课达标都必须保证离学期教学目标更近一步。

（5）T（Time-based），要求制定的教学目标必须是有时间界限的。当堂达标教学要求每节课必须达到教学目标，也就要求所有制定的教学目标必须是在课堂中能够实现的。教学目标并不是越多越好，也不是定位越高越好，必须紧紧围绕当堂达标的要求，制定当堂课能达成的目标。教学目标必须针对一堂课的时间。学生的精力是有限的，教学任务也是有限的。课堂目标必须保证在课堂时间内能够完成，学生精力和接受能力可以达到。

（二）组合策略——安排合理适中的教学内容

教学内容是落实教学目标、实现教学计划的重要载体。它对学生来说是外在的、不确定的，需要通过教学法对它进行科学加工后，才能更好地为学生所接受和掌握，进而促进学生的发展。教材内容既是安排教学内容的基本线索，也是提供教学内容的重要资源。但由于教材内容是一个个静止的知识点，与学生接受、生成新知识的动态过程不可能完全吻合，教材所呈现的内容顺序也不一定可以作为教学过程的顺序。因此，教师对教材不能简单地执行和传递，而是要做二次开发和创新，为学生提供现实的、有意义的、富有结构性和生成性的学习内容，即安排合理适中的教学内容。

（三）有序策略——构思通畅的教学程序

教学程序是指一个在一定的教学时空里能为学生所接受的、能达到一定教学目标的教学操作过程顺序。在构思程序时，不仅要把注意力集中在有序地组织教学内容上，还应根据教学动态特点，巧妙地设计学生思维程序，使教学过程不仅能展示事实体系固有的逻辑结构、学生认识体系的心理结构，而且能显示教学的有序性和互动的有效性，增强教学过程动态生成式展开的逻辑性。

这里的"有序"并不是按部就班地按顺序来，而是在教学设计的时候，要有序地抓住教学过程的各因素间的内在联系，构建一个相对完整的课堂教学过程的结构。

（四）优选策略——选择适当的教学方法

国内外的教学方法非常多，在此，我们根据李秉德教授提出的教学方法分类，按照教学方法的外部形态，以及相对应的这种形态下学生认识活动的特点，把我国中小学教学活动中常用的教学方法分为五类。

第一类方法：以语言传递信息为主的方法，包括讲授法、谈话法、讨论法、读书指导法等。

第二类方法：以直接感知为主的方法，包括演示法、参观法等。

第三类方法：以实际训练为主的方法，包括练习法、实验法、实习作业法。

第四类方法：以欣赏活动为主的教学方法，例如陶冶法等。

第五类方法：以引导探究为主的方法，如发现法、探究法等。

如何选择适当的教学方法呢？这是有据可循的：

（1）根据教学目标选择教学方法。

（2）根据教学内容特点选择教学方法。

（3）根据学生实际特点选择教学方法。

（4）根据教师的自身素质选择教学方法。

(5) 根据教学环境条件选择教学方法。

三、做好课堂提问

课堂提问在课堂教学中的重要性毋庸置疑，一线教师也在有意识地提升自己的提问能力。然而，对课堂提问策略进行研究和实践的老师或教育研究者并不多，本节结合相关教学理论知识和教学实践对课堂提问进行阐述。

（一）对课堂提问的基本认识

1. 课堂提问的重要性

Max A. Sobel 和 Evan M. Maletsky 在其著作《数学教学方法》中提出："用一个有趣的问题作为教师上课的开场白或收场白常常会有意想不到的效果。当你把问题一摆出来，同学们就会开始猜测答案并且互相争论。之后，再加上教师的引导，运用斯蒂芬先生提出的问题的方法进行思考。当然问题的设计要适合同学们的程度与他们已有的预备知识。"① 可见，教师课堂提问是一件非常重要的事情。

2. 课堂提问存在的问题

（1）提问刻板，按教学预设走。有的老师备课十分认真，什么环节提什么问题，在教学设计中都明确地写出来，课堂上也严格按照预设去做。这种现象，我们在听校内或小范围的公开课时，时常看到。分析其产生的原因，主要有两个：一个是上公开课时紧张，难以随着学生的学情变化进行临时调整；另一个是教师平时积累不够，俗话说"台上一分钟，台下十年功"，没有平时课堂教学中的日积月累，自然不可能有公开课时的精彩纷呈，因此只能照本宣科。

（2）缺乏对问题的深刻理解，问题本身质量不高。在教研活动中，观课议课时，有的老师会一边赞叹："这节公开课，这个问题提得真好！"一边感慨："我就想不出这样有水平的问题！"至于人家为什么能提出高质量的问题，自己为什么想不出有水平的问题，他们往往不再做进一步思考。其实，教师提问是一种教学技术，也是一种教学能力。我们知道，任何一门技术的习得、一种能力的养成，都是需要不断学习、实践和反思的。

（3）提问频次偏高。观察近几年的课堂，不少老师或研究人员都会做

---

① Max A. Sobel，Evan M. Maletsky：《数学教学方法》，张静嚳、念家兴译，九章出版社1996年版。

一个"教师提问"的数量统计。我们来看一个比较有代表性的统计结果。浙江湖州师范学院的邝孔秀等对小学数学著名特级教师华应龙的 6 节课与 12 位普通教师的 12 节课就课堂提问进行了比较研究,对于"提问的数量",其统计结果为:华应龙在 6 节课中共提问 297 次,平均每节课提问 49.5 次,平均每分钟提问 1.24 次;12 位普通教师在 12 节课中共提问 1279 次,平均每节课提问 106.6 次,平均每分钟提问 2.67 次。对于教师提问的频次,无论是特级教师华应龙老师,还是 12 位普通教师,都非常高。

(4)提出问题后,候答时间较短。老师提出问题后,1~2 秒就会有学生举手想回答问题,当然,问题的难易度不同,学生举手的人数也会有差异。这时,有的老师会立刻从举手的学生中请一位作答,有的老师会再等待 1~2 秒。经课堂观察统计发现,教师提问后的候答时间,一般在 3 秒以内。事实上,学生经过 3~5 秒思考后,能更好地作答。

(5)学生回答后,教师的理答过于简单。一般情况下,教师理答主要是评价正确或错误,而忽视其教育作用。

(二)课堂提问的实施策略

1. 准备问题

首先,什么是问题?《现代汉语词典》有五个解释,分别是:第一,要求回答或解释的题目。第二,须要研究讨论并加以解决的矛盾、疑难。第三,关键;重要之点。第四,事故或麻烦。第五,属性词。其次,提出的问题,它的作用是什么?目的何在?美国教学论专家 L. H. 克拉克和 I. S. 斯塔尔的研究可以供我们参考,他们认为课堂提问有 19 种功能[①]。

(1) 查明某人所不知道的知识。
(2) 查明某人是否掌握某项知识。
(3) 发展思维能力。
(4) 促使学生学习。
(5) 作为训练或练习的手段。
(6) 帮助学生组织学习材料。
(7) 帮助学生解释学习材料。
(8) 突出学习的重点。

---

① 参见 [美] L. H. 克拉克、I. S. 斯塔尔《中学教学法》(下),赵宝恒、蔡俊年等译,人民教育出版社 1985 年版,第 54-55 页。

（9）指出某些关系，如因果关系。
（10）发现学生的兴趣。
（11）培养鉴赏能力。
（12）作为复习的手段。
（13）练习表达思想。
（14）揭示学生的心理过程。
（15）表达意见的一致或不一致。
（16）与学生建立亲密的合作关系。
（17）用以诊断教学。
（18）用以评价教学。
（19）引起不专心的学生的注意。

明确了提问的目的之后，接下来要思考所提的问题属于哪种类型。在《优质提问教学法：让每个学生都参与其中》一书中，作者杰基·阿克里·沃尔什（Jackie Acre Walsh）和贝思·丹克特·萨特斯（Beth Danker Sates）把与所有认知水平的问题和与回答相关的问题制作成问题卡片，见表3－2①。

表3－2　教学目标与相关问题类型

分类	教师提问	学生表现	扩展
记忆	谁？什么？时间？地点？多少？哪一个？	重现、识别、命名、匹配、分辨、提取、列表、识记	你能给我举一个……的例子吗？你可以增加什么样的观点或细节？对于……这个是什么意思？你能从课本中找出来吗？说出更多的内容。告诉我更多的内容
理解	用你自己的话进行回答；读图或图表；改述；举一个例子；我们准备回答什么样的问题？我们准备解决什么样的问题？可能提出什么样的结论？	阐释、举例、解释、展示、翻译、总结、比较、提示、分类	
应用	我们会应用什么样的方法策略？应当考虑什么样的替代方法？哪里发生了失误？	执行、施行、实行、解决、运用	

---

① ［美］沃尔什、萨特斯：《优质提问教学法：让每个学生都参与其中》，刘彦译，中国轻工业出版社2009年版。

（续表3-2）

分类	教师提问	学生表现	扩展
分析	对比与比较；陈述观点；找出类型；两种的关系？你可能推断出什么？主要的观点？主题？假设是什么？证据是什么？作者的意图是什么？	区分、分类、剖析、排序、参与、归类、辩护、区别、组织、归因	请给出你的理由。你是怎么知道的？你能解释你是怎么得出结论的吗？什么样的资料支持了你的观点？帮我认识你背后的想法，你运用什么标准得出了该判断？
评价	你的标准是什么？哪个更重要？哪个更有道德性？哪个更可靠？有什么失误或不一致之处？	批判、判断、评价、分级、评估、证明、辩护、辩论	
创造	预测；你会怎样测试？提出替代性方案还有其他可能性吗？想象这是什么？假设写一个研究计划	产生、计划、设计、构建、开发、生产、提议、发明、建构	

最后，预设问题。预设问题时，需要考虑三个方面：问题的难易程度、问题的指向、问题的开放程度。一节课，老师会提很多问题，有的问题是课堂上随机生成的，有的问题是提前预设的。哪些问题需要提前预设？主要是大问题、核心问题或关键问题。

所谓大问题或核心问题，是指与一节课重要知识点相关的问题，就是一节课的主线。我们会发现大问题在一节课上不多，一般就是2～3个。和大问题相对的是小问题。小问题主要是用于组织教学和前后过渡，主要是简单的记忆类问题。课堂观察中，老师们普遍小问题特别多，我们需要控制小问题的数量。

当问题预设好之后，如何判断自己预设的问题是不是一个好问题？一个好问题应该是用明确和直接的语言表达的、能被学生理解的问题，它必须与课堂教学的目标相一致，并且能解决疑难和发人深思，同时，它必须与回答问题的学生的年龄特征和能力兴趣相适应，必须与提问的目的相吻合。

2. **课堂提问策略**

教师发问，关键是要把握好发问的时机。孔子说"不愤不启，不悱不发"。学生如果不是经过思考并有所体会，到达想说却说不出来的状态时，老师就不要去开导他；学生如果不是经过冥思苦想，而又想不通时，老师就不要去启发他。老师发问的时机大致有以下几种。

（1）开课时发问。宽松和谐的课堂氛围是教学高效的有效保证。在开课时，教师可以通过一两个问题来为学生营造一个宽松和谐的学习环境，调动起学生想说的积极性与敢说的心理状态。

（2）在学生思维停滞时发问。在课堂上，教师有时会提出一些比较难的问题，学生不太理解，这个时候教师不要直接讲解，而是提出一些有诱导性的问题，使他们打开新的思路，把他们的思维激发出来，锻炼他们独立解决问题的能力。

（3）在学生无疑时发问。朱熹曾说："读书无疑者，须教有疑，有疑者却要无疑，到此方是长进。"教师不仅要为学生解惑，还要注重激疑。教师通过提问的方式使学生在无疑处见疑，并最终引导学生解决问题。

（4）当课堂上出现学生私下议论时发问。在教师讲课的过程中，有时课堂会出现私下议论的声音。这些议论一般情况下表明了学生大脑中产生了问题。教师对这种情况有两种处理方法：一是暂停讲课，让学生把自己的疑问表达出来；二是根据自己的教学经验马上再抛出一些问题，让学生的疑难得到及时的解决。

（5）当课堂气氛沉闷时发问。

（6）结课时发问。

发问的时机并不限于以上几种，课堂具有生成性、变化性，把握好提问的时机，有效的提问，是我们每一位老师都需要关注的。

3. 教师候答策略

候答是教师发问后，等学生作答的教学行为。

教师在课堂教学中要对提问时间和节奏进行控制。提出问题之后，需要给学生留出思考的时间。教师都知道"等待"的重要性，但就是耐不住性子，把握不好等待的时间，有的学生因为思维缓慢而不能迅速作答，因此受到教师的指责。其实他们并不是不会，而是需要一定的思考时间来回答正确的答案。所以，教师提出问题后，不能马上重复问题或指定学生回答，要留给学生回忆、联想、组织语言等活动的时间。在课堂上，有些问题往往是需要学生经过仔细思考和计算才能回答出来的，因此，教师要留给学生适当的思考时间。学生在回答问题的过程中会继续思考或不断调整自己的思路，因此，教师在这也需要留出一定等待的时间。学生的回答如果不够顺畅，教师要耐心听答，不能打断或追问，否则会使学生更紧张。如果学生答不上来或者答非所问，教师既不要皱眉、不耐烦，也不要斥责学生，否则会挫伤学生的积极性。当学生回答错误时，教师不宜急于给出答案，而要给学生时间进行解释并改正。

第三章 "自主互助"课堂行动策略

有研究者对教师等候学生作答时间的长短对提问的影响进行了研究,认为在课堂提问过程中,教师应有两个重要的等待时间,即"答前等候"与"答后等候"。所谓"答前等候",指的是老师问后,等待学生作答的时间。"答后等候"是指学生作答后,老师稍等待,再评价或接着进行下一环节,其实,就是给学生一个补答、回顾或改答的机会。

《优质提问教学法:让每个学生都参与其中》一书中归纳了教师运用3~5秒等待时间学生能够获得的种种益处:学生会给予更长的回答;学生会为他们的观点和结论提供证据;学生会进行猜测和假设;学生会提出更多的问题;学生与其他的学生交谈更多;"我不知道的"次数少了;纪律情况会得到改善;更多学生参与回答;学生的回答更自信;在认知水平比较复杂的考试项目上取得进步。

4. 教师叫答策略

教师叫答的对象有一个学生、一个小组或全班学生。由叫答对象的学习成绩来分,有学习优秀的学生和学习困难的学生。由叫答对象的态度来分,有积极主动的学生和消极被动的学生。由叫答的目的来分,有提醒、纠错或问答。

没有规律的叫答,可以增加学生的参与度,让学生注意力集中,但是,如果每节课提问学生人数很少,总是提问那么几个学生,则会引起不公平,长此以往,会导致课堂教学质量下降,长远来看,会对学生的发展产生消极或不良的影响。

5. 教师理答策略

理答是指教师对学生的答后处理。根据学生回答问题时的状况,教师应做出相应的理答,而不是简单地肯定或否定。具体有以下几种状况。

(1)当学生自信而正确作答时,一般情况下,教师表示认可或做出回答正确的评价,然后继续下一环节的教学。假如是不常举手的学生或学习成绩较差的学生做出此种回答,则要根据课堂的现场情况给予其表扬和鼓励。

(2)当学生自信地做出错误回答时,首先需要肯定他的积极性和他所做出的努力,毕竟正常情况下,没有人会故意地做出错误的回答,而且自信地答错,如果老师的理答不当,将会严重打击学生今后主动回答问题的积极性。因此,千万不能直接指出他错了并立刻给出正确答案,或另请"高明",马上叫另外的学生来回答,而是要尽可能引导这位学生自己发现错误,或者自己改正错误。

(3)当学生由于粗心而导致作答错误时,教师应让其自己纠错后继续上课，注意培养学生细心谨慎的品质。

　　褒奖和追问在理答中的作用非常大，也是老师们在课堂上使用较多的两种方式。褒奖，贵在具体详细、实事求是。追问，"就是把所有传授的知识分解为一个个小问题，一环扣一环系统地提问学生。追问时，教师发问的语气较急促，问题与问题之间间隙时间较短，能创设热烈的气氛，训练学生敏捷、灵活的思想品质。追问能使学生保持注意的稳定性，刺激其积极思考，有利于全面掌握知识的内在联系"①。建议在突破教学难点处、新知旧知过渡处追问。

---

①　王悦：《学校教师教学方法与艺术全书·中卷》，中央民族大学出版社2000年版。

第三章 "自主互助"课堂行动策略

第二节 教学设计的重要策略

一、自主学习策略

现代教育以培养学生的自主学习能力为终极目标,即以培养学生自求自得、独立思考、自我规划、自我管理的能力为目标。学生通过自己的自主学习活动,学会学习,形成良好的学习习惯和学习品质,真正成为学习的主人,成为自己学习的规划者、实施者和评价者。

(一) 对自主学习的基本认识

美国自主学习研究的著名专家、纽约城市大学教授齐莫曼(Zimmerman)指出,自主学习是指"自主的(Self-regulated)学生以对学习效率和学习技巧的反馈为基础,选择和运用自主学习策略,以获得渴望的学习结果"①。在国内,以庞维国为代表,提出从横向和纵向两个维度来定义自主学习:"从横向角度是指从学习的各个方面或维度来综合界定自主学习",即自主学习的学习动机是自我激发的、学习策略是自我调节的、学习时间是自我管理的,学生还能主动营造有利的学习环境,并对学习结果进行自我总结和自我评价;"从纵向角度界定自主学习是指从学习的整个过程来阐释自主学习的实质",即自主学习是指学生在学习活动前能够制定学习目标和学习计划,在学习活动中能对学习进展、学习方法进行自我监控和自我调节,在学习活动后能进行自我检查、自我评价和自我总结的学习。②

自主学习作为主体性教学的核心,具有能动性、选择性、开放性、创造性等特点,是建立在自我意识发展基础上的"能学",是建立在学生内在学习动机上的"想学",是建立在学生掌握了一定学习策略上的"会学",是建立在一直努力基础上的"坚持学"。自主学习是对学习者的意识、态度、行为和能力的综合要求,即是学习者有意识地对学习进行自我计划、自我管理、自我控制、自我督促等为自己的学习负责的行为。笔者认为中小学所倡

---

① [美] Barry J. Zimmerman 等:《自我调节学习》,姚梅林等译,中国轻工业出版社 2001 年版,第 17 页。
② 参见庞维国《自主学习——学与教的原理和策略》,华东师范大学出版社 2003 年版,第 4 页。

导的自主学习就是学生在教师的科学指导下,通过能动的、创造性的学习活动,充分发挥自身的主动性、积极性、创造性,围绕一定的学习目标主动学习、主动探索、主动思考、主动实践,以获得知识、丰富感情、发展能力、完善人格,从而成为学习的主体、认知的主体和发展的主体。教师的科学指导是学生自主学习的前提和主导条件。我们这里的"自主"是在教师主导下的"自主",是一种"准自主"。中小学生的自主学习与严格意义上的自主学习是有一定区别的。

从课堂教学改革的角度看,自主学习具有极大的优越性:它适应学生喜欢独立活动的心理需求,可以有效地激发学生的学习兴趣,调动学生学习的积极性;可以促进学生独立性、积极性、主动性等良好心理品质的发展;可以让学生更好地体验创造的乐趣,培养创新的精神和创造能力;可以有效地打破"满堂灌""抱着走"式的传统教学格局,从而促进课堂教学质量与效益的提高;可以有效地培养和提高学生的学习能力,为学生的可持续发展奠定良好的基础。

很多人都容易把自主学习和自学混为一谈,其实二者之间是有本质区别的,最明显的区别是自主学习通常在一定教学条件下、在教师的指导下进行,可以随时向他人寻求帮助;而自学通常指无一定教学条件、根据个人发展需要,充分调动主观能动性来进行自我学习。

(二) 自主学习的发展历程

在国外,最早提出自主学习思想的是古希腊哲学家苏格拉底,他认为教师必须通过"产婆术"引导学生思考,使其最终找到答案。由此可见,苏格拉底强调学生是在教师的引导下,通过主动思考获取知识,这正是自主学习所倡导的。而在我国,先秦时期的《学记》指出:"学然后知不足,教然后知困。知不足,然后能自反也;知困,然后能自强也。"这里的"自反""自强"都是自主学习思想的体现。

虽然古代早已出现了自主学习思想,但"自主学习"这一概念的提出有100年左右,而对它进行深入研究也只是近四五十年的事。

20世纪初,随着"新教育运动"在西方的深入发展,人们开始批判以"教师、课本、课堂"为中心的传统教育教学思想,进而提出以"儿童、经验、活动"为中心的新教育思想。20世纪二三十年代,出现了一系列促进学生自主学习的教学法,如设计教学法、道尔顿法、文纳特卡制等。这些教学法在一定程度上发挥了学生学习的积极性,使学生实现了自主学习,但由于其打破了班级授课制，影响了学校的正常教学秩序，这些教学法在 20 世纪 30 年代后都销声匿迹了。

直到 20 世纪 50 年代，行为主义学习论占上风，以灌输和强化为特征的教学又重新出现，学生的学习陷入被动接受的局面。20 世纪 60 年代后期，以维果斯基的言语自我指导理论的价值在西方得到确认，信息加工心理学的迅速发展、人本主义心理学的兴起共同推动了自主学习的发展，使自主学习逐渐成为学习理论中的热点之一。美国心理学家马斯洛倡导内在学习，即依靠学生内在驱动、充分开发潜能、达到自我实现的学习；而罗杰斯则主张有意义学习，这种学习强调学生已有经验的作用，认为学习的过程就是使学习材料与已有经验相互关联的过程，就是学生建构意义的过程。

在我国，20 世纪初期，受西方教育、教学思想的影响，自主学习进入初步实验阶段，著名教育家蔡元培提出"重启发学生，使能自动研究"的教育方法，以及后来传入我国的设计教学法、道尔顿法、文纳特卡制等教学法，成为当时主要的指导思想和实验内容。但由于这些教学法本身的不足，加上战乱频繁，到 20 世纪 30 年代，这些实验逐渐停止了。

中华人民共和国成立之初，苏联教育家凯洛夫的"五段教学法"在全国推行，教师成为教学的中心。中苏关系恶化后，曾引进美国的程序教学法，但由于效果不好，到 1965 年上半年被全部停止。

20 世纪 70 年代末，改革开放后，我国自主学习逐步进入系统研究阶段。仅在 1979 年前后，我国就出现了 11 项以指导学生自主学习为目标的教学实验。如上海青浦区顾泠沅等人进行的"诱导、尝试、归纳、变式、回授、调节"教学法，后来发展为"尝试指导—效果回授"教学模式；湖北黎世法的"六课型单元教学法"，后来发展完善为"异步教学法"；辽宁盘锦二中魏书生实施的"六步教学法"实验；上海嘉定中学钱梦龙进行的"导学教学法"（现又称"三主四式"语文导读法），等等。这些教学实验涉及中小学各年级的不同学科，研究方法也更为科学、严谨，且持续时间较长，标志着中国自己的自主学习实验范式已经出现。

20 世纪 80 年代，开展自主学习实验的研究者将自己的实践经验进行整理，并以理论成果的形式呈现出来，成为我国自主学习研究的理论基础，我国自主学习研究至此进入理论和实践并进的局面。

20 世纪 90 年代，随着对自主学习本质的深入研究，有关自主学习的实验不再局限于发展学生某一方面的自主性，而是以全面提高学生的自主学习能力为目标。如 1991 年，吉林省珲春市开始了"主动发展教育"研究；

1995年,福建省实施了初中数学"指导—自主学习"教改实验。

近年来,洋思中学"先学后教,当堂训练"模式、杜郎口中学"三三六模式"和东庐中学的讲学稿模式的成功尝试再次说明了实施自主学习的必要性。上述三所农村学校的教学改革,充分尊重和发挥了学生学习的自主性,极大地激发了学生学习和创造的热情。自主学习是其教学改革的核心追求,强调让学生自己主宰自己的学习。这三所农村学校的课堂教学改革在国内引起了巨大反响。

(三)自主学习的教学策略

笔者根据自主学习在本校的教学实践,归纳整理出自主学习有效实施的基本策略。

1. 学习主体性策略

学生是学习的主人,是学习的主体,是学好的内因。教学要尊重学生的学习主人地位,充分发挥学生学习主体的作用,把学习的主动权交给学生,通过学生自主的学习活动,促进学生素质的全面发展与提高。在教学过程中,教师要让学生在课堂有限的时间和空间内多读、多说、多思,使学生真正成为课堂的主人。

教师要充分发扬教学民主,创造自由、民主、宽松的课堂教学氛围,使学生在课堂上感到"心理安全""心理自由",能主动思考,敢于独立思考,不必担心出现错误而受到讥笑和批评。一个宽松和谐的课堂教育教学氛围的形成,取决于教师的民主意识。教师要努力创设一种教学氛围,允许学生有自由思考的时间,鼓励学生争辩、质疑、批判,鼓励学生思维求异。在课堂上,教师是学生学习的促进者和帮助者,而不是"命令者"和"操纵者",这样才能创设一个适合学生个性发展的良好氛围,让学生个性得到张扬,兴趣得到发展,思维得到发展,让学生在活动的参与过程中发展个性、建构知识。

德国教育家第斯多惠(Friedrich Adolf Wilhelm Diesterweg)指出:"发展和培养不能给予人或传播给人。谁要享有培养和发展,还须用自己内部的活动和努力来获得。"学生的主体作用是通过学习活动来展现的。学习活动是学生学习发展的载体。所以,教师在设计课堂教学结构时,一定要精心设计学生活动,让学生在活动的参与过程中进行学习,做到概念让学生概括、公式让学生推导、规律让学生发现、思路让学生交流、评价让学生讲评,学生的主体作用在全程活动中得到充分发挥。在教学中,开展"对话""展示"

"辩论""竞赛""成果发布"等学生乐于参加的活动。在活动中,学生获得成功的喜悦,学习热情得到极大提高,学生的积极性、主观能动性、创造性大大增强,学生个性健康发展得到有效促进。

将学习的主动权真正还给学生,在课堂教学中教师要做到:第一,把问的权利还给学生,改变单纯教师"问"、学生"答",学生尾随教师亦步亦趋的现状,引导学生"愿问""敢问""善问"。第二,把读的时间还给学生。让学生多读,在读中发现问题,学会思考。第三,把讲的机会让给学生。为学生提供畅所欲言、各抒己见的机会,让学生有效地输出"学习产品"。第四,把练的安排纳入课堂,当堂练习,及时反馈和巩固。

2. 强化指导性策略

自主学习虽然强调要尊重学生学习主人翁的地位,发挥学生学习的主体性、自主性,但这绝不意味着降低了教师教学上的主导性。应该说,教师教学上的主导作用非但没有降低反而提高了。具体地说,除了要在更高的水平上设计教学、组织教学外,还要运用反馈调整策略,强化对自主学习的具体指导。

教师要激发学生自主学习的愿望,使学生真正成为学习的主人。著名教育改革家魏书生老师在中学任教时,经常和学生商量:不妨把教室、教材的名称变换一下——把教室叫作"学室",把教材叫作"学材"。这样,学生就饶有兴致。学生来到学校,走入学室,拿起学材,开始学习,其自豪之情溢于言表,自主意识已被唤醒。

学法指导,主要是帮助学生理解和掌握自学看书的方法、科学思维的方法、合作交流的方法以及反馈调控的方法等。教师要加强对学习方法的研究,这里既包括基本学习方法的研究,例如思维导图、演绎、归纳、比较、类比、总结、记忆、复习、笔记等,也包括不同学习内容的独特学习方法的研究。教师结合课堂教学实践,通过点拨总结和交流的方式帮助学生逐步领悟、有序提高。高明的做法是寓学法于教法之中。教学过程既是教法的实施,又是学法的体现。

教师在发挥引导作用的过程中应特别注意:第一,在备课中既要备教师如何教,又要备学生如何学;既要考虑教材、"课标"要求,又要考虑学生的知识现状和能力水平,并精心设计调动学生课堂学习主动性的方法。第二,在教学中走出"传道"的角色,走下讲台,走进学生,引导学生进入真实的学习情境中,使学生产生认知冲突,从而保障学生主体作用的充分发挥。第三,改良作业,让学生走出"题海",走出简单的"训练",将预习和梳理、练习、巩固有机地结合起来，让学生学会学习，促进学生思维的深入发展。

3. 探究发现性策略

探究发现是学生学习创新的基本途径，也是学生自主学习的基本方法。正是在探索进取中，学生才能体验到成功的愉悦，学习的自主精神才能充分得以发扬和发展。过度的知识灌输会让学生丧失探究的天性，失去主动学习的愿望和自主学习的能力。

教师要把陈述性的教学内容转化为用问题支撑的探究性内容，创造诱惑性的情境。要提高学生自主学习与探究发现的能力，教师必须加强探究策略的教学，帮助学生掌握科学的探究方法与策略。具体地讲，主要是要帮助学生掌握对具体事例或现象进行分析、比较，从中发现规律，进而抽象概括为新知的策略；对于难以解决的新问题，设法将其转化为旧知，从而获得使问题得以解决的策略；在探究的过程中，"先猜想，后验证"，从而发现新知的策略等。

教师要将学生自主探究与合作探究有机结合。学生之间存在着个体差异，这种差异就是一种宝贵的学习资源。课堂教学中涉及探究学习的内容，教师都应努力把自主探究与合作探究有机结合。

4. 时空开放性策略

自主学习需要一定的时间与空间。没有一定的时间与空间保证，自主学习就是一句空谈。为了促进自主学习的顺利开展，必须在课堂上向学生开放时间与空间。教师要有效调控和指导学生完成学习任务，让学生的学习活动得到时间和空间的保证。

美国心理学家罗杰斯认为："教学不是用于从外部控制人的行为，而是应用于制造各种能促使人的独立自主和自由学习的条件。"[1] 为了真正地向学生开放时间和空间，让学生做时间与空间的主人，教师在教学组织和调控上要做到：第一，充分相信学生能够自学，大胆放手让学生自学，即使"浪费"一点时间，走一点"弯路"，那也是学会自学、学会探究必须"付出"的，要"延迟评价"学生的学习效果，改变"急功近利"的教学评价理念；第二，在组织自学活动时，要处理好引导和指导的关系，"道而弗牵，强而弗抑，开而弗达"，不要使过细的要求和指导变成束缚学生自主学

---

[1] 曾德琪：《罗杰斯的人本主义教育思想探索》，《四川师范大学学报（社会科学版）》，2003年第1期。

习的绳索；第三，创设情境，激发学生认知冲突，引导学生自己提出自主探究的问题，设计解决问题的方案，让学生在探究过程中发现问题，掌握知识和方法。只有把课堂时间与空间还给学生，才能真正让学生自主学习。

5. 尊重差异性策略

由于同一年级的学生在学业基础、学习能力与个性品质诸方面都存在着明显的差异，因此，在自主学习同一内容时，每个人的认知方式、学习策略以及所达到的水平并不完全一样，存在着差异性。学生的学习差异是一种教学"资源"，教师可以利用它因材施教，利用它进行学习交流，从而使学生拓宽思路、取长补短、优化组合、共同提高。

教师必须承认差异，尊重差异，正确对待差异。教师必须尊重每一位学生的尊严和价值，尤其要尊重以下六种学生：智力发育迟缓的学生；学业成绩不良的学生；被孤立和拒绝的学生；有过错的学生；有严重缺点和缺陷的学生；和自己意见不一致的学生。教师不仅要尊重每一位学生，还要学会赞赏每一位学生：赞赏每一位学生的独特性，包括兴趣、爱好、专长等；赞赏每一位学生所取得的哪怕是极其微小的成绩；赞赏每一位学生所付出的努力和所表现出来的善意；赞赏每一位学生对教科书的质疑和对自己的超越。

二、合作学习策略

合作学习（Cooperative Learning）最初兴起于20世纪70年代初的美国，并在70年代中期至80年代中期取得实质性的进展，成为一种富有创意和实效的教学理论与策略。近几十年，合作学习受到世界各国的关注，并成为当代主流教学理论与策略之一，被人们誉为"近50年来最重要和最成功的教学改革"。

（一）对合作学习的基本认识

对于合作学习的概念，目前并没有一个固定的解释，世界各国研究合作学习的代表人物大多提出了合作学习的定义，总的来看，合作学习的概念主要涉及以下几条主要内容。

（1）以学习小组为基本形式。合作学习的特色是以学习小组为单位开展学习，小组的构建一般遵循"组内异质、组间同质"的原则。

（2）动态互动合作。合作学习无论是外在表现还是内在思维，都是动态的。组员个人处于动态的思维和行为状态中，组员之间通过互动，在合作中也是保持着动态的形式。

（3）以目标为导向。合作学习的任务一般都有明确的目标，以目标为导向，全体组员向着目标努力。

（4）以团体成绩为主要评价依据。与个体独立学习不同，合作学习通常以团体即合作小组的整体成绩为评价依据，这就要求小组内部形成合作，小组成员各尽其能，以最优的途径实现合作目标。而小组之间则是竞争的关系，因此，合作学习可以将合作与竞争结合起来，高效的合作学习能够在合作与竞争之间取得平衡。

合作学习的倡导者对合作学习的有效教学条件进行了大量的理论研究和实证研究，并提出了各自的策略，各有侧重，大致可以体现两种倾向：一种是以斯莱文为代表的，从强化互助学习动机出发，强调集体奖励的作用；另一种是以约翰逊兄弟（D. W. Johnson，R. T. Johnson）为代表的，从指导学生互助学习过程出发，强调发展学生的合作技能。斯莱文领导的霍普金斯大学"学校社会组织中心"对此做出了一系列研究，在合作性奖赏结构中，学生是否得到奖励不仅决定于个体成绩，还决定于所在小组的共同成绩，这种奖赏结构有助于学生的学习任务由个体化向集体合作化转变，其实就是在奖赏结构中由竞争性向合作性转变。

（二）合作学习的发展历程

几千年前，《犹太法典》就说过：为了了解《犹太法典》，每个人都应当寻找学习的伙伴。柏拉图、亚里士多德、托马斯·阿奎那及奥勒留等人都提出过合作学习的思想。18世纪，约瑟夫·兰卡斯特和安德鲁·贝尔开始使用合作性学习小组，在英国进行了广泛的实验。1806年，随着美国纽约第一所兰卡斯特学校的创建，合作学习的思想也随之传到了美国，并得到持续发展。20世纪70年代中期至80年代中期，合作学习取得实质性进展，成为一种富有创意和实效的教学理论和策略。[①] 由于它在改善课堂心理气氛，大面积提高学生的学业成绩，促进学生良好的非智力品质的发展等方面实效显著，很快就受到世界各国的普遍关注，并成为一种主流教学理论和策略。

合作学习在我国有着悠久的实践历史。我国最早的诗歌总集《诗经·卫风》就曾说过："有匪君子，如切如磋，如琢如磨。"意思就是学习要注意相互商讨、相互提高，蕴含了合作学习的理念。早在2000多年前，我国

[①] 参见张奇《学习理论》，湖北教育出版社1999年版，第1页。

儒家大师在教育实践中就已重视合作并将其运用到教学情境中。教育中合作的观念与实践最早可追溯至《学记》一书,《学记》中"独学而无友,则孤陋而寡闻""敬业乐群""亲师""取友"等一些论述都提出了合作的观念,认为师生、同伴之间要保持良好的交往关系,就是强调学习者要有合作精神和合作技能。

20世纪80年代末,我国开始引入合作学习的概念并进行实验研究。通过部分研究者对国外已有研究成果的介绍,合作学习在3～5年快速进入广大研究者、教育者的视野,为后来的实验研究奠定了牢固的理论基石。在20世纪90年代初,在借鉴苏联著名教育流派"合作的教育学"的基础上,上海等地的教育学者提出了"师生合作教学"的思想,并进行了"合作教育"实验。[1] 在课堂教学方面,较早尝试运用合作学习小组教学的是浙江省杭州市,在原杭州大学教育系与天长中学、杭州第十一中学合作进行的"促进初中学生个性最优发展"课题中,首次提出"小组互助学习"。该实验打破了小组合作学习中以异质分组为原则的分组模式,具有启发意义,开启了国内自主探索合作学习模式的先河。[2]

直至21世纪初,经过前面10多年理论实验的经验积累,合作学习在国内的发展走到了开花结果的关键阶段。2001年国务院《关于基础教育改革与发展的决定》指出:"鼓励合作学习,促进学生之间的相互交流、共同发展,促进师生教学相长。"在新课程改革的大力推动之下,关于合作学习的研究,已经试图要超越国外合作学习理论与模式的限定,以我国课堂教学实际情况为蓝本,展开了"本土化"的实践探索与理论反思。至此,合作学习在我国进入系统化、规范化的发展轨道。

(三)合作学习实施策略

教师和学生在真实的课堂情境中如何面对合作学习中复杂的人与人之间的互动,以便顺利而高效地完成合作学习任务呢?我们汇总了这一主题方方面面的疑难困惑,并从中提炼出了一些切实可行的策略。

1. 解决课堂冲突的策略

课堂上小组合作失败的原因通常在于学生不听团队成员说话、相互打断

---

[1] 参见杜殿坤《创立中国式合作教育理论的良好开端——评上海市重庆北路小学的合作教育实验》,《小学教学》,1991年第9期。

[2] 参见盛群力《小组互助合作学习革新评述》,《外国教育资料》,1992年第2期。

发言、讨论或交谈时不注意说话语气等各种矛盾冲突相互干扰。一段时间后，这些负面的影响将会浮出水面，给师生合作、生生合作带来压力，很多师生也因此产生了想退回传统教学的消极想法，合作学习的继续推行面临着严峻的挑战。

第一，在进行小组合作学习时，要学会尊重别人，要认真聆听他人的发言，耐心等待对方把话说完，不要打断对方发言。

第二，努力容纳每一种观点和想法，即使自己有不同的看法，也要文明辩论，不能鼓倒掌、喝倒彩，甚至是挖苦讽刺，要有礼貌地阐述自己的观点，不要把自己的观点强加于人。

第三，训练和教会学生把别人的意见归纳起来，在别人意见的启发下，完善、发展自己的观点，清晰地表达自己的意见。

第四，表达自己的意见前，应提及前一位发言者的发言内容。如，××说得没错，我同意你的想法，但在此基础上我还想做以下的补充说明……或者我还是不能很好地理解你的观点，因为……

第五，正确对待成员之间的摩擦和矛盾。合作中的摩擦是避免不了的，就像居家过日子一样，要学会谦让，学会正确处理矛盾和摩擦，化矛盾和摩擦为有益的友谊，尤其是要正视辩论学习时的摩擦，不要让这种负面敌对的情绪扩大化，辩论是就问题而言，不是针对人。

第六，引导教育小组成员换位思考。性急地提高嗓门，频繁纠结于问题，对问题的解决没有任何帮助。将心比心，保持友善、关爱和同情，消除恶性循环，形成良性循环。

第七，对待小组之间出现的纪律问题，不能消极地置之不理，而应充分调动小组整体的力量，以"连带"的政策给出现纪律问题的小组成员施加心理压力，也就是把个别成员的纪律问题放到整个小组的团结里来处理，从而从间接的渠道激励后进生的自觉转化。

第八，能否保障团队合作有效且无干扰，很大程度上取决于教师及时进行恰当干预的能力。要避免喋喋不休的训诫或说教，因为这样容易打断其他学生的合作学习，从而可能引发另一场没完没了的争论。

2. **制定合作学习规则的策略**

毋庸置疑，在小组合作学习的准备阶段，确定合作和沟通的规则是必要的。

成功的团队合作在很大程度上取决于学习氛围，而学习氛围又会受团队成员之间交流方式的影响。

我们在日常生活中会遇到很多具有约束性的规则、规范和规定，它们总是以命令的语气书写，伴随着惩罚措施，常常容易唤起读者的负面情绪。读者感觉自己被训导、被管束，有时甚至会产生遭受威胁的感觉。

基于这种考虑，我们倡导的是规则或约定，即征求了教师和学生的意见并得到全体肯定的条款，是大家认为重要并承诺能做到的，而不是教师以居高临下的身份强加给学生的"规定"。因此，在制定这些规则时，尽量用积极的字眼表述正面的行为，以明确大家期待的行为是什么；避免用"禁止""不能""不准"等字眼表述负面行为。要达成这一目的，我们的规则如下：

（1）能小声讨论。
（2）不要离开小组。
（3）能提出三个以上的意见。
（4）能教不会的同学。
（5）能主动发问。
（6）能尊重别人的意见。
（7）能主动去做笔记。
（8）我们不躲在别人的背后。
（9）我们每个人都对自己小组负责。
（10）能相互倾听，让对方把话说完。

3. 控制强势学生发言的策略

小组合作学习中能者独尊。出现这种现象，通常是因为学习优秀的学生觉得自己最有能力，自己理应成为合作学习的主角，其他人理所当然都应听他的。这些强势的同学控制小组活动的表现有多种，比如独占发言权，在分工、决策时不考虑其他同学的意见和建议而独断专行，对其他同学发号施令，轻视和忽视某些成绩较差或者不爱讲话的学生等。

而大多数学生，尤其是那些不爱表达、能力较差的学生，基于对自己的能力没有信心、不愿造成争执或其他原因，放弃了对小组学习活动行使自己应有的自主权，很少参与或者基本不参与，任由这些强势的同学主宰小组的一切活动。他们也因此失去了思考、发言、表现的机会，成为"活跃分子"的"听众"。由以前的"教师灌"变成现在的"学生灌"，他们逐渐地丧失合作学习的兴趣，缺乏之间的互相帮助。

教师如何处理这类问题呢？我们有如下建议。

（1）使用发言卡、发言棒等机制，限制强势学生的发言次数和发言时间，同时督促很少参与或根本不参与学习活动的学生参与小组讨论。

（2）小组明确监督员的角色分工。监督员监控哪些人独占了发言机会，哪些人一直游离于讨论现场之外，然后要求一部分同学把发言机会让给别人，邀请和鼓励另一部分同学发表自己的观点。

（3）选用综合性的、需要多种能力才能解决的合作任务。在小组合作完成任务过程中，学生对自己和其他组员的学业水平非常清楚，这容易造成学习能力较为薄弱的组员很少参与或者不参与协作，而学习能力突出的组员则顺势主宰了协作过程。为了削弱这种学业水平差异带来的负面影响，有研究者建议选用那些所有学生都不太熟悉的、结构不良的学习任务，这些任务的完成需要具有多种能力的学生参与，学习成绩优异的学生在这些任务上的绝对优势会下降，不再是这个团队中的"太阳"。

（4）交流展示时，教师要根据问题的难易程度，适时让不同类型的学生来展示。教师在巡视或参与小组合作学习时，要有意让后进生发言，对他们的表现进行公开表扬，承认他们的能力。教师在评价小组合作学习时，要将小组各成员的参与情况作为重点。检查小组合作学习情况时，要将小组所有成员达标作为重要标准。

在完成这样的任务的过程中，组员会逐渐认识到，每个人因具有不同的特点和特长，对完成这一任务都有某种独特的价值，因而会自行选择自己擅长的领域完成任务，或搜集资料以供支持，或生动表演，增加说服力。综合性、需要多元智能的任务能有效缩小组员之间的地位差距，使全体成员能够比较平等地参与合作活动中。

（四）个别学生游离于小组之外的解决策略

在学习的具体实施过程中，仍有一些不尽如人意的地方——形式主义的"合作学习"。通常见到的情形是：学生学习，教师提出问题让学生"合作探究"，教师一声令下，小组长（一般都是学习优等生）带领学习中等生开始热火朝天地讨论问题，气氛活跃，但是认真细看下，会发现还是有些后进生懒于思考，没有自己的观点，只跟着别人走，别人说什么他就说什么，呈现出游离于课堂之外的状态。这样的合作学习质量不高、不实用，形式意义大于实质意义。

怎样才能克服以上问题，增强小组合作学习的实效性呢？可以采取以下策略。

（1）教师必须提供给学生充分的合作交流的机会，创设一个民主、和谐、宽松、自由的学习氛围，尊重和保护学生的参与热情，采用多种形式鼓励学生，尤其是鼓励后进生积极地参与活动。

（2）小组合作学习时，教师也应平等地参与其中。教师可以在各个小组间巡视，对各小组的学习情况及时地进行鼓励、引导和帮助，观察并记录各个小组中各个成员的参与情况、使用合作学习技能的程度等，并据此给予一定分数、等级或评语，让学生充分体会到合作学习的乐趣。

（3）当小组合作学习的学习成果以共同成果形式展示时，教师可以要求学生在作品上标注出每个成员各为作品的完成做了哪些具体的工作，这些学习任务是如何完成的，完成这些学习任务的过程中有过哪些思考等。这样，每个成员的工作量和完成情况便可一目了然，教师也可以从中感受到每个人在合作中的投入程度和思考深度。

（4）在合作学习中，让学生养成良好的独立思考与乐于分享的习惯。学生由于长期处于被动接受状态，不习惯也不会主动思考，不知从何想起，更不知从何说起，难以用语言表达，这时教师就要帮助他们，激发他们的动脑欲望，使学生在合作中敢想、敢说、敢做，养成善于动口、动脑的习惯，这样学生才能够在分享中收获更多的知识和方法，体现合作学习的精神。

（5）当小组内有组员无所事事、不利于合作学习课堂时，其他组员要督促他们参与学习，要让这些同学明白，该自己完成的任务就一定要自己完成，不能通过拖延、甩手不干等方式蒙混过关，或自己不动脑筋，完全依靠别人，让别人的思考来代替自己的思考，坐享他人劳动成果。

教师要注重调动不同学习水平的学生主动积极参与学习，充分调动学生想学的愿望，发挥其学习的主动性。大家都可以当老师，互相交流把生字词记得更牢固的方法并改进、完善自己的学习方法；以师生角色的互换来激发学生的学习兴趣，培养学生的自信心，使学生在主动参与中释放出巨大的学习潜能，从而使教学过程成为师生平等对话的过程。

（五）小组成员互相埋怨的解决策略

（1）教师可以用自己亲身经历的一件事来阐述别人的不同意见给予自己的帮助，以此强调不同意见的价值。

（2）教师要让学生明白，提出不同意见仅仅是观点不同，或许是有的人的思想还没有完全打开，而不是其不喜欢小组，或不想让小组学习获得成功。

（3）小组可以求同存异，即在小组汇报时，小组可以先派代表说说达成共识的部分，再让有其他意见的组员阐述自己的观点或困惑，这二者并不矛盾。

组员在小组合作学习中因观点不同发生争执进而互相埋怨时，教师可以采用上述措施解决问题。只是在解决问题争端时，教师要提醒组员放低声音，引导争论向建设性的方向发展而不是毫无意义的争吵和埋怨。

（六）合作学习有效互动的策略

课堂教学过程有效的师生互动必须把握影响师生互动的各个因素，在实践中寻求改进和提高，可以尝试从以下策略中实现合作学习的有效互动。

（1）凸显课堂教学师生互动的教育性。师生间互动的目的在于促进师生双方特别是学生的学习、认知和社会性的发展，师生互动的内容、形式多围绕这一目的及其相应的教育内容即知识、能力、社会行为和交往能力等的培养而展开。

（2）强化教学过程的交互性和连续性。互动是一种交互影响和相互作用，互动中的双方总是基于对方的行为来做出自己的反应的。在师生互动中，一方面，教师的行为对学生有很大影响，学生往往是依据教师的要求来调整自己的行为的；另一方面，学生的行为同样会对教师产生很大影响，构成师生影响的双向交互性。而且，这种影响是连续的、循环的，表现为一个既交互又链状的循环过程。师生互动是可控、可调的。

（3）兼顾课堂教学师生互动的组织化和非组织化。就表现形态而言，师生互动具有明显的组织化特征。教师与学生的互动通常有明确的目的、内容与预期目标，是为完成特定教育任务而有目的、有意识地开展的。

以合作学习为核心的课堂教学是开放互动的，充满着创造与生机，教师带着富有创意的设想和对学生恰如其分的期望，学生带着努力创新的愿望，共同步入教学天地。师生互为动力，在共同营造的宽松自由、活泼愉快的氛围中，教学相长，互相激发更多灵感，追求更多更新的创造。

（七）小组长管理策略

在合作学习中，小组长是小组活动的灵魂，他既是小组活动的领导者，也是小组活动的组织者，同时又是教师的小助手，在小组合作学习中具有举足轻重的作用。只有明确了小组长的职责，开展系统有效的培训，让小组长拥有更多的管理权限，充分发挥小组长的作用，小组合作学习才能真正产生实效。

（1）组织。小组长要组织小组成员取好小组名称，提出小组活动口号，设计组徽、组牌、组旗；组织小组成员制定小组学习计划、奋斗目标、小组学习奖励条例、小组活动章程等；组织小组成员讨论制定小组相关职责，如组织员、协调员、汇报员、记录员的职责，设计出小组工作轮流安排表；组织小组成员有针对性地开展一些比赛活动，如写字、每日一练、自命题、读书比赛等；定期组织小组成员会议，总结分析本小组学习等情况，讨论提出改进办法，并提请老师对本小组工作进行指导。

（2）协调。小组长要协调好组内成员之间的关系，求大同，存小异，要充分发挥本组成员的特长与聪明才智，调动本组成员的积极性，形成小组合力；发挥小组长在教师与小组成员之间的桥梁作用，沟通、协调师生关系；协调并处理好本组成员与其他小组成员的矛盾纠纷，学会借助外部资源（如教师、其他小组长、班级干部），主动与其他小组长一道控制矛盾的激化，化"干戈"为"玉帛"，积极组织参与同本班其他小组之间的和谐竞争，掀起比、学、赶、帮、超的良好学习氛围。

（3）示范。小组长与每一个组员之间是平等互助的伙伴关系，小组长不应有"可以享受特权"的想法，不能因为自己是小组长就可以免去或减少组内日常工作。小组内的各项制度，小组长首先要遵守。小组内的各项任务，小组长要争取最先按质完成。要求组员做到的，小组长首先要做到。班级或学校组织的各项活动，小组长要带好头并发动组员积极参加，时时处处带头维护班级和学校荣誉。此外，小组长要时时处处起榜样作用，做好示范。

（4）监辅。小组长要组织组内成员相互监督各项制度的遵守情况和各项作业的完成情况，组织组内成员帮扶辅导，互帮互助；要督促同伴改正错误，帮助同伴完成老师布置的各项任务；要督促完成作业不积极的同学按时完成作业，协助教师做好辅导工作。

（5）维持。小组长要维持好小组活动纪律，维持好小组课内外活动的正常秩序，协助教师做好小组活动的安全防范等工作。

（6）评价。讨论中，大家一致认为小组长要做好自评、他评与互评工作，协助教师实行"多元化"评价。自评是指在组内成员自己评价自己的基础上，小组长对本小组工作做出中肯的自我评价；他评是指其他小组成员、教师对本小组及本小组成员的评价；互评是指组与组之间、组长之间、组员之间、师生之间进行的相互评价。

（7）反馈。小组长要定期检查或随时抽查小组同伴的学习情况，做好学习记录，加强与本组成员的沟通，及时把同伴的学习等情况反馈给老师，以便老师做出调整安排；小组长要加强与其他组之间的信息交流，与老师或本班其他小组长之间保持密切联系，随时反馈相关信息，如小组内遇到的困难或是确实解决不了的问题等，要充分利用外部资源的帮助。

（八）合作学习评价策略

（1）利用终结性评价结果，开展形成性评价。将终结性评价作为合作学习过程中积极的一部分，开展形成性评价，有针对性地辅导学生改进学习，一以贯之地促进学生发展。两者结合起来的有效策略有：利用同伴评价和自我评价来帮助学生查漏补缺。测验后同伴或学生自己检索测验所涉及的错漏问题，针对薄弱环节互帮互助，再次监测，集体达标。将终结性测验的结果作为形成性评价的一个契机。同伴互改试卷，在充分理解测验标准的基础上，帮助同伴了解自己的答案与标准的差距，有针对性地解决难题。训练学生自己创设考题。激发他们全面掌握一个课题的知识，并理清命题思路，从而训练学生的元认知能力，使学生更好地备考。

（2）以质性评价统整量化评价，发挥评价的激励作用。量化评价纸笔测验能很好地测出学生对基础知识的掌握程度，但无法测出学生渗透在学习过程中的非智力因素的学习成果。质性评价作为一种新的评价范式，具有全面、深入、真实再现评价对象的特点，可弥补量化评价的缺憾，通过对量化评价进行补充和革新，把量化评价统整于自身，更逼真地进行教育评价。日常行为观察法是弗梅蒂在合作学习实践中开发出来的一种合作学习质性评价方法。教师通过对学生每天的观察和记录，及时了解学生的实际情况，从而为学生的发展提供有针对性的指导，使教学真正面向全体学生。

（3）学生自评、互评与教师评价相结合，重视学生的主动参与。评价主体由单一走向多元，学生有意识地反思个体和小组的合作学习表现，从而学会学习、学会合作。学生自评、学生互评、教师综合评价、小组成员反思改进的"四步评价法"，引导学生重过程、重态度、重进步，每位学生都有成功的体验，能较好地体现评价的公正性和客观性。

（4）团队评价与个体评价相结合，侧重小组合作表现。小组合作学习评价对象分为小组和个人，但应把"小组合作表现"列为评价的主要指标之一，形成"组内异质合作、组间同质竞争"的格局，使评价的重心由鼓励个人竞争转向小组合作进步，让每一个小组成员同合作学习小组荣辱与共，从而相互充分合作，实现共同进步。

（5）过程性评价与结果性评价相结合，强调过程性评价。小组合作学习是一个渐进的过程,学生的认知、态度和行为都在发生着量或质的变化。我们对小组合作学习进行评价时,应注意从过程评价和结果评价这两个角度进行,由注重结果评价转向注重过程评价,既注重合作学习的结论是否恰当、表达是否准确精练、有无创新性和独特性等结果,更关注自主探究、合作学习、整合答案、汇报交流、小组评议等阶段的过程管理。

三、探究学习策略

探究(Inquiry)和探究学习(Inquiry Learning)是当今国际教育改革的热潮中出现频率较高的关键词之一。探究性学习的全过程立足于对学生创新能力的培养。新课程要求教师要引导学生经历探究过程,从而使学生获得深层次的情感体验、建构知识、掌握解决问题的方法。

(一)对探究学习的基本认识

探究式课堂教学的实质是将科学研究领域的探究方法引入课堂,使学生通过类似科学家的探究过程理解科学探究的本质,培养科学探究能力。这种教学要求在教师的启发诱导下,通过学生亲自参与,经过探究活动,由学生主动去发现概念、规律,将单纯对学生进行知识传授转变为培养学生的创造思维能力,变学生被动学习为主动学习,激发学生持久的学习兴趣,使教师的主导作用和学生的主体作用始终贯穿于教学的全过程。

(二)探究学习的本质与特点

探究学习是指人们主动地参与对事物的试探、摸索活动,在提出问题、分析数据、归纳或得出结论的过程中,增加了探索世界的兴趣,提高了研究事物所必需的能力,培养了团队高效合作的良好习惯。探究学习有时也被人们称为"问题解决式"学习,围绕着"问题"而展开,因此,"问题"是探究学习的核心。探究学习的本质就是对学习的自主建构。探究学习作为一种可以培养高层次思考技巧的重要学习方式,在实践中越来越体现出其价值。

探究学习的特点,可以分为三点。

1. **内容的开放性**

虽然美国《国家科学教育标准》对探究学习的发展有较大的影响,但是,那不代表探究学习的内容就被限制在自然科学领域。只要事件或问题能引起学生的兴趣和好奇心,探究学习就有了开始的可能。这些事件或问题既可以是学科类的，也可以是关于社会类、自然类或生活类的，还可以是综合类的。现实中的很多问题基本上都是综合性的，解决这些综合性问题，需要涉及的领域往往超出某一特定领域。所以，这种开放性的内容选取，使得学生所得到的收获也是综合的，符合人的未来发展，也适应了社会的需求，特别在兴趣和能力的发展方面。

我们应该注意把发生在学生身边的自然或社会问题作为探究目标，从而反映现实生活，应用到现实生活中，体现出探究学习对学生学习的自我构建作用和对事物的探索性。学生只有对现实进行探究、调查，以事实为依据，通过实践活动解决现实问题，才能更好地激活质疑精神和批判性思维。探究学习也给教师提出了挑战，学生探究活动涉及面广，教师如果没有开放的学习心态，那么就会因为学生的意外收获而不知所措，甚至不能继续引导学习活动的进行。

2. 学习的自主性

认知建构主义认为，探究学习的自主性是行为主体感觉没有被束缚、被监控的状态下（可以自己或团队独立探究，也可在老师的引导下探究），兴致勃勃地根据自己的学习任务、要求，结合自身的学习能力，积极主动地调整自己的学习策略、方法，不断地修正、改进探究活动的学习过程。其中，"行为主体"可以是学生个体，也可以是团队等群体。可见，探究学习的自主性使得行为主体对于为什么探究、探究什么、如何探究等问题都有一个主动、自觉的意识，并且该意识清晰、明了，对探究学习能否进行到底起到了一个积极的推动作用。

3. 过程的体验性

在探究过程中，我们应看到学生的态度和表现，关注形成性评价，包含学生的自我评价、相互评价，以及教师的评价。自我评价与他人的评价相结合，比简单的分数更能反映学生的情况，相比之下更客观、更有效、更具人性化。档案袋评价是一种适合探究学习的评价方式，每次探究活动结束后学生把自己的探究问题、计划、成果和自己的体会，还有对今后的展望等记录都保留下来，好的方面继续发扬，经验教训则更加珍视，引以为戒。这些反思不但是学习的总结，记载了学习的成长，更记载了一个人的综合素质的变化。

总之，不论是学生的兴趣，还是批判性思维、探究的能力、创新精神，都可以通过探究学习活动的过程得到逐步的培养和锻炼。这也是建构主义理论与探究学习相结合的观点：探究学习的过程就是学生对目标主动建构生成的过程，也是探究学习的目标。

（三）探究学习的基本教学流程

探究学习一般包括问题、假设与证据、解释与评价三个环节。根据不同的教学情境，假设与证据之间、解释与评价之间的次序可以灵活调整。在学生学习环节的基础上构建了"创设情境，提出问题—组织教学，互动探究—启发引导，整合拓展"的探究性学习的基本教学流程。其中，创设情境、组织教学、启发引导是教师活动，提出问题、互动探究、整合拓展是学生活动。

1. **创设情境，提出问题**

情境学习理论认为，知识是具有情境性的，而且是被应用于其中的文化、背景及活动的副产品。知识是在情境中通过活动与合作而产生的。学习者、知识以及知识在其中得以挖掘和展开的活动三者是一个不可分割的整体，情境可以促进知识的建构以及知识、技能和体验的连接。情境限制着问题的结构及其解决的方式，学习只有发生在有意义的情境中才会有效。所以，学习者与情境是相互依赖的，知识必须在真实情境中呈现。

心理学研究表明，在思维主体——人的内部条件中，"问题情境"占有极其重要的地位，可以说，思维总是在一定的问题情境中产生的，思维过程就是不断发现问题和解决问题的过程。发现问题既是思维的起点，更是思维的动力。因此，在课堂教学中努力创设恰当的问题情境，通过问题启发学生积极的思维活动，以问题为主线来组织和调控课堂教学，就能充分调动学生学习的主体性，促进学生学习能力的形成和发展。

创设问题情境的实质就在于揭示事物的矛盾或引起主体内心的冲突，动摇主体已有的知识结构的平衡状态，从而唤起思维，激发内驱力，使学生进入问题探索者的角色，真正参与学习活动。面对问题情境，学生会尝试用原有认知结构中的经验去同化它，这样便会激活学生原有的认知结构。但大多数情况下，找不到可以直接利用的知识经验，学生就会感到困惑，这就激起了学生的认知冲突，导致学生处于"心有余而力不足"的愤悱状态，提出与问题情境有关的问题。因此，教师上课的首要任务不是组织复习提问，而是创设与学习内容相关的问题情境。

2. **组织教学，互动探究**

教师在课堂教学中创设能引起学生认知冲突的问题情境，是实现师生、生生之间有效互动的基础。同时，教师须为学生创设良好的人际关系、民主的课堂氛围。近几年来，师生关系的研究引起很多人的关注，探究性学习中的师生关系应该是一种客观上不对等、主观上平等民主的关系。客观上的不对等是指学识上的不对等，但在主观上，教师要视学生为与自己地位平等的社会成员，要视他们为真正的主体。只有这样，课堂上才会形成一个和谐的教育场，在这种场中，师生才会产生许多正向的互动作用。

学生学习活动的空间不能局限于教室，学生学习的时间也不能依教学进度而定。教师应以合理的时空观来指导学生学习空间和学习时间的安排，即要给予学生更大的自由空间和更多的交流机会。在组织形式上多采用小组学习的方式，在教室环境设计上尝试改变学生的座次排列方式，以便学生更自然、更大胆、更主动地进行合作交流。这样就可以把更多的时间留给学生去探索、去思考、去创造，让学生在宽松的时空中得到全面发展。

探究性学习不仅强调师生之间的互动，也强调学生之间的合作互动。现代心理学研究表明，教学中学生之间的互动能提高学生的学习成绩和社交能力，改善人际关系，形成良好的意志品质。因为任何有效的学习都必须以学生现有观念为基础，使新旧观念交互作用。然而，学生在日常生活中形成的许多前概念或错误观念十分顽固，让学生独立地开展探究活动，难以使其观念发生转变，而小组形式的合作探究，则有利于他们在表达自己的观点与结论、反驳他人的观点与结论的过程中，转变原来不正确的看法，重构新观念。

课堂教学中的互动探究，主要有以下内容。

（1）收集证据。首先，指导学生收集有关事实和资料。事实上可根据获取的途径分为两类：直接事实和间接事实。其次，指导学生对事实和资料进行处理。事实和资料的处理是把事实和资料简明化和系统化的过程，这样便于我们从中找出规律。经常使用的方法有科学用语化、表格化和线图化。这是一种科学方法，也是教学中的一个环节。经过处理的事实和资料变得系统化和简明化，使学生更容易从中找出规律，形成假设。

（2）提出假设。提出假设就是根据科学事实和科学理论提出科学假设，并以此为基础进行推理和判断。学生提出的假设可能是五花八门的、不合理的。教师要对学生的努力给予鼓励，并根据具体情况，选择一些有代表性的假设用教学媒体（如黑板、投影等）呈现给全体学生。

（3）验证假设。假设的验证方法有两种：实验验证和理论验证。根据教学内容的特点，假设论证过程是在教师指导下的综合论证，既要有实验事实作为依据，又要用理论说明学生所提出的假设的合理之处和不合理之处。

其具体的教学形式可以是学生之间的合作式讨论。为了减少讨论的盲目性，教师要根据学生的假设，提出一些有针对性的问题，或指导学生对其他学生的假设提出疑问。通过问题的解决，就可以对原来的假设进行论证。

收集证据、提出假设、验证假设等内容，在具体的教学情境中，可根据情况不同，灵活调整次序。

3. 启发引导，整合拓展

启发引导学生，通过解释、评价解释和反思等形式，实现知识的整合与拓展。解释是将所观察到的与已有知识联系起来的学习新知识的方法。因此，解释要超越现有知识，提出新的见解。对于学生来说，这意味着对"现有理解的更新"。评价解释，并且对解释进行修正，甚至是抛弃，是探究性学习的一个特征。核查不同的解释就要求学生参与讨论，比较各自的结果，或者与教师、教材提供的结论相比较，以检查学生自己提出的结论是否正确。这一特征的一个根本要素是保证学生在自己的结论与适合他们发展水平的科学知识之间建立联系。也就是说，学生的解释最后应与当前广泛为人们所承认的科学知识相一致。反思，可以培养学生元认知的意识。所谓元认知，就是对认知的认知，其实质就是人对认知活动的自我意识、自我控制与自我调节。首先要引导学生思考：我是怎样想的？为什么这样想？我所选择的方法是否最佳，是否还有更好的方法？这些知识或问题之间有何联系？我还有哪些需要改进和注意的地方？这是学生以自我为参照来进行评价。其次，学生可以关注一下其他研究者是怎样来认识这个相同的问题的，尤其是获得公认的科学领域内的有关观点是什么，学生可以以此为参照来评价自己的探究是否成功。

（四）探究学习的形成与发展

19世纪末20世纪初，美国著名的哲学家、教育家约翰·杜威（John Dewey）提出探究法的模式，才有了探究学习的一些理论基础。20世纪五六十年代，美国教育家施瓦布（J. J. Schwab）首次正式使用"探究学习"的概念。后来在世界范围内的各国课程改革浪潮中，探究学习一直受到人们热捧。

1995年，美国科学教育标准与评价委员会（National Committee on Science Education Standards and Assessment，NCSESA）主持颁布《国家科学教育标准》（简称《标准》），对科学探究做了详细的阐述，影响很大。受到《标准》的影响，部分专家和教师自然地把探究学习归类为科学探究，认为

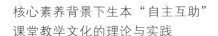

探究学习就是科学探究的不同表述。其实,科学探究仅是探究学习的一部分,是探究学习范畴里表现力比较强的主角,而并不代表全部。要知道,探究学习涵盖的范围比较广,人类发展的历史就是一部人类对世界进行探究学习的历史。

探究学习课堂的良性发展,需要处理好学生主体与教师主导的关系。不仅强调学生要倾听教师,更强调教师要倾听学生,以便发现问题,恰当引导。还有学生之间的倾听,不但可以让学生之间相互学习,能者为师,还能增强整个团队的合力,从而更有效地解决问题。探究学习课堂的良性发展还需要引导学生积极反思,重视探究中自己的个人观念、独特感受和体验,从而培养好高层思考习惯——批判性思维。

探究学习在我国尚处于探索阶段。教师观念、理解水平等,并非课程标准本身就能解决的。有调查与分析发现,现在课堂的教学方式有了一定的变化,但是与新课程的要求还存在一定差距,教师过分追求教学形式和学习形式的变化,但教学评价标准仍比较单一。① 也有学者提出新课程实施过程中教师选择和运用教学方式存在的问题:只唯计划、故步自封,教学方式单一、学生被动学习,对教学方式的众多新概念感到迷惑不解、认识不清,对接受式教学与探究式教学的使用目的不明确,等等。②

(五)探究学习的教学策略

探究学习是以学生探究为基本特征的教学活动。为了帮助学生学会学习,掌握获取知识的本领,提高学习效率,实现预定的教学目标,教师必须研究探究性学习的教学策略。

1. 引发学生探究欲望的策略

探究学习的根本特点是学生自主、独立地发现问题,其目标不仅仅是知识与技能、情感与态度的发展,更重要的是探索精神和创新能力的发掘。探究就是探讨研究,探究欲实际上就是求知欲,是一种内在的东西,它解决的是"想不想"的问题。在课堂教学中,教师的一个十分重要的任务就是培养和激发学生的探究欲望,使其处在探究的冲动之中,激疑生趣,提出问

---

① 参见王朝方《新课程理念下小学教师教学方式研究》,陕西师范大学硕士学位论文,2007年。

② 参见谢红玉《校本化课程实施中教师教学方式的选择和运用》,首都师范大学硕士学位论文,2006年。

题，思考问题，实现自我发现。

教师要通过创设情境来引起学生的惊奇、疑惑和兴趣，激发学生探求知识的动机。教师要使教学活动由封闭状态转变为开放状态，让学生真正成为学习的主体，还学生以心灵自由，发挥群体交互激励机制，大胆地拓展课堂时空，创设无拘无束的气氛，让学生自由地呼吸，使其创造的潜意识冲破意识阀，迸发出创造力。

学生探究性学习能力的形成和发展是渐进的而不是突发的，他们不可能一开始就能独立进行探究性学习，即使学生学会自由探究后，仍需教师在探究主题和实验设计等方面给予必要的指导。但是这种指导是教师只能提供给学生想要的信息，绝不能承担解释问题的责任。对于问题的解释，学生只有通过自己收集证据来获得，只有这样学生才能独立自主地进行探究，发展他们的思维技能。

苏霍姆林斯基曾经指出："在优秀教师那里，学生学习的一个突出特点，就是他们对学习的对象采取研究的态度。"① 教师并不是把现成的结论、对某一定理的正确性的证明告诉学生，而是先让学生提出好几种假设，然后在实际学习中对所提出的每一种假设进行肯定或否定。在这种情况下，知识就不是消极和被动掌握的，而是靠积极努力去获得的。因此，这种知识就能变成信念，学生也会非常珍视自己的学习成果。

探究性学习的特点应该包括空间上的灵活性、学生对活动的选择性、学习材料的丰富性、课程内容的综合性。探究性学习课堂要求教学手段多样。当然，教学方式和手段都应服从于教学目标，服从于提高学生的创新素质。例如，学习化学有机分子的结构时，在多媒体上展示有机分子的空间模型，通过动画效果增强直观性。一些文献、资料通过投影展示出来，无疑增大了课堂容量，提高了课堂教学效果。

2. **探究学习的组织策略**

探究的问题性、实践性、参与性决定了探究性学习必须有充分的自主学习时间，否则探究性学习就是一句空话，更谈不上把课堂还给学生。探究性学习的组织应发挥教师的主导作用，在探究活动中，教师应根据学习内容和进程的安排，采用恰当的组织策略。②

（1）引导与自主的策略。引导探究是指学生所进行的探究是在教师提

---

① 徐学福、宋乃庆：《探究教学的模拟问题研究》，《中国教育学刊》，2001 年第 4 期。
② 参见刘久成《探究性学习的教学策略》，《现代中小学教育》，2004 年第 1 期。

供大量的指导和帮助下完成的。它包括教师提供教学事例或课题，准备验证假设用的材料。自主探究是指学生开展探究学习时，极少得到教师的帮助，而是学生自主完成。在这个过程中，教师起辅助者和组织者的作用。从引导探究到自主探究之间并没有严格的界限，它表明教师的帮助在逐渐减少，学生的自主性在逐渐增强。一般说来，学生刚开始探究学习时，由于缺乏探究经验，宜采用引导探究，有了一定基础以后，教师可以减少干预，逐步增强学生的自主性。自主探究比引导探究对学生的要求高，给学生发挥的空间大，但比较费时，课堂教学中一般不宜大量采用。

（2）独立与合作的策略。苏霍姆林斯基曾经说过："在人的心灵深处，有一种根深蒂固的需要，希望自己是一个发现者、研究者、探索者。"我们要尊重学生的个体差异和情感体验，正视学生的吸收感悟和操作实践，重视学生的独立思考和探求知识的主观能动性，只有这样，学生的个性才能得到发展和弘扬，创造力才会得以挖掘。合作探究是新课程积极倡导的学习方式，它既可以培养学生的探索精神，以及参与、合作、竞争、交往等现代意识，又有利于学生形成会学、善学的良好习惯。探究过程中要处理好独立与合作的关系，合作必须以独立为基础，每一个学生要在独立思考的基础上合作学习，进行探究、讨论、交流、共同解决问题。合作学习与传统的学习形式是互补的关系，而不是替代的关系，缺少独立探究的合作学习对学生的个人发展是不利的。

3. 师生交往的策略

教学活动是教师和学生之间的相互交往活动，在这个活动中，始终存在教师和学生两个主体。教师要尊重学生，相信学生，发挥学生的主体性，认真倾听他们的意见，了解他们的所思所想，鼓励他们去探索、猜想、验证、发表意见。教师要扮演好自己的角色，即教师是教学活动中的组织者、引导者、合作者，是提供信息、创设情境的人，是帮助学生发现问题的人，是在学生探究产生困难时给予合作和鼓励的人。同时，探究活动中，要注意增强师生之间的交流，提高探索问题的广度和深度，通过平等对话来完成学生对知识的自主建构。

（六）探究学习主题的设置策略

探究学习主题是以问题形式呈现的。问题是探究性学习的核心，整个探究活动是围绕问题展开的，也随问题的解决而结束。但不是什么事情、什么问题都需要探究。教师设置的探究性问题必须让学生进行深入的思考或者跟同伴进行合作的基础上才能得出问题的答案。教师必须从内容和形式两个方面努力设计出有一定的探究意义的问题。因此，问题的设计与展开关系到教学活动能否顺利进行和教学目标是否达到。在设计探究性主题时，应当力求做到以下几点。

（1）问题要难易适度。所谓难易适度，是指问题既有一定难度，又是学生经过努力可以解决的，过难或过易的问题都不利于学生进行探究性学习。在内容上，教师设计的问题必须符合教学和发展的"最近发展区"理论。苏联著名心理学家维果茨基把儿童的发展水平分为"现有发展区"和"最近发展区"，正是这种现有发展水平与潜在发展水平的相互矛盾，成为推动学生身心发展的动力。因此，问题应设计在学生的"最近发展区"内，才能激发学生的思考，推动探究活动的进行。我们形象地称之为"跳一跳，摘桃子"。这个"桃子"不是伸手可得的，而是需要跳一跳才能摘到手，但又不是怎么跳也够不到。在形式上，教师要从教学目标出发，更多地设计一些发散类和探究类问题。探索事物的原因、规律、内在联系的问题，需要回答"为什么""你能从中发现什么"才有探究的价值。除此之外，还需要从多角度、多方面、多领域去认识客观事物，提出具有发散性的问题，组织学生进行探究，诸如"除此之外，还有哪些方法""你从中体会到了什么"等，答案不是唯一的。

（2）问题最好由学生自己提出。创设情境不是目的，而是为提出问题、展开教学服务的。深入情境之中，教师要及时引导学生分析、观察事物，提出有价值的问题。学生对自己提出的问题必然会产生解决问题的内在需求，学习的主动性会大大增强。

（3）问题尽可能是真实的，能激发学生的好奇心。所有学科都能找到源于实际的真实背景，使学生切实感到知识来源于生活，知识的运用就在我们身边。好奇心、求知欲具有很强的内驱力，可以促进学生克服探究过程中的困难，提高学习效果。

（七）探究学习的评价策略

探究学习课程不是将知识目标放在首位，而是比较强调创造性素质目标。

1. **评价内容**

对学生探究性学习活动的评价应注重过程，把学生平时的表现结合起来进行综合测评，看重的不是成果的多少与学术水平的高低，而是学生是否按科学规律掌握了调查研究、科学探索的办法。把学习视为一个建构的过程，意味着对学生探究的前提条件做出有效的评估。在此基础上，对学生在探究过程中所表现出来的智慧、能力、态度、信念等进行全面考察，在整体层次上对学生的表现做出综合的评价。对结果的评价，既要包括对知识、能力的测试，又要对其在探究活动中形成的情感和伦理道德观念做出一定的评价。

2. 评价方式

探究性学习评价既重视正式评价，更重视非正式评价。教师的参与合作，使他们能够深入学生学习的过程中，依靠其专业判断能力，对学生进行现场评价；也使得他们能够详细地收集学生的作品，并对学生在多个领域内的努力、进步和成就做出评价。探究性学习还积极地发动学生对自己和他人的探究活动做出评价，也可以采取小组自评、小组互评的方式进行团体评价。教师对学生参与程度的评价一般多采用鼓励性的评语及颁发奖状、证书的形式，如最佳创意奖、最佳组织奖、优质小论文等。

3. 评价标准

对于探究性学习，事先确定一定的评价规则和标准是必要的，但更重要的是，要让学生明白，这些评价的规则和标准是随着探究活动的进展而有所变化的。而且，学习的建构性使评价的主体必须考虑到学生建构知识时的个体差异，运用多层次的评价标准来衡量不同的学生，给学生以弹性化、人性化的发展空间。

四、项目学习策略

与合作学习、自主学习相比，项目学习兴起的时间不是太长，但是，项目学习因其以项目为主线，强调学生能力的自我构建，在教学过程中得到越来越广泛的应用。

（一）对项目学习的基本认识

1. 项目学习的概念

格温·所罗门（Gwen Solomon）认为，项目学习中，学习者以小组的形式解决基于课程的跨学科的具有一定挑战性的真实难题；学习者决定解决问题的方法以及需要采取的活动——收集大量的信息，综合、分析，进而衍生出知识，这样的学习因为与真实事物相连而具有实际价值——掌握例如合作及反思这类成熟的技巧；最后，学生阐述自己习得的知识，评价者对其习得的知识量以及交流的程度进行评估。整个过程中，教师承担着指导者与建议者的角色，而非指示管理学生的学习。① 项目学习是一种教学方法，给学生提供基于挑战性问题或难题的复杂任务，在这个过程中会涉及教师推动下而非指示下的学生的问题解决、决策、调查技能以及反思。②

约翰·托马斯（John Thomas）认为项目学习需要复杂的任务，基于挑战性问题的解决过程，学生进行设计、问题解决、决策或者调查活动；整个过程中要充分发挥学生的自主性，项目学习最终以产品或者陈述等形式结束。③

国内学者刘景福等认为项目学习是以学科的概念和原理为中心④，以制作作品并将作品推销给客户为目的，在真实世界中借助多种资源开展探究活动，并在一定时间内解决一系列相互关联着的问题的一种新型的探究性学习模式。还有的学者使用过程式定义，认为项目学习就是学习过程围绕某个具体的学习项目充分选择和利用最优化的学习资源，在实践体验、内化吸收、探索创新中获得较为完整和具体的知识，形成专门的技能和得到充分发展的学习。⑤

项目学习就是对一个特殊的将被完成的有限任务，它是在一定时间内，满足一系列特定目标的多项相关工作的学习与掌握。项目学习，对于学生来说是参与了一个长期的学习任务。要求他们扮演现实世界中的角色，通过工作，研究问题、得出结论，就像成人工作一样。他们常会遇到社区或真实世界中的问题，通过科技手段研究、分析、协作、通信来解决问题。他们会在社区与专家或社区成员一起工作。学生接触各个学科领域后，更容易理解概念，明白不同学科是如何相互联系和相互支持的。

2. 项目学习的特点

（1）所有项目都是真实的。

（2）每个项目都是独立的，都由项目确立、实施、结束和结果评估等阶段构成。

---

① Gwen Solomon. Project-Based Learning: A Primer. Technology & Learning, 2003, pp. 1 – 3.
② Project-based learning. http://en.wikipedia.org/wiki/Project-based_learning/.
③ John W. Thomas. A Review of Research on Project-Based Learning. The Autodesk Foundation, 2000.
④ 参见刘景福、钟志贤《基于项目的学习（PBL）模式研究》，《外国教育研究》，2002 年第 11 期。
⑤ 参见高志军、陶玉凤《基于项目的学习（PBL）模式在教学中的应用》，《电化教育研究》，2009 年第 12 期。

（3）项目实施活动所给予同学们的，不仅是将来做事所需要的知识和能力，而且可能就是同学们将来所要做的事情本身。

例如，美国史蒂文·利维设计和组织的项目学习"关于自行车道的问题"。①

历史

铁路到底出了什么问题？为什么铁路会终止？他们是如何处理旧火车和铁轨的？火车上发生过抢劫吗？关闭铁路对莱克星顿有什么影响？火车是货运还是客运的？在人们开车之前他们骑自行车吗？如果他们受伤，又没有救护车的话，他们如何获得帮助呢？这条道上以前有车开过吗？为什么他们会在这里修火车道？在修火车道之前这里又是什么样的？

计划

是什么使人们想到修自行车道的？谁是第一个提出计划的人？为什么车道会定在那里？他们如何确定修它所需要的时间？为什么他们会决定修自行车道，而不是像马路或者电车道、地铁之类的设施？为什么自行车道要比火车道好？除了自行车道，人们还想过别的什么吗？有人反对这个计划吗？为什么？有关于这条自行车道将来如何发展的计划吗？

修建

修这条道花了多长时间？有哪几类工人以及共有多少名工人参与了修建？需要什么设备？什么是铺路料？哪种路料最好？

使用者（略）

邻车道居住的居民（略）

商家（略）

环境

这条道如何影响到动物？修这条道有对环境的考虑吗？这个自行车道又是如何影响到植物的？有以前在这里生长后来又不见了的植物吗？有新的植物长出来吗？有动物死亡吗？为什么有些地方出现腐烂的迹象？

---

① ［美］史蒂文·利维：《从零开始——创建你自己的课堂》，教育科学出版社2010年版，第234－236页。

安全

曾经发生过动物袭击的事件吗？有凶猛的动物吗？曾经有过任何的伤亡吗？有危险的地方吗？在哪里？为了避免行人在十字路口被车碰撞，采取过什么措施？在修自行车道之前车祸更多呢，还是之后？在自行车道上有什么标志？谁做的这些标志？为什么会有骑车的警察呢？为什么有栅栏？为什么有锁？谁有钥匙？

花费

修这条道花了多少钱？除了铺路，还有什么其他花费吗？由谁来支付这些花费？有哪些支出是一直存在的，比如税收、维护费？给工人付了多少钱？他们得到的钱是相同的吗？在材料上花了多少钱？

自行车

第一辆自行车是什么样的？有什么样的改动使自行车变得更好骑？自行车比马更好吗？自行车的未来是什么？

3. 项目学习的积极作用

（1）有利于提高学生的多方面能力。项目学习强调学生在做中学，在项目学习中提高。一方面，项目学习中的任务是来自现实生活的真实问题，可以提高学生解决问题的能力；另一方面，项目学习以小组学习为单位，学生之间可以互相帮助、互相学习，在相互讨论中提出他们的见解，并从其他人那里得到反馈，从而提高其学习动机。

（2）有利于提高学生的社会适应性。项目学习中的项目问题大部分是来源于现实社会中的真实问题，学生通过参与项目提前适应职场和社会。

（3）促使教师和学生的角色发生了转变。项目学习中，教师的角色发生了显著的变化，教师更多时候充当的角色是学生的辅导者和助学者。学生由被动的学习者变成了主动的学习者、问题的发现者和探究者，是学习的中心。

（4）有利于学生形成良好的学习态度。不少项目学习的研究一再证明，开展项目学习，能够促进学生学习态度向积极主动的方面转变。下面是文伟的研究。①

---

① 文伟：《项目学习对初中生英语学习态度的影响》，《基础外语教育》，2015年第2期。

通过分析优秀生、中等生、学困生等各层次的6名学生的访谈数据，笔者发现学生都很喜欢项目学习，其喜欢的原因是：学生认为，与其他作业相比，项目作业更加有趣，能帮助自己拓展知识、开阔眼界、发挥创意、激发个性，从而更好地运用英语。下面是学生访谈的部分内容：

学生1：英语项目作业可以让我们增加更多的见识，增长知识，加深对课堂学习知识的理解。而以前更多的是加深对已学知识的印象。

学生2：项目作业样式丰富，富有乐趣，不像以前的作业那么古板单调。老师经常给我们展示项目成果的机会。得到大家的称赞，我会更有动力，更严格要求自己。

学生3：感觉学英语有用，做项目作业的时候能立刻就用上。因为项目作业是对课堂所学知识的深化和补充。这样的方式可以让我们充分发挥自己的才华和智慧，这样的学习方式，让我们喜欢上了英语。

谈到实施项目作业给自己带来的收获和进步时，学生认为项目作业可以帮助他们培养自信心，拓宽知识面，激发创新意识，提高口语、写作能力以及其他多方面的能力。

学生4：（项目作业）拓宽了我的见识，我的知识面更广泛了，锻炼的机会更多了，有了更多的机会来展现自己。

学生5：（项目作业使我的）口语、写作、动手及绘画能力都有不同程度的提高，让我明白写作业并非一件枯燥乏味的事。对我的性格也很有影响，以前在同学面前展示我自己的作文时我会很紧张。现在因为展示的次数多了，也就大胆了，也习惯了。

学生6：项目作业激发了我对英语的兴趣，说得也多了，因为经常要展示，我也更注意语音语调了。写得多了，写作方面也就提高了。

（二）项目学习的发展历程

1896年，杜威在芝加哥实验学校采用了一种新的教学方法——设计教学法，这种教学法要求废除传统的班级授课制，摒弃教科书，不受学科限制，学生根据自己的兴趣决定学习内容，在自己设计、自己负责实行的单元活动中获得有关知识和解决实际问题的能力。这可以说是项目学习最早出现的源头。

1918年9月，杜威的学生、著名教育家克伯屈发表了《项目（设计）

教学法：在教育过程中有目的活动的应用》一文，引起了教育界的关注和兴趣，这篇论文也被称为20世纪最有影响的教学理论论文。克伯屈说："我采用'设计'这个术语，就是专为表明有目的的行动，并且特别注重'目的'这个名词。"可见，设计教学是建立在学生兴趣与需要基础之上的，把有目的的活动作为教育过程的核心或有效学习的依据。

在20世纪二三十年代，克伯屈的设计教学法在美国的初等学校和中学的低年级里得到了广泛的应用。设计教学法可以说是今天基于项目的学习的前身。

20世纪八九十年代，基于项目的学习在西方一些发达国家尤其是美国活跃起来，一直到现在，许多大、中、小学都在积极倡导和应用基于项目的学习这种学习模式。

（三）项目学习的实施策略和注意事项

1. 项目学习的实施策略

（1）基于经验，强调综合性。综合性是项目学习的首要特征。以融合的方式实施活动的要素（信息技术教育、研究性学习、社区服务与社会实践以及劳动与技术教育），使之融合为一个整体，是项目学习实施的基本要求。同时，项目学习又以发现和解决学生身边的具体问题为切入点，整合一系列相关学科的基础知识和研究方法。在解决实际问题的时候，即便一个小问题，也都需要综合运用各种知识才能较为圆满地解决。

（2）面向实践，突出实践性。项目学习以学生的现实生活和社会实践为基础，以活动为形式，以实践为根本，强调学生的亲身经历，让学生亲自参与、主动探索，在实践中综合运用所学知识解决各种实际问题，提高解决实际问题的能力。

这里所提到的实践，不仅仅是让学生做社会调查、参观和访问等，更重要的是为学生营造实践情景，通过引导，让学生能够自己发现问题、提出问题、解决问题；特别是使学生能够面对生活世界的各种现实问题，综合运用所学知识，主动地去探索、发现、体验、重演和交往，亲力亲为，获得解决现实问题的真实经验，发展实践能力和创新能力，从而提升综合素质。

（3）重视全面，强化整体性。世界是一个不可分割的整体，万事万物都有着千丝万缕的联系，世界的不同构成——个人、社会、自然是彼此交融的有机整体。文化具有整体性，人的个性也具有整体性。项目学习必须立足于人的个性的整体性，立足于每一个学生的健全发展。现行教育最大的弊端就是为了教学的方便，把整体的世界分解得支离破碎，教学不仅没有成为人发展的动力，反而成为人发展的羁绊。关注整体性，既是项目学习的价值追求，也是客观的真实写照。

（4）回归生活，体现开放性。项目学习面向每一个学生的个性发展，尊重每一个学生发展的特殊需要，其课程目标具有开放性。项目学习面向学生的整个生活世界，随着学生生活的变化而变化，其课程内容具有开放性。

项目学习过程中不给学生过多的条条框框，无严格的操作程序，具有极大的灵活性和弹性，学生可以用多种形式表达活动结果，其实施过程也同样具有开放性。项目学习关注学生在活动过程中所产生的丰富多彩的学习体验和个性化的创造性表现，因而其评价标准具有多元性。

（5）立足发展，关注生成性。项目学习的本质特征是生成性，即每一个活动都是一个有机的整体，而不是根据预定的目标机械装配的过程。要处理好预设与生成的关系，允许学生的研究偏离预设的轨道。随着活动的不断展开，新的目标不断生成，新的主题不断生成，学生在这个过程中兴趣盎然，认识和体验不断加深，创造性的火花不断迸发，这是项目学习生成性的集中表现。对项目学习的整体规划和周密设计不是限制其生成性，而是为了使其生成发挥得更具有方向感、更有成效。

（6）以人为本，落实合作性。项目学习充分尊重学生的兴趣、爱好，在学生自主学习的基础上，重视合作学习，同伴之间、小组内和小组外的合作，在项目学习的过程中，得到了很好的落实和体现。这是因为，很多活动不通过合作单靠一个人的力量是无法完成的。

2. 项目学习的注意事项

（1）教师指导方面。

在项目学习活动中，教师不是单一的知识传授者，而是学生活动的指导者、组织者、参与者、研究者、协调者、促进者和评价者。在实际教学中，教师在指导方面往往存在以下问题。

第一，重视活动形式，忽视具体活动方法的指导。

第二，重视学生活动方案，忽视教师指导方案。

第三，重视活动过程和阶段，忽视活动的具体落实程度。

事实上，在项目学习活动的不同阶段，教师的指导应体现为不同的行为重点。

①确定项目主题阶段。需注意两个方面，第一个方面是尽可能让学生学会选题，把选题的过程放大，让选题过程成为学生发现问题、归纳问题的过

程，成为训练学生思维品质的过程；第二个方面是重视学生课题活动方案设计的过程，特别是课题方案论证的过程、规划和设计活动方案的过程，引导学生学会严谨地思辨。

②项目学习活动实施解决。需注意两个方面，第一个方面是要把研究过程细化，让教师的指导具有针对性和实效性，切忌表面化和形式化；第二个方面是要建立教师指导的基本行为规范或常规，形成各年级系统的专题系列。

③项目学习活动总结阶段。需注意两个方面，第一个方面是成果的表达形式要多样化，不能只看到显性的、物化的成果，需树立"参与就是成果，认识也是成果"的思想，重视学生的科研品质；第二个方面是评价方式要多元化。

（2）资源开发方面。

项目学习课程因其综合性强，所以单靠教师或学校的力量很难开发出令人满意的课程，因此，我们需要打开校门，走向社区和社会，尽可能争取到社会和家长的理解与支持，也可以聘请一部分学生家长、有关领域的专业人士、校外辅导员等加入项目学习课程中，甚至可以邀请他们成为指导小组的成员。这样，有助于课程资源的丰富和课程质量的提升。

（3）评价方面。

评价是项目学习得以长期有效开展的重要保证。事实上，评价问题始终是一个难点。以往，教师们普遍重视结果评价，尤其是分数评价。而对于项目学习，则又往往走向另一个极端，重视过程评价。其实，过度重视过程评价、忽视活动结果评价和学生对问题解决基本能力的评价，对学生发展的实际都关注不够，会导致评价过程随意，效果减弱。

由于项目学习的灵活性，因此其评价也需灵活进行。从目前的情况来看，一般进行得较好的是采用一些比较精确、细致的评价表格进行评价。下面两个评价表格（表3-3、表3-4）可以作为参考。

表 3-3 项目学习学生评价表

活动主题：	
内容	自我评价
1. 你是否参加过对项目学习主题的选择？	
2. 你是否一直非常有兴趣地参加项目学习？	
3. 你收集资料、信息的途径有几种？	
4. 你认为你在项目学习中遇到的最大困难是什么？	
5. 你和你们的小组成员合作是否愉快？	
6. 你对你的项目学习的成果满意不满意？	
7. 你在这个项目学习中最大的收获是什么？	
姓名　　　　性别　　　　年级　　　　日期	

表 3-4 项目学习评价表

评价内容	自我评价			小组评价			教师评语	家长评语
	完成了一点 ☆	完成了多数 ☆☆	完成得很好 ☆☆☆	完成了一点 ☆	完成了多数 ☆☆	完成得很好 ☆☆☆		
选择项目主题								
收集资料								
合作讨论								
学习心得								

五、小课题研究策略

课题研究是教师实现专业成长的有效途径之一。小课题研究因其独有的特点，尤为适合广大一线教师在教学实践中开展。

（一）对小课题研究的基本认识

1. 小课题研究的概念

小课题，顾名思义是相对于大课题而言的。有学者认为，小课题是指研究内容微小、研究的组织简单、研究的周期较短的课题，与时下人们所称的"微型课题""个人课题""学期课题"内涵一致。① 也有学者认为，教师从日常的矛盾冲突、教学情境、教学反思、理论学习、生活细节中挖掘有价值的研究问题进行归纳梳理，将最突出的问题或最需要解决的问题确定为"小课题"。②

2001年，张建明提出了"教师课题研究"的概念。他认为，"小课题研究是中学教育教学研究的一种非常有效的群众性教育教学研究为教师进行群体科研提供理论依据和研究基础，并从理论上指导教师如何利用有限的现有资源让教师更有针对性地开展小课题研究，切实提高教学质量和科研能力"。③

2. 小课题的特点

小课题被称为"小"课题，是相对于市、区级课题而言的，一般情况下，小课题主要是学科组、年级组或者是校级的课题，也有的甚至是某位教师一个人的课题。因此，理解小课题的特点是有效开展小课题研究的前提。小课题研究的特点主要是：聚焦个体、着眼微观、周期较短、倾向平民，概括起来就是"小""近""实""真"。

俗话说，麻雀虽小，五脏俱全。开展小课题研究，也要先明白小课题的研究流程，弄清楚小课题研究注意事项，注意多样表达研究成果。

3. 小课题研究的意义

教师开展小课题研究的意义主要体现在三个方面：第一方面，提高教育教学技巧（艺术、效果），提升教师研究能力，促进教师专业成长，推动学校教科研工作常态化；第二方面，增加教师的职业幸福感，克服教师职业倦怠，增强教师的职业成就感；第三方面是最为功利和实际的，那就是职称评聘的需要。

4. 小课题研究的推广

课题的研究目的在于解决教学中遇到的问题，但是一个课题研究往往难以解决教学的方方面面，课题过大难以操作，因此建议进行小课题研究。一个小课题解决问题的一个方面，一系列小课题研究成果可能才能帮助我们解

---

① 参见张菊荣《关于小课题研究内容取向的实例分析》，《学校管理》，2008年第5期。
② 参见王艳霞《小课题研究：旨在改进教师自身教育教学实践的行动研究》，《科研导报》，2013年第12期。
③ 张建明：《"小课题"促使教师在研究状态下工作》，《河北教育》，2003年第10期。

决一个问题。这确实会有实用性和推广性,但是课题并不是万能的,我们也不是孤立存在的个体,我们研究一个方面,我们的小伙伴研究另外一个方面,我们的同行又研究一个方面,把我们大家的研究组合在一起,就具有实用性和推广性。

"小课题"之所以被冠以"小",也是因其具有"关注问题小""涉及人员少""研究周期短"的特点,似乎微不足道,但也正因为"小",具有"方式活"(研究过程没有规划课题研究那么复杂,一线教师可以自己作主,没有固定的研究模式,没有强制的操作流程,人人都可以研究,时时都可以开展,处处都可以进行,在兴趣中生根,在实践中开花,在过程中结果)、"研究实"(小课题研究立足于当前教育教学工作,针对教师教育工作中遇到的盲点、热点、难点、疑点问题,选题贴近学校、贴近教师、贴近教育教学实际。教师在教中研、研中教,研究是教育教学实践的组成部分,不是游离于教育教学实践之外的活动)、"见效快"(由于研究的目的基于在实际工作中解决具体问题,一个问题解决了,就可以转入下一个问题的研究,因而速度快、效率高)的先天优势。

教师做课题研究的目的是改进教学、发展自我。赞可夫说:"没有个人的思考,没有对自己经验的寻根底精神,提高教学水平是不可思议的。"由于地域限制、校际差异、个人特点等因素的多样性,小课题研究就是一个最好的载体、一种最有效的途径。选择灵活、务实、有效的小课题研究非常有利于促使教师养成科学的思维习惯,提高自身的研究能力与水平,形成教育教学个性化风格,实现自我的专业成长。如果能够实现以上目标,就是一个非常幸福和成功的教师了,也就不会纠结于自己所做的研究"普遍推广性"不够了。另外,一切大课题都是由小细节构成的,细小的工作和细小的研究往往包含着大道理和大发现,任何小课题的研究都有意义。

小课题精小,易与自己的教育实践建立联结,也就是在教学实践中发现或遇到问题,针对它开展研究,操作起来方便易行,教师们只要用心去做,短则一个学期,长则3年、6年,可以做出一个很好的小课题。这是小课题的优点。但是,因为小课题研究或实验的范围小,于是它的推广性对别的老师而言,这个研究是否具有价值,就成了问题。如何解决这个问题呢?第一,发现打算研究的问题时,先上网检索相关研究的现状,了解自己打算研究的问题,别人有没有研究过,问题解决了没有。如果已经解决了,我们就可以采用别人的方法,运用到自己的教学实践中,至于效果如何,可以继续研究。如果研究的人很少,问题还没有解决,那么看看研究到了什么程度,自己可以继续做些什么，这样，把自己的研究放到国内外的研究现状中去，相当于跟着一条研究路线往前走，那么即便是精小的问题，也可以做得有价值。第二，一般学校或工作室或区教研室，都会有一直在研究的课题，我们要多了解、多关注，如果大的研究方向相近，可以争取把自己的小课题纳入以上课题研究，成为一个子课题。

（二）小课题研究的实施策略

1. 小课题的选题

要做好研究，首先要选好研究的问题。问题来自哪里呢？可以来自对教材的解读，可以来自对教学的个人反思，可以来自与同事交流的思考，可以来自学生讨论中出现的问题，可以来自家长反馈的问题，等等。面对教学中的各种现象和问题，教师不仅是实践者，而且是研究者，完全可以以此作为选题的参考范围，对具有典型意义的问题做深入的研究，找出问题存在的根本原因，提出有效的问题解决方法，切实改善自己的教育教学行为。

一般而言，小课题选题需要注意以下几点。

（1）问题来自真实的教育教学实践，赋予选题实践性。

（2）在同行的教研互助交流中选择课题，赋予选题开放性。

（3）选题要充分考虑自身的实际研究能力和研究环境，赋予选题可行性。

下面列出一些小课题选题供参考。

年级学科：
思维导图在××年级××学科备课（板书）中的应用研究
指导××年级学生运用思维导图做××学科课堂笔记的应用研究
××年级××学科××主题课堂教学中即时反馈策略的研究
××年级××学科课堂教学中教师追问的策略研究
××年级××学科教师有（无）效课堂语言的研究

语文学科：
××年级快速阅读的实践研究
××年级学生课外读物的分析研究
对学习困难生作文起步的指导策略研究
通过编辑书（报）促进学生有效阅读的策略研究

英语学科：

××年级××主题英语单词的教学策略研究

××年级英语游戏教学活动有效性的实践与研究

××年级××主题英语课堂教学中语境营造的研究

××年级××主题英语写作的实践研究

数学学科：

第××册数学概念的教学策略研究

××年级数学课堂教学中创设××情境的研究

××年段估算能力培养研究

××年段计算教学中情境使用的适应性研究

××年段计算教学中数学思维能力培养策略研究

××年段计算教学中渗透问题解决的教学策略研究

××年段计算教学中计算器使用时机和策略研究

××年段计算教学中有效教学方法探索

代数思想在××（年段）数学教学中的渗透研究

2. 小课题研究的过程

小课题的研究过程和一般课题是一样的，大致如下：主要的理论文献与资料查找，他人成功的经验与案例，教学观摩，自身教育教学实践（为主）。

研究过程中的注意事项如下。

（1）与身边同事探讨。

（2）向具有教、科、研经验的名师、领导请教。

（3）查找网络资源。

（4）小课题贵在一个"小"字。强调从教学过程的一个要素、一个环节、一个章节、一个案例、一个方面、一个专题、一种现象等入手，简单明了，易于操作。

3. 小课题研究报告的基本结构

（1）核心概念界定。对核心概念的界定实际上也是对课题界定的一部分。一般课题的核心概念，就反映课题研究的对象和内容。核心概念的界定非常关键，它是研究的逻辑起点和理论基石，要学会找核心概念。核心概念是最能反映课题内容的关键点，一般出现在标题中，也可以不出现在标题中。

（2）选题背景。

（3）国内外相关研究现状。一般性地描述和概括国内外研究历史和现状。列出和介绍代表性的专著、论文、资料等。国内外在相关课题上已经提出的主要理论、观点。对国内外已有研究的评论。主要是指出已有研究的局限或缺陷等，说明本课题将在哪些方面重点突破。

这里主要涉及文献综述问题，虽然小课题研究没有大课题研究那样要求高和规范，但对于广大一线教师来说，撰写文献综述的能力是十分重要的。其意义在于，通过撰写文献综述，老师们能够了解学科发展的简要历程和最新动态，提升自己的学科素养，同时也可以使老师们对所讨论、研究的问题有一个全面的了解。而文献综述的信息材料来自哪里呢？一是可以查阅相关学科和教育理论的核心刊物，做摘录。二是利用网络搜索技术进行查阅，比如查阅中国知网就可快速地搜索到大量的相关文献。

（4）理论依据。理论依据要找准，不要"带帽子"，不要"胡乱套"，关注新理论、新视角。

（5）研究意义。包括理论意义和现实意义。需要注意的是：意义要实事求是，不要盲目夸大，要慎用"填补空白""国内首创"这样的词汇。

（6）创新之处。

4. 小课题的研究设计

（1）研究目标。课题要达到的结果或效果。学生发展、教师发展、学校发展。目标不要太大、太多、太泛，要具体，要符合实际需要，最好是可以检验。

深圳市坪山新区光祖中学刘旭升主持的课题《初中数学分层教学的实践和探究》，其研究目标为：

第一，通过本课题的研究，探索如何在现行的班级体制下实施分层教学，及形成分层教学的基本操作模式。

第二，通过分层教学，提高学生对于数学的兴趣以及课堂参与程度，并最终提高数学成绩（素养）。

第三，通过本课题的研究，让教师积极参与数学教学改革，体会到专业技能提高的乐趣和成就感，进而提升幸福感。

第四，通过本课题的研究，以及编写分层导学案、作业、评价等体系，形成特色的校本教材。

（2）研究内容。基本架构：问题—对策，背景—问题—原因—对策—成效。从问题入手来设计内容，清晰、明确、可操作性强、揭示主要的矛盾关系，而不仅仅是措施。要善于对问题进行分解，要条例化，不要写成一大堆。

深圳市坪山新区光祖中学叶素婵主持的课题《自主互助式教学法在初三英语词汇教学中的应用研究》，其研究内容为：

第一，自主互助式教学法指导下初三学生英语词汇记忆方法。探索帮助我校学生掌握记忆词汇的方法，期望通过研究，探究出适合我校学生学情的学生自主互助的词汇记忆方法。

第二，自主互助式教学法指导下的课堂教学。希望通过本课题的研究，探索出一条可借鉴的经验推广之路，同时也提升自身的探究能力，提升学习质量和创新等素养之路。

（3）研究方法。常用的研究方法有调查法、行动研究法、文献法、实验法、统计法、比较法、案例法等。根据研究目标和内容来确定方法，选择的方法要具体说明，不能只是简单罗列，最好附有研究方法的详细方案，如实验方案、调研方案、问卷等。

（4）研究过程安排。

深圳市坪山新区光祖中学欧阳海娟主持的课题《利用微课提高课堂教学效率》，其研究实施过程为：

第一步，学习微课制作方法。科组成员利用网络，集体学习微课制作方法。

第二步，分工合作制作微课。科组成员研究微课特点，结合教材考点，分工制作微课。由于考点多，希望能用两至三年时间把中考考点的微课制作完毕。

第三步，研究更好利用微课的方法，使微课能提高历史课堂教学效率。科组成员观看慕课、翻转课堂，相互观摩、学习，探索合适的方法。

（5）预期研究成果。一般而言，小课题研究的成果类型有论文、研究报告、教育叙事、课堂实录、教学设计、教学录像、微课，等等。

(6) 其他。研究人员及分工、完成研究的条件、经费预算、参考文献等。

参考文献

[1] 范国睿，赵连根，王浩. 文化变革与学校发展——历史文化名校的现代化转型 [M]. 上海：百家出版社, 2006.

[2] 郭思乐. 教育走向生本 [M]. 北京：人民教育出版社, 2001.

[3] 孙亚玲. 课堂教学有效性标准研究 [M]. 北京：教育科学出版社, 2008.

[4] 吴康宁. 课堂教学社会学 [M]. 南京：南京师范大学出版社, 1999.

[5] 郭思乐. 课堂：从短期指标回到人的发展——生本教育引发的观念更新 [J]. 人民教育, 2009（Z3）.

[6] 李秀双. 课堂文化的内涵、教育价值及建设途径 [J]. 教学与管理, 2015（01）：5-7.

[7] 杜德栎. 课堂文化密码面面观 [J]. 教育理论与实践, 2011（3）.

[8] 刘献君. 论"以学生为中心" [J]. 高等教育研究, 2012（8）：1-6.

[9] 孙清兰. 高频词与低频词的界分及词频估算法 [J]. 中国图书馆学报, 1992（2）：78-81, 95.

[10] 李兴敏，袁子钦，彭兰岚. 十五年来我国社区教育研究规律和研究热点——基于社区教育主题硕士论文的全样本文献计量和共词分析 [J]. 成人教育, 2015（8）：1-5.

[11] 顾明远. 论学校文化建设 [J]. 西南大学学报：人文社会科学版, 2006（5）：67-70.

[12] 张惠英. 浅谈课堂观察 [J]. 教育实践与研究：中学版, 2008（5）：39-41.

[13] 陈金华. 课堂观察的价值意义与改进策略 [J]. 中国教育学刊, 2012（12）：52-55.

[14] 刘耀明. 课堂文化的诠释与重塑 [J]. 教育理论与实践, 2003（23）：56-59.

[15] 邱玉芳. "自主互助学习型课堂"教学方法探讨 [J]. 现代教育, 2015（11）：74.

[16] 李兴敏，罗唱. 成人教育学研究热点转化与发展方向预测——基于《成人教育学刊》2009—2014年全文收录文献 [J]. 现代远程教育研究, 2015（6）：46-54.

[17] 杨小强. 生本教育理念下中学化学课堂有效教学的研究 [D]. 武汉：华中师范大学, 2012.

[18] 潘光文. 课堂文化的批判与建设 [D]. 重庆：西南大学, 2009.

[19] Barr R. B., Tagg J. From Teaching to Learning—A New Paradigm for Undergraduate Education [J]. Change, 1995（11/12）：13-15.

第四章 "自主互助"课堂文化的光祖实践

第一节 导学案

一、语文自主互助教学设计——《马说》

(一)《马说》预习单

设计人：陈丽　序号：1

班级　　姓名　　日期：　年　月　日

说明与要求：

(1) 以每小组为单位由组长组织评等级分；

(2) 评分标准：视问题的难度、答题的正确性、小组成员的积极参与性和合作性等给分（A^+、A、A^-、B、C）。

课前自测：

1. 填写《马说》原有知识清单。

通假字	重点实词	古今异义	句子翻译	句子翻译	课后习题
食：通饲喂	祗：只有	等：同样	骈死于槽枥之间	通其意	背诵全文
见：通现	骈：两马并驾	道：正确的方法	不以千里称也	其真无马邪	树立正确的人才观
材：通才	策：用鞭子打		以其道		
	临：面对		尽其材		

2.

(1) 已知：课下注释的实词。

解答：见知识清单。

（2）已知：课后练习第二题。

解答：见课本第174页的预习成果。

（3）对作者千里马不遇伯乐的遭遇的思想感情的理解。

3.

（1）已知："祗辱于奴隶人之手"的翻译。

解答：只能在仆役人的手下受到屈辱。

（2）已知："且欲与常马等不可得"的翻译。

解答：想要与普通的马相同尚且办不到。

我的反思：

我的提问：

（二）《马说》导学单

设计人：陈丽　　序号：2

班级　　姓名　　日期：　年　　月　　日

学习目标：

（1）复习"说"这种文体的特点。

（2）能掌握几个文言实词"食""策"、虚词"其""之"的用法。积累几个文言实词，并能够拓展迁移。

（3）理解文中"伯乐""千里马"与"食马者"的比喻义。

学习重点：掌握本课的重点文言词汇并能将所学知识迁移。

学习难点：

（1）理解短文所阐明的深刻道理。

（2）能客观正确把握本文提出的怀才不遇的观念，懂得珍惜人才、尊重人才的重要性。

学法指导：使用诵读教学法、点拨教学法、讨论法。

※导学过程：

新课导入：

引入：请同学们思考伯乐相马这个成语的出处。

复习旧知1：复习"说"这种文体的特点。

任务一：运用这一文体的特点说说韩愈说马的目的。

复习旧知2：原知识清单中的实词。

任务二：运用参照原知识清单中的实词完成练习册第80页课外文言文阅读《文天》。

复习旧知3：

例1. 练习：解释加点的字。

（1）食马者不知其能千里而食也（   ）（2）食之不能尽其材（   ）

（3）执策而临之（   ）   （4）才美不外见（   ）

例2. 练习：句子翻译。

（1）祇辱于奴隶人之手，骈死于槽枥之间。

（2）且欲与常马等不可得，安求其能千里也？

（3）策之不以其道，食之不能尽其材，鸣之而不能通其意。

课堂练习：

1. 本文表明作者观点的是哪一句？_____
2. 千里马被埋没的直接原因是什么？_____
3. 千里马被埋没的根本原因是什么？_____

我的总结：

总结1：课下注释的实词一定要认真抄写并巩固。

总结2：翻译文言文一定要采用直译法。

我的反思：

(三)《马说》评价单

设计人：陈丽　　序号：3

班级　　姓名　　日期：　　年　　月　　日

课堂检测：

1. 解释加点的字（小组抽查）。

（1）食马者不知其能千里而食也（　　）（2）食之不能尽其材（　　）

（3）执策而临之（　　）　　　　　　　（4）才美不外见（　　）

2. 翻译句子（组长负责检测并批改）。

（1）祇辱于奴隶人之手，骈死于槽枥之间。

（2）且欲与常马等不可得，安求其能千里也？

（3）策之不以其道，食之不能尽其材，鸣之而不能通其意。

3. 内容巩固（课堂上小组抢答）。

（1）本文表明作者观点的是哪一句？＿＿＿＿＿＿＿＿＿＿＿＿＿＿＿＿

（2）千里马被埋没的直接原因是什么？＿＿＿＿＿＿＿＿＿＿＿＿＿＿

（3）千里马被埋没的根本原因是什么？＿＿＿＿＿＿＿＿＿＿＿＿＿＿

思考题：

问题1：作者认为"伯乐"决定了千里马的命运，你同意他的观点吗？为什么？

问题2：在当今社会，如何才能成为千里马？假如你是"千里马"，但是没有"伯乐"赏识你，你会怎么做？

※共同回顾，感悟收获：

1. 知识总结：

2. 方法、技巧总结：

3. 你关于本节知识的奇思妙想：

自我评价：　　　　学科长评价：　　　　教师评价：

二、语文自主互助教学设计——《五柳先生传》

（一）《五柳先生传》预习单

设计人：刘明勇　　序号：1

班级　　姓名　　日期：　　年　　月　　日

说明与要求：

（1）以每小组为单位由组长组织评等级分；

（2）评分标准：视问题的难度、答题的正确性、小组成员的积极参与性和合作性等给分（A^+、A、A^-、B、C）。

课前自测：

1. 填写《五柳先生传》原有知识清单。

通假字	重点实词	古今异义	句子翻译	句子翻译	课后习题
	亲旧：亲戚、旧友		好读书，不求甚解	短褐穿结，箪瓢屡空，晏如也	背诵全文
	俦：类		造饮辄尽，期在必醉	不戚戚于贫贱，不汲汲于富贵	
	觞：酒杯				
	详：知道				

2.

（1）已知：课下注释的实词。

解答：见知识清单。

（2）已知：课后练习第二题。

解答：见课本第174页的预习成果。

（3）对五柳先生淡泊名利、率真自然、安贫乐道品质的理解。

3.

（1）已知：环堵萧然，不蔽风日。

解答：房子里空空荡荡，不能遮挡风和太阳。

（2）已知：衔觞赋诗，以乐其志。

解答：一边喝酒，一边作诗，为自己抱定的志向感到无比快乐！

我的反思：

我的提问：

（二）《五柳先生传》复习导学单

设计人：刘明勇　　序号：2

班级　　姓名　　日期：　　年　　月　　日

学习目标：

（1）复习"传"这种文体的特点。

（2）复习巩固几个文言实词"详""会""亲旧""或"的用法。积累几个文言实词，并能够拓展迁移。

（3）掌握文言文复习的方法和要点。

学习重点：掌握本课的重点文言词汇及句式并能将所学知识迁移。

学习难点：体会五柳先生率真自然、淡泊名利、安贫乐道的精神品质。

学法指导：使用诵读教学法、问题教学法、自主互助教学法。

※导学过程：

新课导入：

文言文复习口诀：文学常识要知晓，重点词句要记牢，主题思想是根本，写作手法也重要，课外延伸链中考。

复习旧知1：复习"传"这种文体的特点。

任务一：运用这一文体的特点说说陶渊明写这篇自传的目的。

复习旧知2：原知识清单中的实词。

任务二：运用参照原知识清单中的实词完成练习册第80页课外文言文阅读《文天》。

复习旧知3：

例1．练习：解释加点的字词。

（1）不详其姓字（　　　）　　　（2）每有会意（　　　）

（3）亲旧知其（　　　）　　　　（4）或置酒（　　　）

例2．练习：句子翻译。

（1）好读书，不求甚解。

（2）造饮辄尽，期在必醉。

（3）短褐穿结，箪瓢屡空，晏如也。

课堂练习：

（1）文中说"颇示己志""以乐其志"，两次提到"志"，联系你所学过的陶渊明的诗文，你认为五柳先生的"志"是什么？

（2）本文最大的写作特点：多用否定句。文中多用否定句来刻画五柳先生这一人物形象，有何作用？

我的总结：

总结1：课下注释的实词一定要认真抄写并巩固。

总结2：翻译文言文一定要采用直译法。

我的反思：

（三）《五柳先生传》评价单

设计人：刘明勇　　序号：3

班级　　姓名　　日期：　　年　　月　　日

课堂检测：

1. 解释加点的字（小组抽查）。

（1）堵萧然（　　）　　　　　　（2）晏如也（　　）

（3）人之俦乎？（　　）　　　　（4）衔觞赋诗（　　）

2. 翻译句子（组长负责检测并批改）。

（1）不戚戚于贫贱，不汲汲于富贵。

（2）衔觞赋诗，以乐其志。

3. 课外文言文阅读。

班超字仲升，扶风平陵人，徐令彪之少子也。为人有大志，不修细节。然内孝谨，居家常执勤苦，不耻①劳辱。有口辩，而涉猎书传。

永平五年，兄固被召诣②校书郎，超与母随至洛阳。家贫，常为官佣书以供养。久劳苦，尝辍业投笔叹曰："大丈夫无它志略，犹当效张骞立功异域，以取封侯，安能久事笔砚间乎？"左右皆笑之。超曰："小子安知壮士志哉？"

注释：①耻：认为……耻辱。②诣：到，往。这里是上任、任职的意思。

（1）翻译下列词句。

①涉猎（　　　）　　　　　　②辍（　　　）

③小子安知壮士志哉（　　　）

（2）陶渊明"不为五斗米折腰"而过归隐田园的生活；班超却"投笔从戎"保家卫国，立志成就一番功业。你更欣赏谁的做法？为什么？

4. 内容巩固（课堂上小组抢答）。

（1）文中直接揭示五柳先生性格的句子是：

（2）五柳先生的三大志趣分别是：

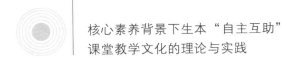

(3) 文章是从哪三个方面来介绍五柳先生的?

(4) 文中最能揭示文章主旨的句子是:

思考题:

问题1:你赞同五柳先生"不求甚解"的读书方法吗?请简要说明理由。

问题2:甲文结尾提到"无怀氏之民""葛天氏之民",表达了作者怎样的愿望?

※共同回顾,感悟收获:

1. 知识总结:

2. 方法、技巧总结:

3. 你关于本节知识的奇思妙想:

自我评价: 学科长评价: 教师评价:

三、英语自主互助教学设计

(一) Chapter3 Computers Reading & Speaking 预习单

设计人:代静   序号:1

班级   姓名   日期: 年   月   日

课前自测：

Step1 Computers' main parts and functions

1. How much do you know about computers? Look at the photo below and complete the sentences with the correct names.

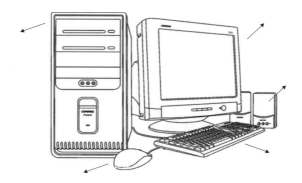

2. Fill in the blanks：

1）. The _____ shows words and pictures.

2）. We use the _____ for typing.

3）. The "brain" of a computer is in the _____.

4）. We move the _____ to control the computer.

5）. We hear sound from the _____.

我的反思：

我的提问：

核心素养背景下生本"自主互助"
课堂教学文化的理论与实践

（二）Chapter3 Computers Reading &Speaking 导学单

设计人：代静　　序号：2

班级　　姓名　　日期：　　年　月　日

Lesson Type	Reading & Speaking
Teaching Objectives	1. Speak out the correct names& functions of the computer's main parts. 2. Learn about other classmates' use of computers by asking and telling. 3. Realize the bad effects of playing computer games and debate on the influence of computers.
Important & Difficult points	1. Retell according to the spidergram. 2. Brainstorm the influences of using computers. 3. Use correct questions to ask.

※导学过程：

1. 复习旧知 Retelling。

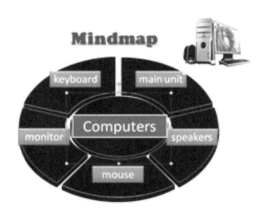

2. 新课导入。

任务一：Ask & Tell

（1）Ask me if I have a computer at home.

（2）Ask me how often I use the computer.

（3）Ask me how much time I spend playing computer games every week.

（4）Ask me what I usually do on the computer.

任务二: Read and debate

Good afternoon, parents and teachers. Thank you for attending this meeting.

Last weekend, one of our students went to hospital. The student played computer games on the Internet all day Saturday without stopping to drink, eat or sleep. Finally, he became very ill.

Some students play computer games for too long. This is a serious problem. In the past, students used to play outside more often, but now they spend more time in front of computers. This is bad for their health. Tomorrow we'll have some experts here to talk to the students about the bad effects of playing computer games. They'll also give some advice on how to use computers for studying. I hope we can all work together to stop students from spending too much time playing computer games. Thank you for your time.

What's the serious problem? _____

3. 运用感悟。

Brainstorming:

What are the good /bad things of using computers?

Debate 辩论

Pro: There are more good things than bad things about using computers.

Con: There are more bad things than good things about using computers.

课堂练习: Writing

Computers have greatly changed our life. It is one part of our life. It is a wonderful thing.

Firstly, Secondly, Thirdly, …

On the other hand, it is bad for us if we don't use it rightly. Firstly, Secondly, Thirdly, …

In a word, we should make use of computer and not let it control our life. …

我的总结:

总结1:

总结2：

我的反思：

（三）Chapter3 Computers Reading & Speaking 评价单

设计人：代静　　序号：3

班级　　姓名　　日期：　　年　　月　　日

课堂检测：

Peter's mother has just attended the meeting and is writing a letter to her son. Complete the letter.

Dear Peter,

　　I'd like to tell you something really serious.

　　I attended the parents' meeting this afternoon and your (1) _____ teacher told us a very sad thing. One of your schoolmates went to (2) _____ because he played computer games on the (3) _____ all day last Saturday without (4) _____ to drink or eat. He didn't go to bed either. (5) _____, he became very (6) _____. I think you know about it. But do you want to be like him? Sometimes you play computer games for all day without stop. It is a very (7) _____ problem. You should stop doing that.

　　When I was young like you, I (8) _____ to go outside more (9) _____ and enjoy nature. However, you spend your time (10) _____ computers instead. That'll be harmful to your (11) _____.

　　Tomorrow some (12) _____ will visit your school and tell you the bad (13) _____ of playing computer games. You should listen carefully. Also, please find out how you can use the computer for (14) _____.

　　I will help you and you should try to stop yourself from (15) _____ so much time on computer games. Trust me and trust yourself.

　　Love

　　Mum

第四章 "自主互助"课堂文化的光祖实践

思考题：

Put the following sentences in the right places of the article.

1. They are super calculators.
2. They may also be good teachers.
3. You may also have one in your watch or MP3 player.

Small and better

In the 1940s, the first computers were bigger than cars. Now computers are becoming smaller and better.

Some computers are tiny. You may be unaware of them. There is probably one inside your TV or washing machine. You depend on computers more than you realize.

What can we do with computers?

We can use computers to calculate. They can calculate at a faster speeed than we can and almost never give wrong answers. We can also type and draw things with them. In addition, computers can do important jobs like operating railways and flying planes and spaceships.

Is a computer clever than me?

The answer is "No". Your brain can produce new ideas but computers cannot. However, one day computers may be able to do a better job than human beings. For example, they may be better than doctors at doing their job. What will happen to us if computers can do all our jobs? Will we have nothing to do? Computers may change our lives, but will they make them better?

※共同回顾，感悟收获：

1. 知识总结：

Important words&phrases：

Key sentence patterns：

2. 方法、技巧总结：

3. 你关于本节知识的奇思妙想：

【小组评价】：
（1）以每小组为单位由组长组织评等级分；
（2）评分标准：

评价内容 组号	分工明确 （20分）	参与程度 （20分）	互助互学 （20分）	问题解决 （20分）	互作探究氛围（20分）	总分 （100分）
1						
2						
3						
4						
5						
6						

自我评价：　　　　学科长评价：　　　　教师评价：

四、《科学技术与经济全球化》自主互助教学设计

设计人：韩洁

班级_____　　姓名_____

学习目标：
（1）中国古代四大发明，宋元时期科技成就，现代科技成就。
（2）世界科技发展史中的近代科学革命，现代三次科技革命。
（3）经济全球化对中国的影响。
学习重点：经济全球化的进程与影响
学习难点：科技与经济全球化的关系
学习过程：
（一）自主学习，思考归纳。
请同学们认真阅读知识体系，对于重要年代、事件、概念等做读书标

记，思考完成下列问题。自己解决不了的问题，以小组为单位对以上问题进行研究探讨，达成共识。

1. 列举中国古代的四大发明，其中，哪项发明为欧洲人开辟新航路准备了条件？

2. 我国古代科技发展的顶峰出现在什么时期？列举此时期的科技发明（列举三项）。

3. 三次科技革命的主要标志分别是什么？共同影响有哪些？分别对中国产生了怎样的影响？给我们怎样的启示？

4. 有人说20世纪90年代之前，经济全球化实际上只是"半球化"，造成这种情况的主要原因是什么？90年代之后中国为了适应全球化，加入了哪一国际组织？经济全球化对中国意味着什么？如何理解经济全球化是一把"双刃剑"？

（二）典型例题，互动提高。

世界各国的文明经历了一个由相互隔绝、孤立发展到不断联系融合的过程。其间，资本主义世界市场逐步形成，全球经济日益成为一个有机的整体。阅读下列材料，回答问题。

材料一：从15世纪末开始，葡萄牙人和西班牙人的探险活动拉开了著名的地理大发现的序幕，为资本主义世界市场的形成奠定了基础。在殖民扩张过程中……在西欧殖民列强获得血腥财富的同时，世界市场进一步得到拓展。

材料二：没有产业革命就没有机器大工业，没有机器大工业就没有世界市场，没有世界市场就没有经济全球化。第二次工业革命后汽车等成为新的交通运输工具，电话等成为新的通信手段，大大缩短了时空距离。至20世纪初，世界上几乎再没有与资本主义和世界市场相隔绝的土地和领域。

材料三：20世纪90年代以来，特别是信息技术的迅速发展，使得各个国家和地区经济交往变得更加便捷。两极格局的瓦解又为经济全球化扫除了障碍。经济全球化向更广、更深的层面发展。

材料四：经济全球化是一把"双刃剑"，不管你愿意与否，全球化进程都会不断深入的发展……

问题一：材料一中"为资本主义世界市场的形成奠定了基础"指的是哪一重大历史事件？（1分）在此事件中哪位航海家率领的船队完成了环球航行？（1分）据材料一"西欧殖民列强获得血腥财富"，造成非洲贫穷、落后的罪恶行径是什么？（1分）

问题二：根据材料二，推动"机器大工业"普及的发明是什么？这次"产业革命"后，形成了怎样的世界经济格局？第二次工业革命中哪一交通工具的出现"大大缩短了时空距离"？

问题三：根据材料三，20世纪90年代以来，世界市场不断扩大和哪一技术的发展密切相关？伴随着世界市场的不断扩大，世界经济发展的趋势是什么？

问题四：20世纪末，经济全球化的重要表现是什么？你能从材料四中获得什么信息？（回答一点即可，2分）

问题五：综合以上材料，归纳推动"资本主义世界市场逐步形成，全球经济日益成为一个有机的整体"的因素有哪些。（至少列举出两点，2分）

（三）总结训练，自我检测。
答题角度：
1. 科学技术
启示：科学技术是（　　　　　　）。

（1）国家角度：实施（　　　　　　　）战略，重视科技创新，重视教育，重视人才，对外开放等。

（2）个人角度：努力学习科学文化知识，积极参加科技创新活动等。

2. 关于经济全球化

（1）新航路开辟的世界意义——世界形成一个整体。

（2）殖民掠夺。

（3）科技革命（科学技术）。

（4）对中国等发展中国家来说：双刃剑；机遇与挑战并存；顺应潮流；保护环境的可持续发展。

典型例题：

1. 从经济全球化的角度看，新航路开辟的最重要的意义是（　　）

A. 促进了资本主义的发展

B. 加强了世界联系，世界开始连成一个整体

C. 推动了文化的发展

D. 使大西洋沿岸经济发展起来

2. 中国古代有很多重大发明。下列发明按出现的时间先后顺序排列正确的是（　　）

A. 造纸术　司南　火药　活字印刷

B. 火药　造纸术　活字印刷　司南

C. 造纸术　活字印刷　火药　司南

D. 司南　造纸术　火药　活字印刷

3. "蒸汽时代，资本主义世界市场初步形成；电气时代，资本主义世界市场最终确立；信息时代，世界经济联系更加紧密。"从中可以看出，与"资本主义世界市场的形成与发展"这一线索密切相关的是（　　）

A. 世界格局的演变　B. 科技革命　C. 资产阶级革命　D. 殖民扩张

4. 下列能源利用的时间顺序，排列正确的一组是（　　）

A. 煤炭　电力　原子能　石油

B. 煤炭　原子能　电力　石油

C. 煤炭　电力　石油　原子能

D. 煤炭　石油　原子能　电力

5. 在第三次科技革命中，电子计算机的使用、新材料和火箭技术是空间开发的基础，空间开发又服务于海洋开发和生物工程，也促进了计算机的更新换代。这说明第三次科技革命（　　）

A. 大大加快科学技术转化为生产力的速度
B. 科学技术的各个领域之间相互渗透
C. 在促进经济增长的各种因素中,科技进步所占的比重不断上升
D. 科技推动了世界经济格局的多极化

6. 工业革命、第二次工业革命和第三次科技革命的相同之处是（　　）

A. 从发明和使用机器开始
B. 使人类进入了"电气时代"
C. 电子计算机的广泛应用
D. 促进了经济的发展,改变了人们的生活

（四）拓展延伸:"一带一路"与经济全球化。

1. 什么是"一带一路"?

习近平总书记提出"一带一路"的战略构想。它指的是"丝绸之路经济带"和"21世纪海上丝绸之路"的简称。旨在借用古代丝绸之路的历史符号,高举和平发展的旗帜,积极发展与沿线国家的经济合作伙伴关系。

2. 考点链接：

（1）古代史考点链接：

①张骞通西域。

②丝绸之路：长安—河西走廊—今新疆地区—西亚—欧洲大秦（古罗马）。

海上丝绸之路：加强了中国和东南亚、南亚各国关系,从水路沟通了东西外交联系。

③明朝郑和下西洋。

（2）现代史考点链接：

①"一带一路"反映了当今时代的主题是和平与发展。

②"一带一路"是顺应经济全球化的表现。

③"一带一路"是我国深化改革开放的体现。中国改革开放是当今世界最大的创新,"一带一路"强调共商、共建、共享原则,超越了马歇尔计划、对外援助以及走出去战略,给21世纪的国际合作带来了新的理念。

五、中考专题自主互助教学设计

（一）中考复习专题——"折叠"预习单

设计人：胡东兰　序号：1
班级　姓名　日期：　年　月　日

说明与要求：

（1）以每小组为单位由组长组织评等级分；

（2）评分标准：视问题的难度、答题的正确性、小组成员的积极参与性和合作性等给分（A⁺、A、A⁻、B、C）。

课前自测：

1. 你对折叠有哪些认识？

_____

_____

2.（坪山新区一模 15 题）如图，矩形 ABCD 边 AD 沿折痕折叠，使点 D 落在边 BC 上的 F 点处，已知 $AB=6$，△ABF 的面积是 24，则 $EF=$ _____。

方法一：

方法二：

我的反思：

我的提问：

（二）中考复习专题——"折叠"导学单

设计人：胡东兰　　序号：2

班级　　姓名　　日期：　年　月　日

学习目标：

（1）了解折叠的基本性质，能透过现象挖掘折叠的本质。

（2）掌握解决折叠问题的常用方法，能运用折叠的相关性质解决中考中常见的折叠问题。

（3）体会数学中的方程思想、转化思想和数形结合思想。

学习重点：掌握并挖掘折叠的本质，归纳解决折叠问题的常用方法。

学习难点：找到解题的切入点，渗透方程的思想。

学法指导：本节课以自主探究与小组合作相结合的方式进行。

※导学过程：

新课导入：

引入：观看视频，请同学们思考折叠的本质是什么？

1. 复习旧知：轴对称性质。

（1）图形的全等性：重合部分是全等图形，对应边、角相等；

（2）点的对称性：对称点连线被对称轴（折痕）垂直平分。

2. 建构新知：

任务一：（坪山新区一模15题）如图，矩形 $ABCD$ 边 AD 沿折痕折叠，使点 D 落在边 BC 上的 F 点处，已知 $AB=6$，$\triangle ABF$ 的面积是24，则 $EF=$ _____。

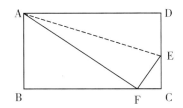

方法一：

方法二：

归纳：解决折叠问题常用方法

任务二：如图，四边形 ABCD 中，AD//BC，∠B = 90°，E 为 AB 上一点，分别以 ED、EC 为折痕将两个角（∠A，∠B）向内折起，点 A、B 恰好落在 CD 边的点 F 处，AD = 2，BC = 8，求 EF 的长。

解：

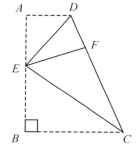

归纳：从上题中你可以得到什么结论？

3. 运用感悟：

例1.（深圳）如图，在 Rt△ABC 中，∠ABC = 90°，AB = 3，AC = 5，点 E 在 BC 上，将 △ABC 沿 AE 折叠，使点 B 落在 AC 边上的点 B′ 处，则 BE 的长为_____。

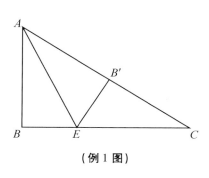

（例1图）

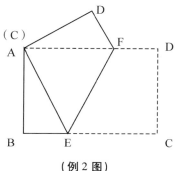

（例2图）

例2.（广州）如图所示，矩形纸片 ABCD 中，AB = 6cm，BC = 8 cm，现将其沿 EF 对折，使得点 C 与点 A 重合，则 AF 长为_____。

例3.（深圳）如图，在直角坐标系中放入一边长 OC 为 6 的矩形纸片 ABCO，将纸翻折后，使点 B 恰好落在 x 轴上，记为 B'，折痕为 CE，$\tan\angle OB'C = \dfrac{3}{4}$。

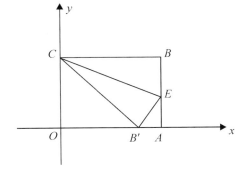

（1）求出点 B' 的坐标。
（2）求折痕 CE 所在直线的解析式。

我的总结：
总结1：

总结2：

我的反思：

（三）中考复习专题——"折叠"评价单

设计人：胡东兰　　序号：3

班级　　姓名　　日期：　年　月　日

课堂检测：

1. 如图，矩形 ABCD 中，点 E 在边 AB 上，将矩形 ABCD 沿直线 DE 折叠，点 A 恰好落在边 BC 的点 F 处。若 AE = 5，BF = 3，则 CD 的长是（　　）

　　A. 7　　　　B. 8　　　　C. 9　　　　D. 10

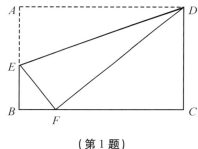

（第 1 题）

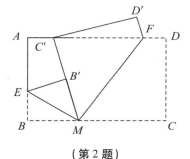

（第 2 题）

2. 把一张长方形的纸片按如图所示的方式折叠，EM、FM 为折痕，折叠后的 C 点落在 B'M 或 B'M 的延长线上，那么 ∠EMF 的度数是（　　）

　　A. 85°　　　B. 90°　　　C. 95°　　　D. 100°

3. 已知，在 Rt△OAB 中，∠OAB = 90°，∠BOA = 30°，AB = 2. 若以 O 为坐标原点，OA 所在直线为 x 轴，建立如图所示的平面直角坐标系，点 B 在第一象限内. 将 Rt△OAB 沿 OB 折叠后，点 A 落在第一象限内的点 C 处。

（1）求点 C 的坐标；

（2）若抛物线经过 C、A 两点，求此抛物线的解析式。

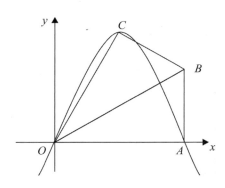

※共同回顾，感悟收获：

1. 知识总结：

2. 方法、技巧总结：

3. 你关于本节知识的奇思妙想：

自我评价：　　　　　学科长评价：　　　　　教师评价：

六、化学课自主互助教学实践

（一）"常见的酸与碱复习"预习单

设计人：周阿黑　　序号：1
班级　　姓名　　日期：　　年　　月　　日

说明与要求：

（1）以每小组为单位由组长组织评等级分；

（2）评分标准：视问题的难度、答题的正确性、小组成员的积极参与性和合作性等给分（A^+、A、A^-、B、C）。

课前自测：

1. 填写常见的酸与碱原有知识清单。

（1）什么叫酸？（请填写以下物质的化学式）				
硫酸_____	盐酸_____	硝酸_____	碳酸_____	醋酸_____
（2）什么叫碱？（请填写以下物质的化学式）				
氢氧化钠_____	氢氧化钙_____	氢氧化钾_____	氢氧化镁_____	氨水_____

2. 常见酸与碱的物理性质。

	物理性质
浓盐酸	＿＿色透明、＿＿＿＿气味的＿＿＿；＿＿溶于水，易＿＿＿＿（在空气中形成＿＿＿＿）。
浓硫酸	＿＿色透明、＿＿＿油状＿＿＿＿，＿＿＿气味；＿＿＿溶于水，＿＿＿放热；＿＿＿挥发。
氢氧化钠	＿＿色＿＿体，在空气中易＿＿＿；＿＿＿溶于水，＿＿＿放热。
氢氧化钙	＿＿＿＿＿状固体；＿＿＿溶于水，溶解度随温度的升高而＿＿＿＿＿＿＿。

我的反思：

我的提问：

（二）"常见的酸与碱复习"导学单

设计人：周阿黑　　序号：2

班级　　姓名　　日期：　　年　　月　　日

学习目标：
（1）了解酸与碱的概念；
（2）掌握并运用酸与碱的化学性质；
（3）体会酸与碱的通性，教会学生学习。
学习重点：掌握并运用①对酸、碱的认识；②酸与碱的化学性质。
学习难点：综合运用酸与碱的知识解决一些具体问题。
学法指导：本节课主要利用小组合作交流的方法。

※导学过程：

新课导入：

引入：教师先做一个魔术，请同学们运用所学化学知识推测一下这瓶液体是什么？

1. 复习旧知：

组织小游戏：三个大组各派一个代表，手上拿着五张代表物质类别的牌，老师念物质名称，学生抢答举牌，并试着说出它的化学式。答对加一分，答错减一分。

任务一：

（1）现有两瓶标签模糊的溶液：浓硫酸和浓盐酸。你能用最简单的方法把它们区分开吗？（试说出3种）

（2）有两种白色固体，一种是氢氧化钠，另一种是氢氧化钙，可用什么物理方法鉴别？（试说出3种）

2. 建构新知：

任务二：有两瓶标签模糊的无色溶液，一瓶是稀硫酸，另一瓶是澄清的石灰水，你能用哪些方法区别它们？（试说出3种）。

	化学性质		
酸	1. _____ 2. _____ 3. _____	碱	1. _____ 2. _____ 3. _____

酸具有相似的化学性质的原因：_____。

碱具有相似的化学性质的原因：_____。

3. 运用感悟：

请根据以上知识点自编习题（每人至少编1道，小组内互换）。

我的总结：

总结1：

总结2：

我的反思：

（三）"常见的酸与碱复习"评价单

设计人：周阿黑　　序号：3

班级　　姓名　　日期：　年　　月　　日

课堂检测：

1. 对盐酸的叙述正确的是（　　）

    A. 盐酸是氯化氢气体的水溶液

    B. 纯净的盐酸往往带有黄色

    C. 盐酸使无色酚酞试液变红

    D. 盐酸具有强烈的吸水性

2. 下列物质中属于碱类的是（　　）

    A. 碳酸钠　　　　　　　　B. 火碱

    C. 消石灰　　　　　　　　D. 生石灰

3. 将浓硫酸、浓盐酸敞口放置一段时间，它们的共同变化是（　　）

    A. 颜色发生改变　　　　　B. 发生化学变化

    C. 质量减少　　　　　　　D. 溶质的质量分数变小

4. 下列各物质的俗名中，属于同种物质的名称是（　　）

    A. 烧碱、火碱、苛性钠

    B. 熟石灰、消石灰、生石灰

    C. 金刚石、大理石、石灰石

    D. 沼气、天然气、水煤气

5. 下列各项对氢氧化钠的描述正确的是（　　）

    ①是一种有色晶体，易溶于水，溶解时放出大量的热

    ②固体氢氧化钠置于空气中易潮解

    ③氢氧化钠水溶液使石蕊溶液呈红色

④对皮肤、衣服等有强烈的腐蚀性
⑤氢氧化钠在空气中不仅吸收水分,还和二氧化碳反应
A. ①②④⑤　　　　　　　　B. ②④⑤
C. ①②④　　　　　　　　　D. ④

思考题:

硫酸和盐酸既是实验室常用的试剂,也是重要的化工原料。它们既有相似之处,又有不同之点。

(1)它们水溶液的pH都____7(填"大于""小于"或"等于")。

(2)它们都能除铁锈,写出盐酸与铁锈主要成分反应的化学方程式_____。

(3)打开两瓶分别盛有浓硫酸和浓盐酸的试剂瓶,瓶口出现白雾的是_____。

※共同回顾,感悟收获:

1. 知识总结:

2. 方法、技巧总结:

3. 你关于本节知识的奇思妙想:

自我评价:　　　　学科长评价:　　　　教师评价:

第二节 教学反思

一、自主互动"兵教兵"——对《整式的乘除》的教学反思

光祖中学　顾峥嵘

教育家波斯纳指出："没有反思的经验是狭隘的经验，至多只能成为肤浅的知识。"我们要想成长为一名优秀的教师，就要不断地在实际教学过程中反思、总结。教学反思就是教师自觉地把自己作为研究对象，研究自己的教学实践，反思自己的教学行为、教学观念和教学效果，是对自己的教学行为进行分析与再认知的过程。下面我就结合自己上过的课进行教学反思。

本节课的内容是《整式的乘除》，在北师大版数学教材七年级下册的第一章，于2017年3月17日上午第四节课在光祖中学初一（1）班教授了本节课。《整式的乘除》是学生在七年级上册已经学过的《整式的加减》的基础上进一步横向拓展的内容，主要培养学生的计算能力、知识迁移能力、知识整合能力、综合分析能力等。结合本班学生的学习情况及学生的基础水平设计了本节教学内容和教学方法。

学生在公式的理解、记忆、运用三方面都存在一定的欠缺，结合学生学习特点和思维习惯，我将按照我的上课流程来反思本节课的教学情况。

环节一：我利用框架图设计了知识梳理这个环节，包括同底数幂的乘法、幂的乘方、同底数幂的除法、单项式乘单项式、单项式乘多项式、多项式乘多项式、乘法公式的知识梳理，主要运用字母符号的方法来表示相应的公式，采用提问式来回答相应的问题，主要是叫平时基础比较薄弱的同学来完成，这个环节用时5分钟，主要目的是帮助学生梳理知识、理清思路，让学生明白我们的主要教学内容。

环节二：梳理知识点的重点在于掌握学生对知识的理解情况，比如学生对同底数幂的公式只是停留在记忆公式的层面上时，那么他就只能做出底数为具体数的题型，如果涉及底数为代数式时，他就会出现束手无策的局面。因此，我设计了例题精选环节，例题的选择要从学生对学习方法的掌握、逆向思维、整合能力、知识点的纵向深度和横向宽度方面进行分类、分层来设计例题，以达到精选的要求。这是在例题选择上的要求。

当然，任何知识的获得都是要学生按自己的主观意愿去学习，而不是被动地接受老师的灌输，哪怕我们老师的课讲得非常精彩，题型设计得独具匠心，如果学生不学的话，一切都是空话，因此我们还要在教学方法上下功夫，采用有效的教学方法，充分调动学生的学习积极性。因此，为了调动学生的学习积极性，并充分发挥学生的自主学习的特征，我采取的方法是：每道题都是让学生先独立思考，然后按照题目的考查方向，采用小组交流、帮扶讲解、优生展示、学困生汇报等形式来完成例题的学习和掌握。比如，基础题我就不会给学生过多的思考时间，直接叫基础薄弱的学生板书和讲解，目的是使基础薄弱的学生通过自己的讲解加深记忆和理解。对于中等难度的题，我会给出适当的时间让学生思考，然后让组长帮扶，最后叫被帮扶的学生来讲解，这样可以充分利用"兵教兵"方法让每个学生在课堂上有事做。对于难度较大的题，我会给时间让学生思考，在同学之间互相讨论，让他们在合作中找到问题的解决方法。本节课在例题处理的方式上，因为方法得当，时间上设计合理，每个学生都能发挥自己的主动性和相应的学习优势，整个教学过程环节紧凑，学生掌握得很好，氛围活跃，积极性很高，会的同学可以帮扶不会的同学，充分利用合作式学习。

环节三：题型设计成实战训练，分为选择题、填空题、解答题三种题型来训练，遵循分类、分层的原则。选择题学生先独立完成，然后老师利用课件展示正确答案，采用"帮扶对子"互相批改的形式，并统计每题的完成情况，针对性地讲解，做到错得多的全班讲评，错得少的组长帮扶，提高课堂效率。填空题采取和选择题同样的方式来完成。解答题中的计算题，采用学生板书的形式，可以起到示范的作用，做得好的同学我们就学习，做得不对的我带领学生一起纠正，让学生换位成老师的角色来纠错。解答题中的提升题，采用先独立思考，再在解题方法上展示、补充、归纳的形式。

纵观整个课堂的环节、流程，学生的注意力都很集中，处于主动学习探究的状态。当然，本节课也有待改进的环节，我感觉耗时太久，时效性有待加强。

教师进行教学反思是教师专业成长的必要方法，在不断尝试"反思性教学"过程中，我们对教学有了自觉的意识，对教学活动的自我评价的能力不断提高，对教学过程进行修正和控制的技能也相应提高，从而加强教师自身的监控能力，能够自如地应对教学过程中的各种问题。

二、力造魅力课堂——《点与线的魅力》教学反思

光祖中学　黄红亮

尽管我国近几年的美术教学有了一定程度的发展，但是因为忽视了课改过程中的一些关键因素，使美术的教学要求还没有完全达到预期的效果，仍有许多亟待解决的问题普遍存在。《点与线的魅力》这一课涉及多个美术知识点，在开展教学过程中有一定难度，为了能够帮助学生更好地理解这一内容，我在设计教学时着重让知识点层层推进，最后让学生们鉴赏大师作品，引导他们在鉴赏中领悟大师作品中点与线的运用，以及其中所要表达的情感。

（一）美术教学过程的展示

在本次的教学设计中，主要分为三个教学环节来完成教学目标，包括感受美、探索美和创造美。

第一个环节："感受美"。首先，通过视频导入的方法，有效激发学生的学习兴趣，同时让学生对点、线以及它们的变化有一个初步的认识。其次，通过"学习卡"的课前活动，来检验学生课前自主学习情况，使得教学更有针对性。最后，教师穿插生活中点、线精美图片，让学生能够感受生活、关注生活，进而体验生活，课堂中还穿插几个连线游戏，调动学生学习积极性，使学生对点、线的特征有一个充分的认识，并为下一环节点、线的灵活运用做铺垫。

第二个环节："探索美"。此环节是课堂教学的重点、难点所在。首先，让学生以小组合作的形式开展 KT 板拼贴游戏，学生之间相互学习，探索出构成的组合规律，以及所对应的形式美。其次，通过音乐与大师作品相结合，分析大师们是如何综合运用点、线的构成法则来表现作品的，来了解美术作品中点、线的情感表达的。最后，在班级展示学生的优秀作品，再一次帮助学生认识点、线的情感表达。

第三个环节："创造美"。此环节是学生的课堂作业设计，通过对"餐垫"的设计，检验课堂教学成果。作业设置一共分为三个层次，针对不同基础的学生而设置，既可以美化我们的生活，又可以给我们的生活增添情趣，尽可能使学生都能体验成功的喜悦。

（二）美术教学过程中的反思及不足

1. 课堂激励的力度不足

在教学设计中，采用了学生带问题欣赏"点与线相遇"的精彩 Flash 动画视频导入，让学生感受到不同形态点与线的差异及变化。大部分班级看得很投入，感受到线的有趣变化，积极回答问题，但是也存在个别班级不够积极回答问题的现象。加分力度不够大，针对个别班级的学生，难以调动起其学习主动性。

2. 教学过程的观察工作不到位

教师在美术教学进行的过程中，观察工作往往不够到位，把主要精力放在课程是否得以顺利进行、课堂纪律有没有被打破上，却没有全面做好对每个学生在美术教学过程中的观察，不能够全面了解每个学生对美术教学中传递的知识理解和掌握的程度。整个过程没有详细做好记录工作，因此，当课程结束后，教师的收获往往不全面，也没办法对每个学生的情况做到心中有数，从而在今后的教学中有针对性地采取不同的教学方式。

（三）日后教学过程中的改进方向

1. 改进课堂激励方式

尊重学生的主体地位，减少教师的介入和指导。教师要做的更多的是解读学生，捕捉他们的语言动作，密切关注学生的一举一动，适时地对部分规则做出符合学生需求的调整，给予学生独立思考的时间。在美术教学中，如果学生的表现出现问题时，教师不要马上上前指导，要给予学生发挥自己主观能动性的机会。让学生们思考、尝试甚至体验失败。课后对课堂的记录做分析评价。例如，针对个别班级比较文静的学生，可以采取实质性的奖励，比如用糖果、小玩具或学习用品之类等来激发学生的学习主动性。

2. 树立正确教学观念

教师要真正重视美术教学的设计工作，开展美术教学的时候要注意锻炼和培养学生能力，在开展教学之前要先清楚开展这个美术教学要教给学生们什么知识，培养他们什么能力，在教学过程中重视引导学生进行有效的探索和发展，随时观察学生们在整个课堂中的表现，有针对性地进行指导，以学生所感兴趣的形式、能接受的方法来指导教育。构建一种全面科学、注重过程和创新的教学机制。最大限度地利用美术教学材料和资源，充分提高对各种资源的利用率。

3. 做好观察记录工作，进行及时分析评价

在课堂实践后或者课程结束后，认真做好多方面的评价工作是不容忽视的关键环节。鼓励学生们进行自评及互相评价。给予学生们展示自己作品的机会，多鼓励，少批评。同时，让学生们讲述参与其中的想法，相互欣赏与评价他人的成果。教师也要在最后进行必要的总结。要充满热情地对待每一位学生的成长，寻找学生们的创作亮点，进行最后评价，加深学生对所学知识的理解。做好美术教学的后期评价是能否达到美术教学所预期的效果的关键。教师要善于做自我评价，对自己的教学表现做出客观的评价，并及时撰写教学日记，经常翻阅教学日记，发现自己的不足和进步，增强信心，提高能力。

（四）总结与展望

在开展美术教学的过程中，教师要追求生活化标准，针对学生的不同情况采取不同的教学对策，要做好备课准备，充分调动学生的学习积极性，发挥其主体作用。但是这并不是一蹴而就的，需要我们广大教师一起努力，寻求改进提升的途径。今后，开展美术教学可以从以下两个方面出发。

（1）做好后期评价。一个好的后期评价能够帮助学生在美术课堂中学习到的知识得到内化和升华，也能帮助教师不断改进自己的教学方法，提高教学质量和教学效果。做好评价，抓住教育机会是教师不容忽视的。让学生们进行自我评价和相互评价，从而加深对美术中传递的知识的理解和记忆。从学生的评价中，教师可以了解教学的不足和优势，以及学生的兴趣点，从而在以后的教学中努力改进。

（2）美术的学习可以来自生活的方方面面。教师可以将美术作品所描述的内容与生活环境相结合，创设情境，让学生走出教室，到生活的环境中观察，根据体会写调查报告。将美术作品背后的缘由以讲故事的方式教给学生，帮助学生认识到在创造美术作品时的背景情况，有利于学生对美术的鉴赏和理解。老师要积极引导学生去观察生活中的知识，走进大自然，体会大自然的魅力，在课堂上一起讨论，讲述自身的感受。这样既能提高学生鉴赏美术作品的能力，又能让学生对学习充满兴趣。

参考文献

［1］何金挺. 美术教学中的点、线、面——浅谈课堂教学与兴趣小组教学［J］. 呼兰师专学报，1997（2）：70 - 71.

[2] 李玲. 爱上美术, 从一个"点"出发——点、线、面研究性学习的新探索 [J]. 美术教育研究, 2015 (23): 139.

[3] 周维娜. 中学美术教学中"线"的魅力——探析线条的审美特征及运用 [J]. 美术教育研究, 2013 (18): 122.

[4] 陆旭颖. 浅谈现代绘画中的——"点""线""面" [J]. 今日科苑, 2010 (16): 270.

[5] 刘颖鑫. 浅谈美术语言中形体的构成要素——点、线、面 [J]. 新西部: 下半月, 2009 (3): 119, 122.

[6] 张磊. 版式设计——点线面的艺术 [J]. 石家庄职业技术学院学报, 2013 (01): 52 – 54.

[7] 陈勇. 浅谈中国绘画之点线 [J]. 赣南师范学院学报, 2007 (1): 110 – 112.

[8] 刘燕. 小学美术教学中妙用点评显精彩 [J]. 美术教育研究, 2014 (16): 163.

[9] 崔占昆. 中国画的点线艺术及其美学特征 [J]. 大舞台, 2014 (4): 42 – 43.

[10] 杨党勋. 绘画中线条的艺术表现 [D]. 开封: 河南大学, 2012.

三、基于自主学习理念的历史复习课初探——《中国古代朝代更替》教学反思

光祖中学 欧阳海娟

《基础教育课程改革纲要 (试行)》在论及基础教育课程改革的具体目标时指出:"改变课程实施过于强调接受学习、死记硬背、机械的现状, 倡导学生主动参与、乐于探究、勤于动手, 培养学生搜集和处理信息的能力、获取新知识的能力、分析和解决问题的能力以及交流与合作的能力。"传统的教学强调的是接受式的、被动式的学习方式, 当前,《纲要》提倡自主学习。自主学习是与传统的接受式学习相对应的一种现代化学习方式, 是以学生作为学习的主体, 通过学生独立地分析、探索、实践、质疑、创造等方法来实现学习目标。

《中国古代朝代更替》这节课的复习考点只有一个, 即中国古代朝代更替。但是, 还需要学生掌握各个历史时期的时代特征、统一和分裂的朝代及中国历史发展的趋势。在前面的复习课中, 学生基本上掌握了各个朝代的重大历史事件, 因此, 这节复习课以梳理朝代更替线索, 引导学生横向、纵向比较为主。基于自主学习的教学理念, 这节课, 我设计以学生活动为主, 充

分发挥学生的自主性,以实现教学目标。

个人认为这节课的最大亮点是第一个活动环节:小组闯关。学习小组抽签决定朝代任务,组员互相合作为该朝代设问,设问必须紧扣中考考点。考虑到时间关系,每个朝代只需设置两个问题,时间为两分钟。设问完后,相邻朝代的小组回答提问,正确则算闯关成功,可以挑战下一关。

以下是学生提出的问题:

(1) 春秋战国时期动荡变革的根本原因是什么?
(2) 春秋战国时期我国农业发展史上的革命是什么?
(3) 说出秦朝的疆域四至。
(4) 商鞅变法成功的根本原因是什么?
(5) 汉武帝大一统经济上的措施是什么?
(6) 汉武帝削弱诸侯力量的政策是什么?
(7) 三国两晋南北朝的时代特征是什么?
(8) 北魏孝文帝改革的核心是什么?
(9) 《早发白帝城》的作者及称号是什么?
(10) 我国唐朝时为中日两国的友好和文化传播做出重大贡献的是谁?
(11) 火药、指南针广泛运用于哪个朝代?
(12) 南宋经济重心南移的原因是什么?
(13) 元朝实行的制度是什么?
(14) 毛泽东在《沁园春·雪》中提到的"唐宗宋祖""一代天骄"中的"宋祖"和"一代天骄"分别指谁?
(15) 隋炀帝的主要贡献有哪些?
(16) 陆上丝绸之路和海上丝绸之路的沟通枢纽是什么?

要完成这个环节的朝代任务,小组内必须合作互助,商量出合适的题目。由于小组之间有竞争,学生出题时还要考虑到要有一定的难度。课后我问了部分学生设问的依据,学生说是从自己易错的题目中挑出来的。可见,让学生换位思考,从出题者的角度来把握考点,可以让他们总结做过的题目,归纳错题。

第二个活动环节是"最佳搭档"。学生一人提示相关历史信息,一人来猜。我设计此环节的意图是让学生理解各个历史时期的时代特征,从而提示相关历史信息。但是从实际操作来看,时代特征过于抽象,不适合用于这个活动。

第三个活动环节是"飞花令"。设计灵感来自春节期间大热的"中国诗词大会"。"飞花令"是一对一的对抗环节，挑战者围绕关键词轮流来飞令，既紧张又刺激。我想借用这个游戏让学生纵向梳理我国古代的政治制度、农业、手工业、思想文化、科技的发展，再引导学生横向比较同一时期中西方的政治、思想文化和科技发展情况。但在上课中发现设计得太过面面俱到，除了政治制度情况比较理想外，其他的都过于仓促。

针对这个问题，专家们给的建议是"飞花令"以政治、思想文化和科技为主，按照朝代顺序来飞令，既体现了朝代更替的顺序，又能达到纵向对比的目的。这确实是一个操作性非常强的建议。

由于设计的活动环节太多，没有留给学生当堂评测的时间。从初三应考的角度来看，教学效果是不够理想的。

经过这节公开课后，我收获满满。复习课要避免炒冷饭，可以设计活动，调动学生的自主性。但是要突出重点，避免面面俱到。所有轰轰烈烈的学生活动过后，都需要落实到评测上，以课堂评测来促进学生基础的夯实。

四、《同底数幂的乘法》教学反思

光祖中学　彭鹏飞

《同底数幂的乘法》作为《整式的乘除》这一章的起始课，是整章内容的逻辑起点，对整章的学习起着引领作用。

这是一节公式课，只有一个知识点——同底数幂相乘的运算法则：同底数幂相乘，底数不变，指数相加。根据我班学生的学习情况，我把本节课的教学目标设定为：

（1）明确本章的学习主线，理解同底数幂乘法法则的意义和适用条件，能熟练运用法则进行计算。

（2）运用"从特殊到一般"的方法发现并归纳同底数幂的乘法法则，经历"观察—猜想—验证—概括"的过程。

（3）培养观察、发现、归纳能力以及语言表达能力，体验化归思想。

本着在达成教学目标的基础上，把这节公式课上出"数学味"的这个目的，我在最近的一次PCM教研活动中执教了这节课。以下是我在课后回顾整理的教学反思。

在本节课中我较满意的有以下几方面。

（一）注重对数学名词的解释

在导入部分，我先让学生回顾乘方的有关概念：幂、底数、指数。在这个过程中，学生弄明白了到底什么形式的幂才能叫"同底数幂"，并让他们举出同底数幂的例子。

很多时候，学生没办法构建知识网络的一个原因是，对数学名词概念混淆，往往提到一个数学名词，他根本没有办法和对应的定义联系在一起。所以我特别重视对数学名词的解释，很多数学概念都是可以顾名思义的。在学习本节课之前先弄清楚"同底数幂"的概念，这对学生理解法则公式中各部分符号的含义，公式中各部分间的内在联系，以及公式的变形起到铺垫的作用，也使学生明确本章的学习主线。

（二）从特殊到一般，归纳运算法则

同底数幂的乘法是学生接触到的一种新的运算，因此需要十分重视运算法则的发现、概括、证明。学生在掌握了同底数幂的乘法的探究方法和研究路径后，就能运用类比的方法，自主地学习"幂的乘方"和"积的乘方"，从而真正实现由"学会"到"会学"的目的。

因此，我把运算法则的发现和归纳过程设定为本节课教学环节中的重点内容。

在新课学习的开始，先进行一组算式的计算：

（1） $10^3 \times 10^4 =$

（2） $a^3 \times a^4 =$

（3） $10^m \times 10^n =$

让学生试着计算结果，并说出自己的计算过程和思路。这个过程中，有的是学生凭直觉猜的，有的是学生已经预习过这节课的内容，直接套公式得出的结果。有两位同学是从乘方的角度出发得出结果：

$10^3 \times 10^5$

$= (10 \times 10 \times 10) \times (10 \times 10 \times 10 \times 10 \times 10)$

$= 10^8$

我对同学们的回答给予了肯定，并以这两位同学的计算过程为知识生长点，引导学生进行同底数幂运算法则的归纳。

在归纳同底数幂相乘的运算法则时，根据以往的教学经验，我提示学生分别从"左边""右边"两个部分分析特点。特别是公式的左边，它是正确应用公式的前提，却往往不被重视。学生提炼出公式 $a^m \cdot a^n = a^{m+n}$ 后，教师还需引导学生解决好从数式到文字间的互译。在得出猜想后，再到一般意义上的证明。向学生揭示法则形成的来龙去脉，让学生感受数学的理性与严谨。

在同底数幂的乘法运算法则公式的归纳过程中，我从特例演算到归纳概括，在学生已有的知识经验的基础上构建新知，同时也渗透从特殊到一般的数学思想，帮助学生克服只重视结论的套用，而不重视其推导过程的学习心理。因此，在教学中我并没有把同底数幂的运算法则直接展示给学生，而是以对运算法则的"探究、归纳、证明"为本节课的重点，一步步引导学生归纳证明运算法则公式。这一环节在课堂教学时进展比较顺利，效果也相当令人满意。

（三）形式多样的练习

根据"实践—理论—实践"的指导思想，我设计了很多不同类型的练习。

（1）常规的运算练习：在学生理解运算法则的基础上，我及时进行了"短、平、快"的常规计算训练。

① $\left(\dfrac{1}{111}\right)^3 \times \left(\dfrac{1}{111}\right)$ ② $(-3)^7 \times (-3)^6$

③ $-x^3 \cdot x^5$ ④ $b^{2m} \cdot b^{2m-1}$

⑤ $(a+b)^3 \cdot (a+b)^5$

在计算前，要求学生指出这些算式中哪些是指数，哪些是底数，在练习中加强学生对算理的掌握。

在解答完这 5 个题以后，由学生小组间相互出题，进一步深化学生对公式运用条件的理解。

（2）判断题：结合往届学生在作业中出现的典型错误设置了几道判断题，让学生分析学哥学姐们为什么会出现这样的错误。在挑错这个环节，学生表现得非常踊跃，不仅挑出了错误的地方，还能换位思考，"这个同学应该是没有看到负号""这位同学出错应该是混淆了加法和乘法"……

这样做一方面可以让学生深刻理解法则的适用条件、适用范围；另一方面，学生以"小老师"的身份去分析错误原因，也在一定程度上满足了学生们的自信心，让他们获得成就感。

（四）以学生已有的知识为生长点，在追问中将问题拓展

在学生能熟练运用法则以后，我及时对学生进行追问：当底数互为相反数的时候呢？当底数为代数式时呢？三个以上的同底数幂相乘的时候呢？最后，设计了逆用同底数幂的乘法法则等拓展性问题。由这些具有启发性的问题，从学生的最近发展区出发，适当地加强条件，在已有的知识经验上生长、拓展。通过这个过程，扩大学生对 $a^m \cdot a^n = a^{m+n}$ 这个公式运用条件的认识。

当底数互为相反数时，需要学生体会转化的教学思想，把底数互为相反数的幂转化为同底数幂，而转化的关键要看指数为奇数还是偶数，在设计教学时，我对学生估计过高，认为这个问题对他们来说不在话下，而在课堂中发现这是他们练习时的一个易错点。

本节课我认为自己需要改进的地方有以下几方面。

（1）课前，我准备了各种类型的习题及它们的变式，希望能面面俱到，因此课堂容量略大。在新授课中，教师在设计练习时应该专注于帮助学生理解新知识的本质属性，而不应一概地求全、求难、求多，因为更加复杂的综合性运算可以在后续的习题课进行专门的训练。

（2）作为一名年轻教师，在课堂上我总是生怕有一个学生没有听懂，不想让任何一位学生掉队，在习题的讲解过程中没有注意详略得当，花了很多时间，因此没有时间把准备的习题讲完，最后匆匆结束，给这节课留下了小小的遗憾。

课后我意识到，面对运算，教师提点固然重要，但学生自己多练，积累经验更加重要。对于课堂练习，可以让学生小组内进行互助，采用小组成员自评、互评、组长评等形式。对于出现的错误，可以采用"兵教兵"的形式内部解决。一节课45分钟，时间非常有限。对于课堂练习，教师应当适时放手，相信学生小组互助的力量，而不是事事躬亲。

（3）由于寒假期间很多学生提前对这一章进行了预习，因此在上课过程中，学生的回答中出现了很多后面才学到的知识。这种情况我在备课时就已经预见，并且在上课的过程中也不断根据学生的反应调整课堂，但有时还是有措手不及的感觉。这就要求我更加充分地备课，提升自己的课堂驾驭能力。

对于数学的教学，我始终认为应该授学生以渔：授人以鱼，则一日不饥；授人以渔，则终生不饥。急功近利，搞题海战术，学生虽历题万千，却

仍惑于其表，浅尝辄止，日久而难有寸进。而鼓励学生虚怀善思，则虽习练有限，却可深究其本质，勤思对较，故而数变尽识其理。

五、《足球脚内侧传接球》教学反思

光祖中学体育科组　彭志堪

体育课作为向学生传授体育基础知识、使学生掌握体育基本技术、提高学生身体健康水平的一种基本形式，其教学设计、组织管理及形式方法都随着课程改革的发展而发生了变化，传统的体育教学模式也迎来了调整的最佳时机。近年来，随着课程改革的进一步发展，光祖中学也提出了自主互助的学习模式，在深圳大学张兆芹教授工作团队协助下推出了青年教师培育项目（简称"PCM项目"），得益于项目的推进，我也有了向专家取经问道的机会。

2017年3月2日，PCM项目正式启动，而项目中的一个活动就是学员的教学研讨课。上课地点在学校足球场，内容为脚内侧传接球，上课班级是初三（4）班，共38人，其中男生26人，女生12人。考虑到初三年级学生的年龄和身体素质因素，给出的预设目标包括：90%以上的学生能熟记足球脚内侧传接球的技术动作要领；70%以上的学生能在实际中应用脚内侧传接球的技术动作；通过教学，培养学生自主互助、团结奋进的品质。显然，从实际的效果来看，这只是我的一厢情愿罢了。学科导师刘永利教授跟我说过，一节课没有好与不好之说，可能只是说适不适合这样上而已。而在课后我不禁问自己，这节课真的适合这样去上吗？或是说这节课真的适合这样去准备吗？带着诸多的问题和不解，我决定从课前、课中和课后来进行反思，以找寻出更为适合的下一节课。

（一）课前准备

个人一直觉得这一部分是最重要的，因为这一步往往就是整个反思的着力点。正如司马迁所言的"前虑不定，后有大患"。虽说本节课并未出现"大患"，但也不能说明它是成功的，或许原因就在于我自身准备不足。第一个要提出的应该是思想上重视不够，自己并没有把它看作一节研讨课，而是把它当作一节平常的课来上，现在看来，这非但不是自信的表现，更可以说是不负责任，在此应该做深刻检讨。

接下来就是教学设计,最初的想法是上一节结合体育中考项目的技能复习课,而最终确定的足球课也是科组前辈经过商量后给我提出的建议,毕竟也符合自身的专业项目,可我也深知,足球课较其他课来说,更难以管理,所以自己在心里就有了一些顾虑。而在教案的设计上,基本上就是在传统的体育课教案上增加市教研员刘晋教授的素质课课练,内容还涉及球性练习、教学比赛等。后来在跟刘永利教授交流时他说,其实作为授课老师,没有太大必要为了素质练习而专门设置课课练,应该适时地在各个练习或讲解示范的间隙中去完成,这也符合他的"五尽"说法,就是尽量不要让学生闲着,真可谓茅塞顿开啊!此前,我对待公开课总是小心翼翼,生怕出现什么状况,也特别注重整节课的形式,完全忽视了课的本质,以致整节课就像是演技笨拙的演员自私地拉着一群学生陪着演完这 40 分钟的戏。当然,问题的及时出现好过一直自欺欺人,如何正视、分析并解决它才是最重要的。

(二)教学过程

整个教学过程中,学生的练习热情高涨,内容的设置也还算得当,但是问题也不少,最为突出的应该是过多地占据了学生的时间。记得刘永利教授曾提过的"五尽"说法,当中就包含尽量把练习时间交还给学生,尽量让学生有更多的时间去体验。而在这节课中,全体集合的次数不下 5 次,每一次的集合都是学生成排站立,教师则一人在讲,课前准备好的动作要领口诀没能很好地应用,致使学生在课后难以熟记动作要领。体育课有别于其他科目的最大特点或许就是学生的技术动作的体验,在有限的一节课内,教师集中讲解的时间多了,自然也就霸占了学生的练习时间,而学生的练习密度和运动量则更难得到保证。此外,学生练习的组织安排太过于随性,没有明确具体的练习次数和练习时间,同时也没有关注个别学生的练习。另外,在教学过程中,内容主次不明,把更多的时间放在教学比赛和身体素质练习上,完全忽视了新内容的教授,由于教师占据的时间过多,也使得放松活动草草了之,在剧烈的运动之后身体机能及心理都未能得到放松,对学生的伤害可想而知,同时也影响了下一节课的正常开展。

(三)课后部分

下课之后,自己的感觉就像是甩掉了一件沉重的"包袱",而根本没有注意一些细节问题。当然,这一部分的反思一直都是自己忽视的。其实,只要花一点点的时间,去询问一些技术动作一直都掌握得不太娴熟的学生,关切并给予他们一些课后的练习建议，或许对他们技术动作上帮助不大，但在心理上应该可以给予他们一些鼓励。再者，可以认真观察学生的状态，或是听取他们在上课时候并未提出的意见和建议。最后，还可以结合自己的教学设计，从头到尾认真梳理一遍，趁热打铁，及时将一些细节做出调整，便于课后的评课，也为以后的日常教学提供更合理的方案。

苏霍姆林斯基曾说过："善于分析自己劳动的教师才能成为一名优秀的有经验的教师。"这说明，教学之后进行归纳、分析、反思，对一个教师的成长是有多么的重要。教学是一门遗憾艺术，当中有成功的经验，也会有失败的经验，我们只有及时记录教学感受，才能促进我们教学水平及教研能力的提高。40 分钟的课就出现了如此多的问题，说明了自身的教学存在很多的不足，而弥补不足的最佳途径莫过于认真学习科学理论，并将其合理地应用于教学实践中，及时进行分析和反思，调整修改后再应用于教学实践，只有这样不停地打磨，才有可能在今后的教学工作中得到提高。

六、《端午的鸭蛋》教学反思

光祖中学　杨泽桦

《端午的鸭蛋》是人教版八年级语文的一篇文章，本单元课文以民间文化为主题。这篇文章语言平实有味，作者寓深深故乡情于字里行间，写出了其中的人生滋味，于朴素生活中体现诗意之美。一枚小小的高邮鸭蛋，它背后蕴含着浓厚的文化气息和浓郁的民俗风情，渗透着作者对故乡乡土风情、民风民俗的思恋。公开课上我紧扣题中"端午"一词，提出家乡高邮与别处最大的习俗差异，激起了学生的阅读兴趣，从而使他们带着问题去阅读文章。主要教学目标是带领学生通过小组自主合作来品读课文，赏析语言，并形成文字展示出来，引导学生从字、词、句里体味作者的思乡之情。以下是我对这节课的教学反思。

本次授课在备课时进行了精心的准备，达到了预期目标，学生也表现出色，现回顾一下。

（1）在教学过程中，果断舍弃细微知识点，把重点放在品读文本、赏析语言上，在读的过程中注意语速、语调、情感，指导学生进行形式多样的读，直到读出味道为止。

例如，在小组合作里，我提出了以"这是一只_____（成语）的鸭

第四章 "自主互助"课堂文化的光祖实践

蛋,因为_____(找出文中相关的语句),所以我为之_____"为句式说一段话的要求。

有的学生写道:这是一只质细而油多的鸭蛋,因为"筷子头一扎下去,吱——红油就冒出来了"。用生动的语言写出了家乡咸鸭蛋的美味可口,让人垂涎欲滴。

这句话我扣住了一个"吱"字,既然红油多,那么流的时间就长,读这个"吱"势必就要延长。我再让学生脑补东西流出来要浪费了的画面,这时候就听到了不同方向传来嘴巴砸吧砸吧的声音。最后再来齐读这句话则如闻其声、如观其象、如临其境呐,读完他们还哈哈大笑起来。确实,就这么一个字,就绘声绘色地写出了红油冒出来的动感与品尝者的快感。

(2)在教学组织方面,我倡导小组自主互助理念。遵循组内异质、组间同质的原则,我把全班分为六个小组,每组6人,从6人中选出一位成绩优秀、积极热情的人担任组长,让组长来带动小组成员,大家一起讨论,有人组织语言,有人修改,有人书写,有人发言……这样就避免了基础薄弱的同学被冷落。这一节课,在对课文的讲解过程中,我沿用了一贯的讲课作风——亲切欢快,缓解了公开课给学生带来的紧张感,充分调动了学生的积极性。对学生的句子书写也做了明确要求,这样就保证了学生能够按照我的要求、思路,完美地配合我完成这一节公开课。当然,课堂上波澜不惊,没有惊喜也没有意外,事后也让我失落。在对学生的评价反馈环节,基本都是我大包大揽,其实他们都很优秀,我完全可以把生生评价运作起来,也可以减轻自己的负担呀。

(3)这节课的板书运用了简笔画,画了一只横着的鸭蛋,在蛋里分别写下了儿时趣、故乡情。文中作者通过对自己儿时故乡有趣的生活细节的追忆,表达出自己对故乡的思念之情。

以下是我对这节课的教学过程的反思。

这个课时我设计了三个板块,分别是:

(1)初读课文,整体感知。

①作者家乡的端午节有哪些风俗?其中哪些是别处没有的?

②用～～～划出描写作者家乡咸鸭蛋特点的词句。

这一板块主要是激起学生对高邮端午风俗的兴趣,快速切入文章的要点——咸鸭蛋。

(2)再读课文,局部探究。

①用～～～划出作者家乡的咸鸭蛋的特点。

②小组合作，请以"这是一只_____的鸭蛋，因为_____（找出文中相关的语句），所以我为之_____"为句式说一段话。

第二板块是本课的重难点，对语言的赏析主要是通过朗读，让学生自己去感受其中蕴含的感情。分别采用了个人读、小组读、老师范读、学生齐读等形式多样的方式，让学生读出不同句子的语气，我则适时加以点拨，他们很快就能品出一点"味"来，而且读得相当着迷，还不时发出阵阵笑声。那些看似平淡而带有口语色彩的语言，比起添加了生动形容词的话语，更适合传达作者那份浓浓的乡土情味。对"吱"字的品读，学生表现得最感兴趣。在这一声声"吱"的品读中，仿佛闻其声便可以让吃咸蛋的过程更具滋味，也仿佛看到了品尝者的笑容。我还试着对原句进行删减，把"吱"字去掉，目的是通过比较朗读，让学生读出不同的语气、语调和情感，从而品味作者的语言魅力。通过这样一步步的品读，学生在品出汪老散文"味"的同时，我也有效地落实了本课的教学重点。

（3）在文中，作者除了写家乡鸭蛋的名气，还写了哪些日常生活小事？这里包含了作者什么样的情感？

第三板块一带而过，主要是想通过打络子、挑鸭蛋、装鸭蛋、挂络子、吃鸭蛋、玩萤火虫这些娱乐活动，突出孩童的乐趣，更体现出作者对家乡的怀念之情。

总的来看，这节课环节衔接流畅，时间分配合理，课堂欢乐多，我还是挺满意的。但是在教学中也有做得不到位的地方，现总结如下。

（1）自己不够大气和从容。虽说走上讲台多年，但是心理素质还是很差，一旦有人听课，总是免不了紧张。

（2）对文本的挖掘不够细致深入。上完课后，前辈们给我指点了课堂中几个有缺憾的地方，自己感触很深。"对方就会肃然起敬"和"使人惊奇不已"这两句，我只是简单地带过，而没有让学生很好地读出其中的感情。在对这篇课文的总体把握上，也还有值得深究的东西。科组长还谈到，作者写鸭蛋，不光是因为好吃，还好玩。在这两者上面写出作者的生活情趣，而我在教学中只把重点放在"故乡情"上，对"儿时趣"简单带过，这显然是不全面的。总之，由于自己对文章的钻研不够深入和透彻，使课堂失去了很多的精彩。

从接到通知到完成教学，一路走来，漫长而又短暂。漫长到让我觉得这期间每分每秒都在紧张备战中，短暂到最后的40分钟课堂教学时间，让我没有再来一次的机会。一个多星期的思索、磨课，一丝丝，一点点，刻骨铭心。上课的时间虽然只有 40 分钟，但课前的思索与课后的反思则是一段漫长的心路历程。这是一次宝贵的经验，它鼓舞了我日后教学的信心，也让我深感任重而道远。

七、《篮球行进间运球》教学反思

光祖中学　杨振峰

本节课主要是通过创设合作探究和游戏活动，让学生们熟悉球性，提高控球能力，初步掌握行进间运球的基本技术，培养学生自我激励、合作探究的学习能力，以及团结、拼搏、协作的团队精神，体验篮球运动的乐趣和成功的愉悦。

本节课的教学重点是手掌按拍球的部位；教学难点是抬头运球，手脚配合协调。我将整节课的教学过程分成三部分。

（一）准备部分

首先，安排了拿球接力跑的游戏，让学生更充分地进行准备活动，同时渗透了团队合作的意识。其次，玩耍球。在这里安排了手指拨球，单、双手抛接球，膝关节绕球等环节。调动学生的学习积极性和培养学生对篮球的兴趣。让学生在不知不觉中提高对球的控制能力，发展反应能力和身体协调性，为基本部分的运球练习做好准备。

（二）基本部分

（1）原地运球。复习原地运球，让学生在练习中体会运球的手形，触球的时机和部位，前臂带动手按压篮球。在这一环节中我安排了这样几个练习：第一，拍静止球；第二，肘部放在膝盖上体验低运球手腕及手指按拍球；第三，原地高低运球；第四，各种姿势的运球。通过这些练习，可以使学生熟悉球性，同时教师配合出示手势等，使学生养成运球时眼睛看前方的习惯。

（2）行进间运球。通过几个小游戏如直线运球、曲线运球、运球追拍等，使学生在不知不觉中学会行进间的运球方法，总结出行进间运球的要领：上体前倾膝微屈，五指分开肘为轴；用力按球侧后方，大步奔跑要跟上。在练习时，教师引导学生在游戏中相互交流与学习，提高学生抬头运球、控制球、保护球的能力。最后,设计了一场"简易保龄球"的比赛,让学生在激烈的练习后得以缓冲疲劳。

(三) 结束部分

师生进行放松练习。拍拍手,捶捶肩,揉揉腿,当然也可以自己创新放松动作,使身心得以充分放松。

通过研讨,让我知道本节课还存在一些问题。

首先,由于男女学生在身体形态与体能上的差别,造成学习进度不一样。男生喜欢篮球,灵敏素质较好,而女生不太喜欢篮球运动,上肢与手腕力气不足,动作慢等。正是由于这些差异,导致在学习篮球运球技术动作时,往往会出现球的高低不一,左右动摇不稳定,个别女生拍不起球,篮球脱手到处滚的现象。所以在以后上课要多考虑男生、女生的爱好和差异,进行分层教学,这样才能使每个学生都能学有所得。

其次,体育教学,教师的语言表达、语气语调的变化,都需要教师平时教学的积累。感觉自己本课在语气语调、语言方面还需要加强,尤其在准备活动阶段,可以边说边做,减少讲的时间,加强练的时间,做到精讲多练。

最后,教学结构、内容的安排以"同质分层、异质合作"的教学模式为蓝本,多从分组教学入手,按男生女生、技能水平高低等差异分层,组成不同的小组,制定不同的标准,让学生参与其中,有所收获。

本节课出现的各种问题与不足,我将会在今后的教学中努力改进,不断提高自身的教学能力,向名师看齐。

八、《电与磁》复习课有感

光祖中学　　张新婷

PCM 项目开始启动,我有幸成为 PCM 一员,上了一节复习《电与磁》的公开课,有专门的导师进行辅导,我受益匪浅。在准备这节公开课时,我学到了很多知识,如考究问题的细节,课件制作方面,尤其是作图方面。同时,也积累了一些经验。课后,我对这节课进行了深刻的反思,主要概括为以下两点。

(1) 教学中不仅要体现学生的互助,还要体现学生的自主性,给予有效评价。学习的主体是学生,学习效率的高低取决于学生能否主动学习,学习应该始终处于课堂的中心地位，教师的教是为学生的学服务的。自主互助学习型课堂，是对这种教学关系的最好诠释，一般包括三个环节：学生自主预习，以小组为单位进行展示，教学目标的反馈矫正。

  初三复习课，我们老师做了大量的工作，如提前准备任务卡，让学生做好复习，搜集中考各种题型，精选题目，布置课堂练习，让学生小组互助合作进行有效讨论，在例题及习题讲解中总结考点、做题技巧等。力求夯实基础知识，达到融会贯通。总而言之，老师包办太多，学生仍在老师的引领下进行复习，欠缺的就是如何提高学生的自主性。经过专家的指导，我们要着力发挥学生的主动性，放手让学生自主学习，才能将自主互助模式应用到极致，进行高效复习。比如，可以引导学生做思维导图，这样既能梳理知识脉络，又能通过小组合作发现学习中存在的问题，复习时更有针对性。课后，我试图让学生做出思维导图，并对他们的作品进行点评，锻炼学生的自学能力，使学生掌握的知识更加系统化。

  另外，小组互助合作分工要明确，要给予有效评价。一直以来，我上课也经常用到小组互助这种方式，以"兵教兵"的方式，调动学生的积极性，确实发挥了一定作用，树立了小组长的威信，培养了小组长的语言表达能力和思维能力，也收到了一定成效。比如，课堂上很少有人打瞌睡，讨论热情比较高，讲解更有针对性，发挥了小组长的作用，并且对表现不错的小组给予表扬。但是，我总觉得我的自主互助课堂欠缺点什么，通过专家点评，我发现我没有注重小组评价。任何事情如果没有评价，就会失去积极性，所以要及时客观地进行评价，可以物质评价，也可以精神评价，让他们觉得自己小组表现很好，获得独有的荣誉或者权利。但是评价奖励过后要及时清零，这样才能保证其他小组有机会赢得下次奖励。可以有评价周期如周、月、中段、学期、学年，让评价成为小组进步的动力。

  （2）课堂上预设的目的性要明确。刚开始我只是想用问题进行导学，让学生小组讨论，发挥小组互助的作用，然后通过例题让学生总结考点，再引入相关的基础知识这样打破传统的先复习知识点、最后巩固练习的方式。我用这种习题总结考点的复习方式激发学生进行有效复习，将知识灵活应用，达到复习知识的目的。通过专家们点评后发现，这样会导致知识比较零散，欠缺系统性，自己预设的内容也不够清晰。我自己也深刻思考，这一节课，我想达到什么样的目的？难道只是就题论题？难道就只是为了巩固考点？难道就只是应付中考？答案是否定的。我们的课堂是为了最大限度地复习知识，并能灵活应用知识去解决实际问题。那么，对于一节复习课来说，我们要清楚自己预设目的的重要性。比如，这节课我们着重要学生回忆磁现象、磁场、电生磁知识以及它们之间的联系和应用，将知识进行系统复习后，学生就有了知识基础，能够灵活应用知识，甚至能通过考点自己编写考题，这样就达到了我们的教学目的。因此，在教学中，我们只有每节课预设教学目的，才能提高复习效率。

在思考中学习，在实践中成长，学以致用，希望通过PCM项目，我能站在一个更高的高度去教学，去享受教学带来的快乐！

第三节 课题研究报告

一、《基于自主互助模式的初中生物高效课堂研究》研究报告

陈亮

内容摘要：本课题以认知发展理论、建构主义学习理论、人本主义学习理论等教育心理学理论为理论基础，探讨了自主互助课堂模式的本质和这一模式在初中生物课堂教学中提高课堂教学质量的重要意义。在课堂教学实践中，以学生为主体，引导学生自主学习、互助合作，使学生能够在主动参与、合作学习中构建新知、发展能力。通过本课题的研究，探索出有效的引导学生自主互助学习的实施策略，改变学生单纯接受式的学习方式，提高学生学会学习的能力。

关键词：自主互助；课堂模式；初中生物；高效

自 2012 年科学学科重新回归物理、化学、生物、地理四门学科以来，生物和地理在初中教学中的地位不可与前两者同日而语。根据近几年深圳市教育科学研究院发布的《初中生物与地理（合卷）学业水平考试说明》，初中生物学业水平考试成绩不计入中考成绩，只是作为学生升学的辅助参考成绩。因此，多数学生对生物的学习重视程度不够。为了提升学生在生物课堂上的学习兴趣，使学生养成自主学习、互助合作的学习习惯，让课堂焕发生机与活力，提高课堂教学效能，我校倡导自主互助课堂模式，笔者努力实践这一模式，并取得了一定成效。

（一）课题的提出及意义

1. 时代发展的要求

联合国教科文组织在《教育——财富蕴藏其中》的研究报告中指出，教育应当为人的一生幸福做好准备，使学生学会学习、学会做事、学会生存、学会生活。因此，培养学生的学习热情、学习能力、创新能力和合作能力，已成为 21 世纪教育面临的重要任务。

2. 课程改革的需要

我国新一轮基础教育课程改革的目标是：以创新精神和实践能力的培养为重点，强调素质教学和核心素养，建立新的教学方式，促进学习方式的改革，关注学生的学习过程和方法。

3. 目前教学中存在的问题

（1）初中生物教学中存在的问题。

2012年，深圳市初中阶段科学学科重新回归物理、化学、生物、地理四门学科，生物、地理两门学科的地位再次下降，学业水平考试成绩只是作为中考成绩的辅助，因此，学生、家长、老师都不太重视初中生物教学。但是，生物学作为21世纪的核心学科，其重要性已经得到许多西方发达国家的承认。最新一轮的高考改革也显示，生物学学科的地位在提升。

（2）自主互助课堂模式实施中的问题。

我校大力倡导自主互助课堂模式，多数老师也积极响应课改要求，自主互助学习便成了一个教学亮点展现在课堂上，尤其是在一些重要的公开课上体现得更为突出。笔者也听过多节这种模式的课，在充分肯定其优点的同时也发现了一些问题：第一，学生欠缺学习能力，自主学习成为空谈；第二，互助合作成了"放任自流"，缺乏教师针对性的指导；第三，形式大于实效。

4. 课题名称的确定及其意义

教师备课除了需要备教材、备学生以外，还要备教法、学法。在实际教学中，无论教学成效如何，教师总会采取一定的教学策略。随着新一轮课改的实施，学生的学习主体地位得到进一步提升，老师在课堂上起主导作用，只有认识到这些，课堂效率才能高效，才能使广大师生从繁重的学业负担中解放出来。因此，自主学习、师生互助、生生互助成为我校实行课改的一种课堂教学策略。

（二）课题研究的目标与内容

1. 课题研究目标

本课题的研究，旨在改变学生被动单纯接受式的学习方式，使学生从被动的"让我学"转变为"我要学"，同时培养学生的创新精神、交际能力和合作能力。不仅如此，还力争达到以下目标：第一，构建适合我校学生认知实际的学习策略；第二，提供基于自主互助课堂教学策略的教学设计；第三，提出初中生物自主互助学习的方法和经验。

2. 课题研究内容

（1）研究问题的界定。

"自主互助"模式的核心是倡导"先学后教"理念，这种课堂模式给学生提供了宽松、民主的自主与合作发展空间。通过小组成员的协作互助，共同解决问题，使每一位学生的能力得到培养、潜能得到开发。在这种教学模式下，学习的主体是学生，学习效率的高低取决于学生能否主动学习；自主学习应该始终处于课堂的中心地位，教师的教是为学生们的学服务的。"自主互助"课堂就是对这种教学关系的最好诠释。

初中生物高效课堂是指在教学设计理念上倡导回归生物学科本身，以实事求是的基本理念进行备课编排、课堂设计、实践反馈，侧重结合初中生物学科与社会生活实践，着重锻炼提高学生利用所学的生物知识处理、解决生活实际问题的能力。

（2）研究内容的确定。

① 通过前期课堂教学现状调查了解学生对现有课堂教学各个环节的反应情况，分析前期课堂教学中存在的主要问题。

② 通过查阅文献资料和相关理论，建构自主互助课堂模式。

（三）课题研究的对象与方法

1. 研究的对象

以光祖中学初一、初二学生为主要研究对象。其中，在初一年级设置实验班（初一7班）和对照班（初一8班），在实验班课堂教学中指导学生进行自主互助学习，在对照班则采用传统的教学法，通过问卷调查、对期中和期末考试成绩进行统计分析来检验实验效果。对于其他班级，教师根据实验方案尝试进行教学实践，以获得重要的参考意见。

2. 研究方法

（1）观察法。通过观察在课堂上学生学习的表现（如主动参与学习的情况、上课时注意力是否集中等现象）获得有关实验的资料。

（2）调查法。通过问卷调查、访谈学生，掌握实验前后学生的学习兴趣、自主互助学习的情况，了解实验的效果。

（3）对比实验法。通过对实验班与对照班在实验前后学生的学习成绩及学生对本学科的兴趣等进行对比，获得实验效果。

（四）课题研究的理论依据

1. 教育心理学理论

皮亚杰理论认为，学习是一个积极主动的建构过程，学生不是被动地接受外在信息，而是利用原有知识结构，主动地和有选择地获取信息，并建构其新的知识结构；学习过程必须突出学习者的主体作用，关注学生的个性化特征，使其在知识学习中获得合理的个人经验，并且达到内化，从而使知识转变成能力；知识不可能仅由外部传授获得，人们应该以自己的经验背景为基础来建构现实和理解现实，从而形成知识。

季亚琴科认为："只有在有交往、有知识和经验存在差异的人的场合，才会有教学的出现。"他认为每个学生由于发展水平、兴趣爱好不同，对同一事物有不同的理解和认识上的差异，而这种差异正是学生之间可以进行交往与合作学习的前提。互助学习的优越性体现在：首先，它能够促进学生之间在学习上互相帮助、共同进步，小组交流为学生学习提供了宽松和充分的学习环境，使学生惧怕说错的心理压力大大减轻，发言机会肯定多于传统课堂，学生在教师的组织和引导下一起讨论和交流，这样，学习者（包括教师和学生）可以取长补短，学习者群体的思维与智慧可成为整个群体的共享资源。其次，互助学习还能激励学生个体发挥出自己的最高水平。同时，学生还会通过别人的观点来修正自己的观点，这种认知的重建，促进了深层次的思维。最后，互助学习更有利于促进学生智力、能力和社会情感的和谐发展。

2. 素质教育理论

素质教育作为一种教育思想，强调以学生的发展为本，以促进学生全面发展为取向，其核心是培养学生的创新精神和创新能力。我国基础教育新一轮的课程改革，着重强调了学生学习方式的改变和课堂教学形式的改革，要求教学朝着自主学习、合作学习和探究学习的方向发展。其中，一个重要而具体的目标就是，改变至今仍普遍存在的学生被动接受的学习方式，倡导学生主动参与的探究式学习。

（五）研究方案

第一阶段是酝酿准备阶段（2017年3月），这一阶段的主要内容是成立课题组、确定研究人员、拟定实验方案，为进一步开展研究活动打下基础。

第二阶段是启动实施阶段（2017年4—11月），这是实验研究的主要阶段。所做的工作主要表现在：

（1）课题组通过问卷和访谈形式了解学生对课堂现状的反馈情况。

（2）学习科研理论，初步构建自主互助课堂教学策略，并在策略的指导下进行教学设计和课堂教学实践。

（3）以主持人陈亮老师所教的两个班级初一8班为对照班、初一7班为实验班，对期中（5月）、期末（7月）考试成绩与实验前期成绩进行对比分析。

第三阶段是总结阶段（2017年12月—2018年1月），本阶段为实验总结阶段，课题组搜集完善各种资料，组织课题组成员撰写论文及研究报告，进行结题评审。

（六）研究过程

1. 宣传发动

由于自主互助课堂是一种新型的学习方式，课题组成员及学生对这种学习方式比较陌生，为了使实验能够顺利进行，提高课堂教学效率，首先得让学生了解自主互助学习的意义、过程和方法。课题组成员更应该钻研这方面的文献资料，了解国内外的研究动态。

2. 实验过程中体现的教学原则

（1）先学后教原则。在课堂教学中教师要根据教学内容和学生已有的知识经验，给学生创设一个适当的问题情境，启发学生思考、质疑，鼓励学生自主学习，让学生学会学习、学会创新。

（2）开放性原则。在课堂实践中，学生在学习过程中会遇到很多问题，有的问题在课堂上经过互助学习、合作讨论就能得到解决，有的问题在课堂探究中不能完全得到解决，需要学生在课外广泛地收集资料来解决，因此，自主互助是具有开放性的课堂教学。

3. 自主互助模式的课堂实践

自主互助课堂目前形成的基本模式是独立自学—小组交流，互助落实—课堂讨论，质疑释疑—回扣目标，训练巩固—反馈矫正，反思升华。结合个人教学实际，笔者将其修改为以下几个具体步骤。

（1）（教师）制作并发放导学案。

自主互助模式虽然强调的是发挥学生的主观能动性，但并不意味着老师就可以轻松，相反，老师要做的工作会更多。比如，老师课前要充分把握学情，制定合适的课堂教学三维目标，并将其体现在导学案的制作上。导学案用于引导学生自主学习、主动参与、合作探究，它以学生为本，是学生学会学习、学会创新、学会合作、自主发展的路线图。导学案实施的目标是促进学生高效地掌握知识，为后续学习奠定文化基础，进而培养学生学会学习的能力。

（2）（学生）根据导学案自主预习。

生物是一门自然科学，初中生物的知识较为基础，与学生的生活实际联系也较为紧密，如人体的营养、人的生殖等知识，对学生学习生物的兴趣影响较大。因此，利用这些有利条件，引导学生根据导学案自主预习，通过网络、书籍等媒介自主构建前概念，一方面可以培养学生自主学习、获取知识的能力，另一方面可以帮助学生大致掌握本节知识的重难点，做到心中有数，有的放矢。

（3）（学生）小组合作讨论预习成果。

在自主预习的基础上，通过同学间互相帮助、互相启迪、互相考查、互相影响等，让学生在课堂一开始就实现互助，完成思维的碰撞，并学会交往、学会分享、学会倾听，培养学生的交流能力、合作能力、语言表达能力、自我约束能力和团队意识。

（4）（学生）提出问题（教师收集记录）。

爱因斯坦曾说过："提出（发现）一个问题往往比解决一个问题更为重要，因为解决一个问题也许只是一个实验上的技巧问题，而提出新的问题、新的可能性，从新的角度看旧问题，却需要创造性的想象力，而且标志着科学的真正进步。"鼓励学生提出问题，大胆质疑，呵护学生探索未知领域的欲望，是新时期对教师素养提出的又一具体要求。在进行人教版八年级下册生物教材中的《观察鸡卵的结构》实验教学之前，有学生提出自己在家打破鸡卵壳后看到卵黄和卵白是混在一起的，和教材中的图片并不相同。针对这一问题，老师要及时鼓励学生的观察能力，进而引导学生通过动手实验对这一现象进行探索，从而感受卵黄膜的存在，最后弄清楚一个鸡卵和一个卵细胞的关系。

（5）（学生）合作探究（教师引导）。

这个环节是"自主互助"模式的核心环节，体现了"兵教兵"的理念，往往在学生充分独立思考之后进行。根据哈佛大学"学习吸收率金字塔"（见图4-1），这个环节直接影响着课堂教学是否高效。

根据这一金字塔，小组讨论的学习吸收率已经超过了50%，如果能够转教别人或者能够立即应用的话，学习吸收率可以达到90%，效果是最好

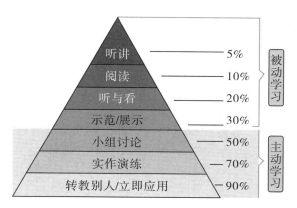

图 4-1　学习吸收率金字塔

的。当然，这一核心环节离不开老师的悉心指导，老师的主导作用能够让学生的学习更加具有目标性，使自主互助课堂更加高效。

（6）（学生）形成结论或共识（教师点评）。

教师引导学生回顾本节课的新学知识，以课堂小结的形式，组织生生交流、师生交流，梳理知识脉络和解题思路。在学生集体交流的基础上，教师出示知识体系，做简要强调，并进行补充、纠正或点评，帮助学生构建新的知识网络，充分肯定每一个优异的课堂行为，对优秀的小组和学生予以表扬，树立典型。

（7）课堂检测（师生纠错、点评）。

这一阶段即反馈测评阶段，反馈测评不是一般意义上的考试，这个环节主要是通过互助对象（生生、师生）之间"一对一"来进行。教师正是利用这个环节完成本节课的学情调查。课堂检测的同时让学生做到心中有数，以便查漏补缺，提升自己的学业水平。对于检测中暴露出来的问题，教师既可以利用课余时间给学生提供直接帮扶，也可以指派小组长、课代表、班长等实现对学生的帮扶。

（8）课外作业。

自主互助课堂 40 分钟的教学时间，教师帮助学生一起合作分析教学内容，只是起到了抛砖引玉的作用。孔子曰"温故而知新"，只有通过课外作业的练习、巩固，学生才能牢牢掌握和灵活运用书本知识。课外作业是对课堂教学的有效延伸，是知识的巩固和深化，是学生课外学习的重要手段。当然，课外作业一般既包括对本节课所学内容的巩固提升，也包括对下一节课新知的提前预习,这对端正学生学习态度、改进学习方法、提升学习效果起到十分重要的作用。

(七) 成果分析

通过初一两个班的对比实验,获得的实验结果如下。

1. 学生学习成绩的测试情况

2017年3—5月,在对照班(初一7班)和实验班(初一8班)都采用传统接受式教学方法进行课堂教学,期中考试成绩的对照结果如表4-1所示。

表4-1 传统接受式教学方法考试成绩结果

班级	人数	平均分	优秀人数	优秀率	及格人数	及格率
初一7班	31	278.93	4	12.9%	22	71.0%
初一8班	27	276.93	2	7.4%	18	66.7%

2017年5—7月在对照班(初一7班)采用传统接受式教学方法,实验班(初一8班)采用自主互助课堂模式进行课堂教学,期末考试成绩的对照结果如表4-2所示。

表4-2 对比教学考试成绩结果

班级	人数	平均分	优秀人数	优秀率	及格人数	及格率
初一7班	33	270.84	8	24.2%	19	57.6%
初一8班	28	296.91	4	14.3%	22	78.6%

通过表4-1可以看出,实验班与对照班都运用传统的接受式教学方法进行课堂教学,对照班与实验班的期中考试成绩以及及格率虽有差异,但不显著,表明对照班与实验班学生在实验前学生的知识水平、能力水平相当。

通过表4-2可以看出,两个班级采用不同的课堂模式以后,教学效果差异显著。虽然说实验班的优秀率仍然落后于对照班,但这与试卷的难度有关。实验表明,实验班通过引导进行自主互助学习,学生的成绩有了明显的提高,同时也说明,在课堂教学中引导学生进行自主互助学习能够提高学生的学习成绩。

2. 实际课堂教学情况

从课堂教学实施过程分析,实验班的学生在实验前,上课时有一部分学生(特别是学习基础较差的学生)注意力难以集中,跟不上老师的授课进度。另外,学生上课睡觉的现象也较为严重,学生不能主动地思考并提出问题,需要教师点名提醒才能大致完成课堂学习。在实验实施过程中,上述情况有了很大改观,大多数学生在课堂上能够把注意力投入学习中。对于老师提出的问题,大多数情况下学生能主动回答。对于一些探究性的问题,大多数学生能够积极主动地参与讨论,合作学习,发表个人意见。课堂上睡觉的现象虽然偶尔也会发生,但明显减少,学生普遍反映在课堂中进行自主互助学习比只听教师讲更容易理解知识,记得更牢固。学习成绩较差的学生也反映,虽然自主互助学习对他们来说还有一定的难度,但他们要比以前更愿意学习了。这些都说明,自主互助课堂模式无论是对学生学习态度的转变,还是对学生学习的主动性,都有很大帮助。

(八)课题研究得出的重要结论

通过上述实验研究,得出如下结论。

(1)在初中生物课堂教学中引导学生进行自主互助学习,使学生能够在主动参与的过程中进行学习,在合作探究的活动中获取知识,极大地调动了学生学习的主观能动性,使传统课堂重新焕发活力和生机。在整个学习的过程中,学生不再是接受知识的容器,靠死记硬背的方法去死读书、读死书,而是通过动口、动脑、动手,真正地参与教学中,成为知识的主动构建者。

(2)在初中生物课堂教学中引导学生进行自主互助学习,提高了学生的综合能力。在自主探究、互助合作的学习过程中,学生能亲历、感悟学习过程,从提出问题、分析问题到解决问题,都需要靠学生积极的思维活动来完成,不仅提高了学生的动手实践能力,而且学生的分析问题的能力、解决问题的能力、获取新知的能力、收集处理信息的能力等都得到了极大的提升。

(3)在初中生物课堂教学中引导学生进行自主互助学习,培养了学生的问题意识和探究精神,学生能带着问题去学习,经过互助合作,运用所学的知识去解决问题,在探究的过程中又不断发现问题,再去解决问题,如此反复循环,不仅深化了对知识的理解,同时培养了学生勇于探究的创新精神。

（九）通过本研究引发的思考

实验的结果证明，在初中生物课堂引导学生进行自主互助式学习是学生学习的一种有效方法。但是能否取得我们预期的效果，还受许多因素的制约和影响。通过本实验的研究，笔者认为以下几个因素对自主互助课堂模式的效果影响至关重要。

（1）教师教学观念的转变是进行自主互助学习的前提条件。目前，有很多教师传统的教学观念还根深蒂固，教学观念还比较陈旧，缺乏创新的勇气。因为在实际教学中，学生的学习方式究竟能不能发生应有的转变，取决于教师怎样引导、怎样帮助，也可以说，教师怎样教，学生就怎样学，学生学习方式的转变以教师教学方式的转变为前提。只有教师站在国家发展的需要和学生可持续发展的需要的高度来认识自主互助学习实施的重要性，转变传统的培养人才的观念，才能使自主互助学习在课堂教学中得以落实。

（2）充分发挥教师的主导作用和学生的主体作用是自主互助课堂模式取得成效的关键所在。促进学生自主互助学习的基本条件是：首先，必须将学生置于有意义的学习情境中，并引导他们提出问题，或者向他们提出恰当的学习任务；其次，必须为学生开展自主互助学习提供必要的时间和空间，并在资料、材料、设备和指导方面提供恰当的支持。

（3）在课堂教学中，自主互助学习虽然是一种有效的学习方式，但并不是学生学习方式的全部。在课堂教学中提倡自主互助学习，并不否定有意义的接受学习，对某些学习内容来说，有意义的接受学习依然是十分有效和必要的。在教学过程中，教师应该根据教学内容和学生的基础，具体情况具体分析，有针对性地选择适当的教学方法，从而达到事半功倍的教学效果。

（十）本课题研究尚待解决的问题

本课题研究只是对初中生物课堂教学如何引导学生进行自主互助学习进行了初步的探讨和实践，由于时间比较短，课题组对自主互助课堂模式的实践经验不足，致使本研究存在不足之处，许多问题值得商榷。

（1）如何使自主互助课堂模式较好地落实到初中生物课堂教学中，取得最佳的教学效果，还有待在今后的课堂教学实践中进一步去探索。

（2）对学生自主互助的学习效果还没有形成一个完整的、科学的评价体系，有待进一步完善。

（3）每一堂课中进行自主互助学习与教学任务的预期完成之间的矛盾

仍需花大力气解决，解决的关键是老师在课前进行充分预设。自主互助课堂对老师的备课要求其实更高。

（4）如何动态地把握好学生的合作探究，从而提高课堂效率，解决课时进度与探究内容的有效性之间的矛盾，有待进一步探索。

（5）哪些课程知识适合自主互助课堂，哪些课程知识适合传统有意义的接受学习，还需要老师在实践过程中进一步分析把握。

参考文献

[1] 阳雨君. 构建主义学习观与自主学习能力的培养 [J]. 教育教学论坛，2013（17）：106-108.

[2] 郭从志，郭从德. "自主、互助合作"学习模式的探究 [J]. 中国校外教育，2010（5）：136.

二、PCM 项目自主互助模式下音乐教学设计与思考

陈少凤

内容摘要：本文以《义务教育音乐课程标准（2011 年版）》为理论依据，探讨小组合作学习在初中音乐课堂教学中的必要性和重要意义。通过音乐艺术实践，有效提高音乐素养，增强学生音乐表现的自信心，培养学生良好的合作意识和团队精神。课程目标中的"过程与方法"强调合作，在音乐艺术的集体表演形式和实践过程中，能够与他人充分密切合作，不断增强集体意识和协作能力。本课题根据我校的课程开展情况和学生的情况，设计出人音版七、八年级小组活动课的具体实施办法，并且记录学生在课堂上的表现，每个小组参与活动的情景和取得的成果，形成评价。

关键词：初中音乐；小组合作；PCM；自主学习

初中音乐课究竟应该怎样开展自主互助合作学习的模式呢？从许多的尝试、摸索和积累中，笔者发现了一些问题，在思考这些问题并寻找解决方法的过程中，总结出了一些经验。下面以《一二三四》歌的一个教学设计为例，试图来阐明。

时间：2017 年 3 月 2 日

班级：七年级 9 班

地点：音乐室

（一）教学目标

1. **德育目标**

（1）能够热爱人民军队，感受解放军战士团结、紧张、严肃、活泼的精神风貌。

（2）小组内能够形成良好的合作关系，学会发现小组内的问题，并积极地去解决。

2. **知识目标**

（1）轮唱的概念。

（2）口号的节奏、休止符、四分音符、八分音符。

3. **技能目标**

（1）轮唱时能够唱出重拍，两个声部做到重音对齐。

（2）拍手喊口号时做到整齐划一。

4. **教学重点**

小组内能够形成良好的合作关系，发现问题，解决问题。

（二）教学难点

（1）口号与拍手的协调。

（2）背唱轮唱部分。

（3）轮唱时突出重音，保持良好的和声关系，造成前后呼应、此起彼落的音乐效果。

（三）教学过程

1. **组织教学**

在音乐室走廊集合，告知学生老师根据上学期的期末考试情况给大家分了组。要求学生进入课室后快速找到自己所在的组，高效而安静地坐下来。

2. **导入**

欣赏视频，思考以下问题：

（1）军人如何喊口号的？你能模仿吗？

（2）歌曲是什么节拍？

（3）军人的形象是怎样的？

第四章 "自主互助"课堂文化的光祖实践

3. "摘星星"活动

上学期我们的"摘星星"活动是由个人上台展示取得星星的,这学期将变成小组展示取得星星。

活动一:出示一颗星任务。

带出第一个问题——军人如何喊口号?

(气息下沉,往身体里面喊,喊出共鸣)

口号	X 0	X 0 X 0	X X X X	X. X X X 0
	一 二	三 四,	一 二 三 四,	一 二 三 四,
拍手	0 X	0 X X 0 X	0 X 0 X	0 X X 0 X

(1)端正坐姿,气息下沉,两首叉腰。

(2)练习喊口号,要求往身体里喊,用气息喊出共鸣。

(3)指出其与跑操喊口号的区别:

X X X - | X 0 0 0 |

一 二 三　　四

(4)练习拍手加喊口号。

(5)小组练习。

①要求组内成员团结协作,齐心协力营造良好的合作氛围,积极沟通,培养默契,提高效率。

②组内成员围成圈,伸出手,联系过程中每个组员都要观察整体的整齐度,要善于发现某个成员的问题,并积极解决。

(6)小组展示。

①要求没有展示的组停止练习,专心看台上小组的展示,认真观察和倾听,发现问题。学会尊重他人,学会倾听。

②台上的同学要尊重自己,认真展示,克服胆怯和害羞,不要笑场,努力展示,为小组贡献力量。

(7)自评和他评。

活动二:出示三颗星任务。

教学方案一:(适用于学习能力比较强、反应比较快、音乐基础比较好的班级)

(1)带出问题——歌曲是什么节拍?(4/4)

(2)强弱规律?强—弱—次强—弱。

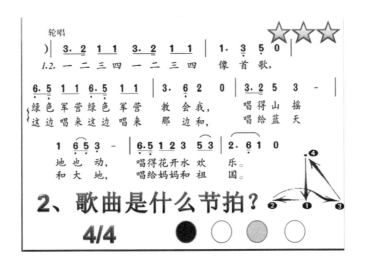

（3）复习4/4拍的指挥图示，尝试划拍唱谱。

（4）讲解轮唱，看谱例，第一拍的对齐。

（5）让唱得比较好的学生展示，再集体尝试轮唱。

教学方案二：（适用于学习能力比较弱、反应比较慢、音乐基础比较薄弱的班级）

（1）聆听歌曲，在口号和拍手部分跟上音频练习。

（2）学唱前四句，唱出重音，唱出气势。

（3）聆听并思考两个声部在轮唱最后一小节是如何做好齐唱准备的。

（4）练习最后两个小节。

（5）学生跟老师一起与电脑音频轮唱，看老师的指挥。

（6）全班分两个部分，看指挥轮唱。

（7）小组练习三颗星任务。

①四人围成圈，分配先唱和后唱的任务。

②对齐重拍，唱出此起彼伏的效果。

③背唱。

④解决音准与速度的问题，小组内有人负责起音和给速度。

（8）小组展示。

4. **自评与他评**

5. **背唱第一段歌词**

6. 完整演唱歌曲

小组完整展示第一段：

（1）拍手和口号。

（2）轮唱。

（3）背唱。

（4）划 4/4 拍图示。

7. 练习

第十页实践与创造第 1 题：把乐谱中缺失的音符补充完整，标出呼吸记号，划拍视唱歌曲的前 8 小节。

8. 练习与感悟

通过这首歌，我们学习到解放军战士什么样的精神？通过这节课的小组合作，你又有什么感悟？

9. 预习下节课内容

西洋管弦乐队的主要乐器。

以下是笔者的教学反思。

（一）对自主互助课堂组织模式的反思

1. 未雨绸缪，充分的准备工作

七年级的第一节课是至关重要的，想在这第一节课就建立师生之间的信任与良好的合作关系和印象，就必须在上课之前做好充分的准备工作。教师在正式上课前把教学准备工作做好了，对课堂的顺利进行会起到重要的作用。

（1）在每一节课上课前在音乐室门口排好队伍，由教师或体育委员看情况整队、整纪律。强调"慢步、轻声、有礼"，提高自己的修养，为自己塑造谦逊有礼的个人形象，学会互相尊重，并且为专注地倾听音乐创造前提条件。这是一个长期的过程，必须在跟学生第一次见面的时候就开始灌输，最好是一开始由教师亲自到班级门口整队，带领学生走到音乐室门口。

（2）教师对学生既要有具体的要求，同时也要耐心去等待学生慢慢做到自己的要求，在等待的过程中擦亮眼睛去观察，还要用简明扼要的语言把自己观察到的结果用恰当的语言在适当的时机反馈给学生。学生刚开始音乐课的小组合作模式，还不清楚自己的分组和位置，需要花一定的时间，过程可能会不太安静。这需要教师平时在课堂上不断地对学生提出要求，提高学生这方面的意识。教师需要用耐心和爱心去坚持，学生才能慢慢养成良好

的习惯。

（3）初中音乐课堂，纪律的要求特别关键，并且是要有美感的纪律要求，"慢步、轻声、有礼"这六个字就非常符合。由于学生在紧张的功课压力下容易把音乐课堂当成轻松、娱乐的时间，加上从教学楼来到实验楼，换了环境，而且远离了班主任，原本不太自觉的学生容易失控，也很容易带动周围的同学违反纪律。这个时候，如果教师没有严格而明确的要求，很容易造成混乱，"以审美为核心"的理想就会越来越远，最终变得遥不可及。

（4）扇形座位有利于学生和教师更好的互动。长方形的座位设计不够合理，坐在后排的同学不能很清楚地看见教师。而且音乐课的分组是从音乐能力和领导能力方面去考虑的，没有考虑身高的问题，这样就会导致一些同学的视线被挡住，不利于教师与学生交流。同时教师也不能很直接地看到每一位学生，更不能及时倾听和进一步观察每一位学生。改进的办法是，把座位调整成扇形，让学生更清楚地看见教师，也可以拉近教师与每一位学生的距离。其实这一点我曾经尝试过，但是可能是由于弧度不够大，每排的人数过多，显得很挤，也因为音乐室是功能室，各班的分组情况也不一样，所以座位总是容易乱，每次都要摆扇形，工作量比较大。我也曾尝试在地面上贴标记来解决这个问题。后来在学期末的音乐考试中，因为要营造舞台的氛围，也淡化了组别，所有的座位都摆成三排，第一排坐蓝色凳面（最矮），第二排坐绿色凳面，第三排坐黄色凳面（最高）。这样的弧形非常好摆，也容易保持，而且美观，最大的好处是有阶梯的效果，便于观察学生，学生也能很清楚地看到老师，有利于交流。如果是分组练习，只要稍微有一点点调整，转个身就能实现组员之间彼此面对面的合作和交流。

（5）每周一节的音乐课，师生之间接触的时间比较少，对学生的不了解会给分组带来很大的困难。要想解决这个问题，教师必须提高观察能力，并且课后详细地记录下来。尽管如此，教师对每个学生建立的印象还是不够客观，因此要和班主任多交流，利用课间时间与学生交流，借助QQ等工具，想尽一切办法去了解学生。

（6）每次陪伴学生自习或者监考的时间，就是了解学生的最好时机，至少是记下学生名字的黄金时机。另一个有效的快速了解学生的途径就是视频记录，每次学生上台表演，我都会用手机记录下来，下课后拷贝到电脑进行分类（用学生的班级与姓名重新命名）、分析、记录，作为调整分组的参考依据。音乐老师所教的班级都比较多，所以记录非常必要，记录不仅可以看到学生每节课的具体表现，通过对比还能看到学生的成长和进步，一两年后再让他们回看刚入学时的视频，他们会很怀念、很珍惜。

世上无难事，只怕有心人。只要心心念念去做这件事，随着一周又一周的音乐课，教师对学生的了解会逐渐加深。

2. 不受欢迎组员和不和谐小组

（1）对于学生的合作，教师应该有理想但不能理想化，开学初的这节课主要是培养学生团结协作的精神，为这学期的音乐课种下合作的种子。教师一定要用心去观察每一个组及组员，用心去倾听组员的声音。

（2）并不是所有小组在一开始就能形成良好的合作关系，那些没有形成很好的合作关系的小组，教师应该给予更多的关注，持续地更仔细地观察学生的合作状态，并适当地调整组员。针对有些组员不太受欢迎的情况，教师可以通过多方了解和沟通，帮助学生找到最适合的组。此外，教师在分组的时候要坚持原则，不能一味地迎合学生的喜好和习惯。关系好的同伴不一定能有很好的学习效果。一开始的不和谐不一定会持续下去，有些不和谐的情况还能碰撞出更多的学习火花。

（3）从另一个角度来看，从不和谐走向互助学习的过程更让人振奋，学生也成长得更快，更容易学会与人合作。如果教师发现不合作小组，就要用恰当的方法去鼓励和指导，还要把握好初中生的心理，教会学生敞开心扉去与人合作，永远不要嫌弃或者指责自己的合作者。人的一辈子会遇到很多人，谁也不知道将来自己要与什么样的人合作，从内心去接纳别人对自己来说也是一个很好的提升。

（4）不和谐的小组特别需要教师的指导和鼓励，而且这样的小组有一股"潜力"，结果总是能赢得观众的掌声。只要抓对了心理，他们往往会开启"用时短、效率高"的模式，胜过许多看似在合作、实际没什么效果的小组。

3. 小组还是大组

小组分组采用的是"1＋2＋1"的形式，前面的"1"是音乐素养较好的同学，"2"是中等的同学，后面的"1"是较差的同学。全班40多人，分成11或12个组。这种方法分下来，组太小太多，在展示环节用了太多的时间，导致教学内容完成得太少。改进办法是扩大组的规模，采用"1＋2＋2"或者"2＋3＋2"的形式，单数分法解决组内意见不合的问题，可以采用投票表决，少数服从多数。合理分组成功的关键在于组长的设立，组长必须有领导能力，能带动小组学习，还要能及时调解组内所出现的矛盾和问题，是教师的得力助手。

当我把小组换成大组后，有些班很快就上轨道了，有些班则用了好几周的时间才调整过来，在这几周的时间里，我不断地观察学生，找学生谈话，了解学生内心的感受，也在下课前鼓励他们找我谈谈关于自己所在组的情况。把小组换成大组之后，不仅每个组设立了组长，还增设了一名"艺术指导"，组长负责管理、沟通、团结大家一起学习，艺术指导则负责把关自己所在组的音准、节奏方面，努力把小组提升到更高的艺术水平。

然而，还是有很多学生更喜欢小组的形式，因为人数少，好沟通，好配合，更有利于合作与交流，也更容易找到称心如意的组员，有一种一拍即合的流畅感。因为人数少，基础好的同学在练习过程中也很容易发现其他组员的问题，能够及时地把问题解决掉。小组分法最大的缺点就是展示环节占用的时间太多，影响课堂进度，也造成讲台下的学生当观众的时间过长。

分成大组并设立艺术指导和组长之后，看起来更好运行，但实际上，有些组长和艺术指导不能很好地担当责任，而且人数的增加不一定能形成更强的合作关系，相反，更容易产生推卸责任的现象，落到每个组员身上的责任并不十分明确，有些同学并不十分认真练习，组长也管不过来。那怎么办呢？在尝试过两种分组方法之后，我开始思考，或许可以用大组与小组混合的方式。

（二）对教学设计、教学过程和教学效果的反思

1. 审美永远是音乐课堂的核心

在音乐课堂中，自主互助的学习方式只是教学组织的一种手段，而审美才是音乐课堂的核心。从整节课的教学设计来看，一方面，整节课都在强调活动、强调实践、强调合作，没有更多地启发学生去感受音乐的美，在音乐素养方面的教育手段非常不够。如果缺少音乐审美，学生很容易变成打拍子的机器，变成唱音符的机器，容易把音乐活动机械化。另一方面，情感目标、知识目标也没有达成。在这节课结束前，我设计了一个提问："你感受到了解放军什么样的精神？"这个问题显得很突兀，很明显是为了小结而小结，不自然，也很形式化。在这之前的教学环节里，应该有更多的情感渗透，可以通过对展示的小组提出要求，也可以在小组练习的时候就提醒他们去感受解放军的精神。比如，想象我们就是解放军，我们应如何提高小组合作的效率？如何精益求精？如何发现问题、解决问题？如何鼓舞大家的士气？如何发挥创新精神？在教学环节中见缝插针地用这些问题去引导学生，一定会有更好的课堂气氛和德育渗透。

2. 用更多的音乐手段来引导学生

从这节课的教学设计可以看出，教师没有用钢琴伴奏来带唱，没能更好地培养学生的乐感和音准。由于音乐室里教学区域和合唱区域是分开的，一前一后，因此钢琴的摆放不能同时兼顾两者。改进的方法只能是教师在需要用到钢琴的时候走到学生的后方，让学生听琴声演唱，必要的时候让学生向后转。有了钢琴伴奏的引导，学生更容易感受歌曲的情感、风格，音准和节奏方面也会做得更好。除了钢琴伴奏，还可以加上一些简单的打击乐器，让学生为歌曲配上简单的伴奏音型，这样更能激发学生学习的兴趣，重拍的加强更有利于学生掌握进行曲的风格，对学生在演唱和表演中保持速度平稳的能力也有很大的作用。

3. 让部分优秀的学生发挥示范作用

轮唱环节我采用的方案是在学习完前 8 小节的旋律和歌词后，听音频分析两个声部，并思考，在第 8 小节是如何做好下一小节齐唱准备的？分析后直接看教师的指挥手势进行轮唱。因为这个班的学生素养比较高，操作起来很顺利。但是还有更好的方法：在整体轮唱之前如果可以先由部分优秀学生展示，给全班学生建立关于轮唱的直观的听觉印象，再让全班一起轮唱，效率会更高。优秀学生的展示不仅在音乐方面对其他学生起到了带领作用，在积极的学习态度和大方自信地展示自己方面也为大家树立了很好的榜样。

4. 展示成功与否，关键在于熟练程度

背唱能更好地完成小组的练习和展示。学生背唱之后才能很好地关注自己与其他组员的一致性，轮唱时是否能做到第一拍对齐，这跟熟练程度有很大的关系。所以，教师一定要提醒各个小组提高效率，尽量争取在较短的自主合作练习时间内多练几次，多发现问题。一旦发现有同学错了，要马上停下来指出问题并纠正。每个组员都有责任去提高小组的水平，不能依赖组长。同时，学生倾听和观察的能力以及组员之间的默契也是成功的关键所在。

5. 循序渐进地学习音乐技能

从本节课来看，在指挥图示展示环节，许多学生的手势显得太僵硬，也有一些同学找不到重拍，找不到拍点，这种情况产生的原因是教师之前在教指挥手势的时候没有给学生很好的个别指导，匆匆带过，由于时间太紧凑，需要展示的小组又多，没能严格地去要求和纠正学生，容易导致学生的指挥手势不规范。在一开始的时候，可以不用每个组都上台展示，让一两个有代表性的学生上台，老师仔细地点评、纠正、再示范、再展示，让学生尽可能

了解多一些关于指挥图示的要点，这样的教学效果会更好。打好了基础，之后再学其他拍子的指挥时，能达到事半功倍的效果，也避免了产生学生一开始就没掌握好，后面形成很多错误的结果。

自主互助是个鲜活的大课题，每个班都有自己的特色，每个组都有自己的方式，每个学生都有自己的性格。课堂教学永远充满着变数，永远面临着挑战，因为学生在成长，他们的每一天都过得不一样。虽然不一样，但是只要教师心里有真诚的爱，愿意去观察和倾听，用温暖的心去陪伴他们成长，循循善诱地引导学生自主学习，在学生心里播下团结合作的种子，用不变的爱在每一天、每节课温暖每一个成长的心灵！

三、英文绘本在初中英语教学中的实践研究

光祖中学　叶素婵

内容摘要：近年来，伴随着英文绘本这一图文并茂的英语儿童读物的引进，越来越多的教育者认识到其能够培养儿童英语阅读兴趣与能力，从而纷纷开展英语绘本教学实践。如何将这些图书转化为可利用的教学和课程资源，结合青少年（13～16岁的初中生）的身心特点开展实践研究是值得研究的问题。本文主要分析英文绘本的定义及作用，英文绘本在初中不同学段中的应用和初中英语课堂教学过程中的应用以及初中生英语绘本的选择。希望通过研究，将英文绘本纳入学校的日常教学中来，使其能够成为初中英语教学中有效的教学资源。

关键词：英文绘本；初中英语；英语素养

我国教育已经进入全面发展学生核心素养的时代，而发展核心素养的基础是课堂。英语课程的核心素养包括语言能力（language competence）、学习能力（learning capacity）、文化意识（culture awareness）、思维品质（thinking quality）。四个核心素养是英语课程的价值取向，所以具有素养发展特质的绘本阅读，在初中英语课程发展核心素养的课堂中不可或缺。

（一）绘本的定义及作用

什么是绘本？即使在绘本源起的西方，它的概念至今也未有统一的定论。绘本，英文为 Picture book，在日本叫作"绘本"，顾名思义就是"画出

来的书"。绘本不同于我们平常所讲的"小人书"、卡通图书或其他有图有字的低幼读物，它对语言、图画及二者的构成形式有特定的规范和要求，日本儿童文学出版专家松居直做了非常形象的注解：文字＋图画＝带插图的书，文字×图画＝图画书。绘本是由图画和文字共同来叙述故事的，图画和文字呈现出一种互补的关系，缺一不可。文字可以讲故事，图画也可以讲故事，图文合奏。绘本用于较为严格意义的图画故事书，而图画书的界定有时比较宽泛，甚至包括非虚构的知识类图画书、玩具书、歌谣等。

英语教育的困难是学生基于母语发展的认知能力远远高于其英语语言能力，简单重复的英语语言教学根本不在其最近发展区，而以图画为主、语言为辅的绘本，恰恰可以满足学生的认知能力与语言能力的非对称性，图画直观呈现的情境，有助于学生理解、记忆、掌握语境，以及基于真实语境的真实语言运用，完全可以满足学生英语阅读教育功能的需要。

就英语绘本来说，押韵或是反复句型的形式是最常出现的。这两种行文方式能让学生，尤其是基础较差的学生察觉和掌握英语文字。教师可以通过许多技巧的运用，通过对绘本的形象讲解，让学生们主动地参与听故事、读绘本和说故事。

从学习英语的角度来说，英语绘本具有以下特点。

（1）英语绘本的趣味性及故事情节的吸引力可以激发学生学习英语的兴趣，引领他们进入英语世界。

（2）将英语绘本引入初中英语课堂是解除学生对学习英语的恐惧及舒缓其对学习英语抗拒心理的有效办法之一。很多英语绘本中的故事情节具有可预测性，文字、语言结构和内容也没有那么难，加上还有插图，更容易提升学生的学习兴趣，进而增加语言的输入，提高学生的英语写作能力。

（3）阅读英语绘本可以让学生接触英语的多面化与多样化。英语绘本的作者几乎都是以英语为母语的人士。阅读这些作品可以让学生体验以英语为母语者在实际交际中是怎样使用英语的。

（4）阅读英语绘本可以为学生提供有目的地运用语言的机会。学生在阅读英语绘本时，可以通过欣赏插图来达到理解英语文化的目的。

（二）英语绘本在初中英语不同学段中的应用

在英语课堂教学中，教师可以利用丰富的绘本资源，充分做到通过绘本阅读培养学生词、句、段、篇的语言能力，为学生今后的语言学习打下扎实的基础。

1. 七年级结合 Phonics 绘本教学，培养学生英语学习兴趣

小学生通过小学 6 年的英语学习，在小学学业结束时，已经对基本的英语交流用语、简单的交流句型、英语语言发音等有了一定的基础。但是初中英语内容是小学内容的数倍，再加上难度提高等情况，所以提前让孩子适应这种学习生活，做好小初衔接有一定的必要性。

语音是英语学习的第一个阶梯，是任何语言的基础。自然拼读法在衔接课中扮演着重要的角色，它能够提高学生学习和记忆单词的效率。运用自然拼读法教学，学生把握了单词中字母的发音，学习单词再也不用靠模仿来记住单词的发音，可以做到见词可读。学生了解英语拼写和读音之间的关系，使用这些规律就可记住单词的拼写，做到听音可写。此外，它还能够促进学生的各项语言技能的发展，运用自然拼读法教学单词，能够帮助学生认识到单词是由一些单元组成的，也能让他们理解字母的音和形的同等性。英语自然拼读最大的一个特点就是减轻了学生的学习负担。

在教材的选择上，选用与 Phonics 教学方式相关的绘本《攀登英语阅读系列——有趣的字母》和《攀登英语阅读系列——神奇字母组合》。主要训练孩子将英文字母或字母组合的形和音准确对应的拼读能力。通过讲述一个个有趣的故事，巧妙地嵌入大量包含同一字母的相关词汇，帮助孩子掌握 26 个英文字母的发音特点，并形成将字形与其发音正确对应的能力。同时选取出现频率较高、孩子难以掌握的 26 个字母组合，如 th、ng、ir 等，用含有同一字母组合的不同单词编写成生动有趣的故事，帮助儿童根据拼读规律对单词进行分解记忆，大大提高了单词拼读的准确性，对拓展单词量、提升英语阅读的流畅度有很大帮助。在结构化的句式中不断复现含有同一字母组合的单词，通过这种结构良好的、有意义的重复，让孩子学得轻松、记得容易。

这些小故事涉及时间、颜色、食物等孩子熟悉的多个生活主题，通过一个个有情境的故事，孩子能在生动有趣的阅读中不知不觉地自然习得 26 个字母的发音，掌握字母的发音规律，最终实现"见词能读，见词能拼，举一反三"，大大提高英语单词识别的速度和准确性，提高阅读的效率。

就是这样简单有效的绘本教学，让学生们对英语产生了非常大的兴趣，为今后的英语学习打下良好的基础。

2. 八、九年级利用绘本故事，培养学生自主阅读能力

八、九年级的学生已经不满足于内容简单的绘本，这时应该选择更有针对性的绘本，不管是容量还是内容、深度，都要有所增加。八、九年级的学

第四章 "自主互助"课堂文化的光祖实践

生基本能够做到自主阅读，对科学、地理、文化等方面都比较感兴趣，老师可以推荐一些与教材有关的有深度的绘本，以扩大学生的知识面，从而激发学生的阅读热情，保持学生学习英语的兴趣。例如《典范英语》、上海外语教育出版社的《新理念英语阅读》《黑布林英语阅读》都是不错的选择，这些书籍图文并茂，将经典小说与当代作品完美结合，每级别故事围绕若干话题展开，包含经典小说、当代原创小说、当代图片小说和当代小小说 4 种类型。英文绘本大多是国外进口的书籍，带有浓厚的文化色彩，学生不仅可以从绘本中学习到原汁原味的英语俗语、俚语，还可以从图画中看到他们的环境、服饰、形体和表情等。这有助于加深学生对外国文化的理解，拓展文化视野，形成跨文化交际意识，做到真正学习英语并运用英语。

（三）英语绘本在初中英语课堂教学过程中的应用

1. 复述，大声朗读

在教学过程中，利用实物投影给学生呈现绘本的内容，如果故事中有与单词相对应的图，要特别提醒学生注意借助图片理解故事内容。读完故事之后，先让学生采用接力的方式，用自己的话复述一遍故事，然后再让学生逐页朗读故事，朗读时，可根据实际情况采用分小组读、全班一起读、学生自愿读或点名读等方式，最后让学生把故事内容写下来。

复述方法能很好地使练习写作与英语阅读相结合。如果学生能将刚刚阅读的绘本运用复述的方法写下来，就能很好地实现"学中写"与"写中学"。文章的阅读为写作不仅提供了话题素材，而且提供了语言以及文章结构素材。如果让学生在阅读或学习文章后对文章进行不同程度的复述，那么就需要学生把已学的知识用英语流畅、清晰地表达出来，这样就加深了学生对文章的内容和结构的记忆和理解，并且可以为写作积累大量的素材，对学生书面表达能力的提高可以起到非常积极的作用。

2. 看图配文

先扫描绘本，把绘本做成两个 PowerPoint 文档：一个是按照原本顺序直接做成的，另外一个则经过修改，将文字部分挖空，只保留图片部分，之后再将文字印出来，制作成小纸条。课堂教学中，先呈现不完整的只有图画的 PowerPoint 文档，再发放印有文字的纸条，以小组为单位，小组成员自主互助共同合作完成给图画配文的任务。在学生完成任务的过程中，教师在课堂上巡视，给学生提供帮助。活动完成后，再搭配完整的 PowerPoint 文档，朗读一遍故事。

将打乱顺序的句子按事件发展的时间顺序或逻辑关系或按图等整理成一篇完整的短文,这方面的练习有助于提高学生的写作思维。

3. 写英语绘本读后感

请每位学生选一本自己喜欢的绘本,写英语读后感,并与同学交流读书心得。阅读同学的读书心得后,在日记中用英语写下自己的想法与反思,作为自由写作的练习,可以增加学生英语写作的流畅性,逐渐养成用英语表达的习惯。

4. 撰写英语绘本阅读笔记

在学生阅读英语绘本时,要求学生用英文写阅读笔记,然后在课堂进行讨论。阅读笔记的内容可以是自己不懂的单词和句子,可以是自己认为写得好的词语和句子,可以是自己阅读过程中的反思,以及根据故事内容提出的三个问题和回答。这样既可以增加学生英语词句的积累,也可以扩大学生的视野,形成批判性思维。

5. 角色扮演

角色扮演能把听、说、读、写四种能力融合在一起,是一种很好的培养学生能力的教学方式。将学生按小组分配角色,然后以朗读的方式表演,注意语气和音调变化。

(四)初中生英语绘本的选择

1. 选择英语国家原版的优秀英文绘本

优秀的英文绘本由高质量的绘图和富有深意的故事组成。通常好的绘本故事都是由绘图大师和故事大师强强联手打造而成,例如,加拿大故事大王罗伯特·蒙施就与画家麦克·马奇科合作,美国儿童绘本大师艾瑞克·卡尔就和儿童作家比尔·马丁合作。这样的绘本很受欢迎。此外,关注近年来国际儿童绘本奖项的获奖作品,可以为绘本的选择提供参考。美国图画书界最重要且代表最高荣誉的奖项是凯迪克奖(Caldecott Medal)。美国儿童图书馆协会根据前一年美国出版的图画书,选出一本最佳儿童图画书作为该奖项的获得者。其他重要的绘本大奖还包括英国格林威大奖(The Kate Greenway Medal)、德国绘本大奖(German Painting Award)等。

2. 遵循最近发展区原则,选择符合学习者的英文绘本

许多学生畏惧英文阅读的原因之一是阅读全英文表达的文字具有一定的难度。因此,老师应该根据学生的年级和语言水平,选择相应难度的读物,生词以不超过整本书的3%为最佳。这样既能让学生学到新的语言内容和表

达方式，难度也刚好在他们可接受的范围内，即 Krashen 所说的"i + 1"原则。

（五）结束语

威尔金斯说："外语学习成功的标准不应该是学生能背多少教过的句子、词组和生词，或知道多少语法规则，而是他们能用所学到的语言创造性地表达多少。"因此，英文绘本在初中英语教学中可以作为教材的补充，作为拓展性课程。英文绘本对于英语课程核心素养的培养有着重要的意义，它有助于建构学生的文化品格，发展学生的语言能力，提升学生的思维品质。

参考文献

［1］全日制义务教育英语课程标准（实验稿）解读［M］. 北京：北京师范大学出版社，2002.

［2］中华人民共和国教育部. 义务教育英语课程标准［M］. 北京：北京师范大学出版社，2011.

［3］鲁子问. 核心素养视野下的小学英语绘本阅读教育［J］. 教育实践与研究，2017（1）.

［4］鲁子问. 课堂：英语核心素养植根的沃土［J］. 中国教育报，2016（9）.

［5］徐志平. 基于学科核心素养的英语绘本拓展性课程的开发实践研究［J］. 海外英语，2017（2）.

［6］William James. The Principles of Psychology. Harvard：Harvard University Press，1981.

四、初中英语情境教学研究报告

光祖中学　余佘

内容摘要：时代和社会发展的要求都对中学生的外语要求有所加强，学好外语尤其是英语是中学生们必须面对的话题。而对于英语教师而言，对中学生的英语教学则显得尤为重要。传统的授课方式的英语教学显得过于单调，而情境教学的发展则让英语教学有了新的教学形态。本文旨在研究初中英语的教学情境，并研究相关问题和解决方案，希望通过本文能对情境教学的研究有所促进。

关键词：情境教学；初中英语；合作教学

随着社会经济的高速发展以及与全球的接轨，英语学习的重要性不言而喻。对于初中生而言，英语学习需要接触大量真实的、地道的英语，传统的英语教学并不能很好地满足这个要求。因此，要创设英语情境，灵活运用语言，让学生在情境中体会语言的用法，激发学生的兴趣。英语情境教学在我国英语教育中已经逐步开展，并成为一种新的教学形态，同时也是新时代教育改革的一个重要方向，改变了传统的以授课为主的教学方式。

（一）国内外情境教学相关研究

早在古希腊时期，著名的哲学家、教育家苏格拉底就曾提出过"产婆术"，它强调在教学中使用对话、提问、暗示等方法来激发学生思维，让学生主动思考以解决问题，可以说，这是西方最早的启发式教学。同时，这种方法在启发学生学习的过程中又为学生设置了特定的问题情境，然后让学生来摸索规律，发现问题并解决问题，充分利用了学生所学的知识。

到了18世纪，著名的思想家、教育家卢梭曾在他的书中记录过一个情境教学的案例：在爱弥儿还很年幼的时候，老师把他带到森林里让他自己辨别方向，但当时爱弥儿还没有辨别方向的能力，无法找到正确的道路，后来老师提示他可以根据树影的方向来辨别回家的路。这就是有目的地利用大自然的情境引导学生学习和思索，从而使学生发现问题，解决问题。

19世纪，美国教育家杜威提出，"从做中学"是一种通过主动作业，在经验的情境中思维的方法。此外，他还提出了创设疑难情境、确定疑难所在、提出解决问题的种种假设、推断能解决困难的假设以及验证假设的五步探究教学法（惠瑞娜，2013）。

在现代教育中，苏霍姆林斯基在教学过程中对情境教学的重要性有了充分的认识，并主张带领学生接近大自然，让学生能观察大自然、受到大自然美的熏陶。因此，让学生在轻松愉悦的情境下能让学生的兴趣有极大的提高，也为提高学生审美和鉴赏美的能力提供很好的基础。他曾说："我力求做到在整个童年时期内，使周围世界和大自然始终都以鲜明的形象画面、概念和印象来给学生的思想意识提供养料……"（唐其慈等译，1981）。

20世纪，著名心理学家乔治·洛扎诺夫首创"暗示教学法"，将情境教学法推向一个新阶段。它将学习和唱歌、游戏、演戏等结合起来，启发学生自觉学习，寓教于乐，让学生感到学习的每一分钟都是一种享受（韦志诚，1999）。而情境教学法正是暗示教学法的基础，即通过设定特定的情境，创造出能够激发个人潜力的内在心理倾向，将学生内在的各种无意识的因素连接起来（朱作仁，1987）。

储婷婷提出的英语情境教学法是以教育心理学中的情境认知和学习理论为基础的，也是符合学生学习的心理规律的，这种教学法突破了传统英语教学中的单纯的语言语法知识的传递，对传统教学去粗取精，重视学生学习的情感感受和心理体验，是一种具有直观性、形象性和启发性的教学理论和方法，也是现代教学方法的发展方向（储婷婷，2010）。

（二）理论基础

1. 情境教学的含义

情境教学是指在教育教学的过程当中为了让学生能融入学习情境，通过设定特定的背景或场景对学生进行教育以提高学生的认知能力和培养学生的思维和感情。Brown Collin 和 Duguid 提出了情境教学的概念，他们认为"知识只有在它们产生及应用的情境中才能产生意义。知识绝不能从它本身所处的环境中孤立出来，学习知识的最好方法就是在情境中进行"。威廉姆 J. 克兰西曾在其论文中指出，情境学习是一种有关人类知识本质的理论，它研究的是人类的知识是如何在活动情境中发展的，而不仅仅是指教学必须要求有情境化或与情境相关。

建构主义理论中提到的情境则是指学习中的情境，由于它要求其情境的建构是要对学生所学的内容有意义，因此，在教学的时候不仅要考虑教学目标和教学内容的设计，也要对情境的设计进行考量。在课堂活动中，学生能通过创设的情境全身心地投入其中，进行积极主动的学习。

2. 初中生英语学习的特点

采用情境创设对初中生进行教学需要理解初中生的心理特性。

首先是学生的动荡性。初中生由于处在生理和心理发展的关键时期，身心发展都不太平衡，因此比较容易在心理上产生冲突和矛盾，情感上会比较冲动，承受能力较弱，在对待家长和教师的态度上也比较容易出现逆反心理。

其次是学生的自主性。初中生这个阶段自我意识增强，他们在心理和行为上的极大的自主性会让他们有强烈的自信心和自尊心，对很多事情有自己的看法和见解，同时也表现出前所未有的进取性，精力充沛，上进心强。

再次是学生的社会性。学生处在社会不断发展的过程当中，由于他们对实际生活中的各种现象都十分感兴趣，也有兴趣钻研新事物，因此，他们的心理发展也会受到社会环境的影响，而这样的社会性对他们的学习、生活都有很大的影响。

最后是学生的不平衡性。由于学生处在青春期,他们的生理和心理发展并不平衡,生理飞速发展,但心理发展则相对落后,此时他们的个性正在发展阶段,智力发展则突飞猛进,他们的人生观、世界观还处在形成过程,因此这种不平衡性也让他们的学习、生活充满挑战。

(三) 初中英语情境教学中存在的问题

情境教学对初中英语教学的有利之处不言而喻,但是在实际应用情境教学时仍然存在许多问题。

第一,情境意识薄弱。教师在教学过程中没有充分重视情境素材在初中英语教学中的作用。学生在学习新知识时,直接对新课文进行学习而教师不进行任何铺垫会让学生感到难以掌握学习内容,相反,若能在学习新知识前对学习的内容进行铺垫,则能让学生的学习事半功倍。因此,教师教学应该增强情境教学意识。

第二,情境素材不充分。英语教学中,大部分教师偏好使用英语教材作为主要教学用书,但是作为英语学习的情境素材,仅仅使用英语教材还是不够的。原版外文报纸、杂志、录音等都属于情境素材,教师在教学过程中很少使用这部分素材进行教学,因此很难激发学生学习的兴趣,也很难为学生创设有利的学习情境。

第三,情境实施不到位。许多英语教师通常会采取使用投影、多媒体等方法进行教学,形式较单一,对其他新颖的方法使用较少。一方面,初中生的年龄特点和心理特征的丰富性都让他们对英语学习的趣味性和情境性有所要求,因此在实施情境教学时,应该采取丰富导入的方式。另一方面,在情境教学中,教师对学生的激励方式也应该提倡丰富化而不是过于呆板和单一,比如通过让学生表演和绘制海报、组织游戏、开展小组合作等方式,都能够激励学生在创设的情境中积极学习,同时也能增强学生对知识的应用程度。

(四) 初中英语情境教学的改进策略

针对初中英语情境教学的状况和存在的问题,笔者从以下几方面提出几点改良策略:

第一,完善学校管理系统和学校从教环境,增加学校对情境教学的经费投资和支持力度。情境教学的实施包括如何对教学进行科学的管理以及如何调动师生的教与学的积极性等多方面的问题,学校在管理方面及从教环境方面进行大量的经费投入,一起商讨如何将情境教学的效果发挥到极致,从而为英语的情境教学提供极大的支持。

第二,充分发挥家庭的监督作用。家庭在初中生的成长过程中起着非常重要的作用。父母在家庭教育中可以配合学校老师使用一些有效的情境素材来培养孩子的学习能力,比如,让孩子看英语漫画,学唱英文歌曲,观看英文电影,等等,这些都能让孩子在家长有意创设的语言环境中有所进步。在这个过程中,初期可能会遇到一些困难,但是坚持下来一定会有所进步,而家长适当对孩子进行精神或物质的奖励都能激发孩子的学习动力。

第三,提高教师专业技能和教师对情境教学的参与度。教师的专业能力包括教学能力、教育科研能力、班主任工作能力等多方面的因素(余文森,2010)。在提倡创设情境教学的情形下,教师首先应该提升自己的专业能力,充分利用自己的学科特色为教学做出改善、创设情境、提升教学技能。其次,教师要具备良好的沟通能力,对学生的需求和看法能进行有效的接受和理解,并对其进行反馈。最后,教师要具备高超的教学实施能力,这是教师专业素养的核心部分,包括评价反思能力、启发诱导能力、分析讲解能力等。教师只有具备这些能力,才能在实施情境教学时达到教学预期,让学生能快速融入情境,积极学习。此外,教师也要积极参与课堂创设的情境,与学生一同体验,参与其中,通过实践找出在教学中需要改进的部分,并进行完善与提高。

(五) 结论

情境教学的研究为初中英语教学提供了很好的理论基础,初中英语教师在教学过程中应广泛应用该方法创设情境,这对激发学生的学习、提升学生的能力有非常大的促进作用。笔者对于这部分的研究由于条件的限制和自身理论水平的不够,很多观点还不够成熟,还需要进一步研究。在后续的研究中,笔者将对其他问题进行深入的研究。

参考文献

[1] 朱作仁. 教育辞典 [M]. 南昌:江西教育出版社,1987.

[2] 余文森. 新课程背景下的公共教育学教程 [M]. 北京:高等教育出版社,2010.

[3] B.A.苏霍姆林斯基. 把整个心灵献给孩子 [M]. 唐其慈,毕淑芝,赵玮,

译. 天津：天津人民出版社，1981.

［4］韦至诚. 语文教学情境论［M］. 南宁：广西教育出版社，1999.

［5］储婷婷. 高中英语情境教学的实施现状及改进策略［D］. 长春：东北师范大学，2010.

［6］惠瑞娜. 高中思想政治情境教学研究［D］. 开封：河南大学，2013.

五、《自主互助背景下的初一年级综合性活动课程实践研究》研究报告

光祖中学　张聪菊

内容摘要：本课题依据 12～15 岁青少年的认知特点和母语学习的规律，进行初中三年语文课程与教学的整体规划，恰当安排学习时间、课程内容，采用合宜的教学手段与策略，有效发展每个孩子的语文综合素养。结合新的课程标准，注重学生的综合性活动能力，让学生成为学习活动中的主角，而教师的角色定位应该是一个对话者，一个教学活动的平等参与者。通过一年的实践和探究，本课题已经有了结合教材的适合学生学情的活动方案，且取得了较好的效果，即使语文教学有了新的模式，学生的学习习惯得到了很好的培养。

关键词：核心素养；新课程；综合性活动；习惯培养

（一）课题提出的背景

学习兴趣是学生渴求获得知识、探究某种事物或参与某种活动的积极倾向，是学习活动最直接、最活跃的推动力，也是学生获取新知的前提。然而，在实际的语文教学中，学生普遍缺乏参与的热情，学生普遍觉得语文学习枯燥乏味，语文学习兴趣不浓。笔者根据自己的经验和调查得知，主要原因有以下几种。

1. 片面强调"以知识为中心"的传统教学观念仍普遍存在

传统教育注重以知识为中心，主要表现形式是过分强调知识的逻辑体系，强调知识的重要性，而忽视学生的身心发展规律和认知规律。学生从根本上丧失了成为教育主体的可能，学生学习的知识都是书本知识，间接经验取代了直接经验，致使学生缺乏学习的体验，丧失学习的兴趣。很多语文教

师把获得知识的手段变成目的,把语文教学变成应付中考的训练。为了让学生取得一个高分,很多语文教师总是希望通过 40 分钟的时间多给学生讲一些内容,一味地迎合考试大纲,对要考的内容大讲特讲,不考的内容就略讲甚至不讲。

2. **教学模式陈旧单一**

教学模式是在一定教学思想或教学理论指导下建立起来的较为稳定的教学活动结构框架和活动程序。然而,一直以来,我们初中语文课堂的教学模式却始终处于简单重复的状态。很多语文老师以教定学,在备课时往往首先考虑自己怎样教才能吸引学生的眼球,如何展示教师的自我个性,如何让学生主动配合教师的教学,教学过程成了学生配合教师完成教案的过程,特别是在具体教学中,始终在反复进行生字学习、作者介绍、划分段落、概括中心、写作特点分析等环节,语文课堂教学基本模式基本成了一张戴着面具的"死面孔"。

3. **学生主体意识不强**

传统的语文教学呈现出单一性、平面性特征。这些特征扼杀了学生的个性、钳制了学生的思想、摧残了学生的创新欲望和潜力,也使语文教学的人文性和生命力大打折扣。从教学过程看,课堂教学的安排、调控、反馈、总结,都是按照教师的既定方案推进,结果学生失去了主动发展的机会,沦为学习知识的客体。尽管在课堂上教师也采取了一定的方式进行师生交流,但这种交流常常是单一的问答式,甚至有的老师为了问而问,问题既没有价值,也不能启发学生的思维。学生思维完全依赖老师的启发发展到预定位置,形成了所谓的"惯性思维"。而这样做的结果是,学生逐渐丧失主动思考问题的意愿,学习的兴趣也随之慢慢减退。学生缺乏独立的思考与训练,学习的主体意识自然而然也就淡了,就更谈不上学习能力的提高了。

(二) 课题研究的对象与方法

1. 研究的对象

以光祖中学初一年级学生为主要研究对象,重点以初一 3 班、4 班学生为研究对象,在两个班按照课题设想开展活动课,并通过对比分析,检验课题研究效果。

2. 研究的方法

(1) 调查研究法。通过问卷调查、访谈等形式,选择本年级一定数量的学生,了解学生活动课开展前后的学习兴趣、活动课开展的效果,了解学生对以后活动课的设想。

（2）反馈评价法。在课题实施过程中，教师及时给予评价和反馈，制定过程性评价体系，让学生在活动中及时了解到自身学习的程度，并及时调整以后的学习方法。

（3）对比实验法。通过对研究班与对照班在实验前后学生的学习成绩及学生对本学科的兴趣等进行对比，评价研究效果。

（三）课题研究的依据

1. 教育心理学理论

①人本主义学习观：以马斯洛、罗杰斯为代表的人本主义心理学派强调学习过程中"人"的因素。他们认为，在学习中，必须重视学习者的主观性和意愿，重视人的创造性和自我实现；必须尊重学习者；必须把学习者视为学习活动的主体；必须重视学习者的意愿、情感、需要和价值观；必须相信任何正常的学习者都能自己教育自己，发展自己的潜能，并最终达到自我实现；必须形成情感融洽、气氛适宜的学习情境。人本主义学习论者突出教育始终是人在学习，并且是具有独特品质的人在学习。因此，教育应该以人为本，把学生看作一个活生生的、有思想的人，而不是一个简单的容器。

②建构主义学习理论：以皮亚杰（J. Piaget）为代表的建构主义学习理论认为，教学要以学生为中心。学习不是被动的接受，学习者对知识的学习与掌握不是通过教师的传授和机械的记忆而得到的，而是在一定的情境下借助教师和同学的帮助，利用必要的学习资源，以先前的知识经验为基础，不断地学习新知识，通过意义建构将其内化为新的认知结构的过程。所以在教学过程中必须要引导学生积极主动地参与教学的全过程。强调教师是学生意义构建的帮助者、促进者，而不是知识的传授者与灌输者。

2. 素质教育理论

素质教育作为一种教育思想，是20世纪80年代中期提出来的。它强调以学生的发展为本，以促进学生全面发展为取向。其核心是培养学生的创新精神和创新能力。新的课程理论更是强调学生在学习过程中的生成性，新一轮的课程改革把学生听、说、读、写能力的全面发展作为培养目标。

(四) 初一语文综合性活动课的整体设计

1. 综合性活动课的设计思路

（1）适应当前语文课程改革的需要。

2016年，中小学的语文课程全面改版，新的人教版初中语文课程以单元为主题来构建，但从教材内容的编排和课程的整体构思上看，新课程更加注重培养学生的综合性活动能力。因此要努力营造课堂氛围，让学生在课堂上敢说、敢问、敢辩，激活他们创新的欲望。新的课程标准要求我们老师要让学生成为学习活动的主角，而教师的角色定位应该是一个对话者，一个教学活动的平等参与者。老师在教学过程中扮演的是导演而非主演的角色。这一角色的变化，活动课无疑是最好的载体。

（2）配合初中语文主题大单元教学的体系构建。

笔者参加了深圳市"陈理名师工作室"的课题研究，该工作室之前已经开展了主题大单元的体系构建。该课题以建构主义理论、单元教学理论及当代语文课程教学论为理论基础，提出"主题语文，生命成长"的核心理念：一是强调语文作为交流认知的工具和人类文化的载体，兼具工具性与人文性，主题大单元教学借助人文主题的导向，同时明确单元语文知识能力训练目标，以开放、立体的主题语文课程建构认知、提升策略及塑造精神，完成语文教学的多维目标；二是主张要依据12～15岁青少年的认知特点和母语学习的规律进行初中三年语文课程与教学的整体规划，恰当安排学习时间、课程内容，采用合宜的教学手段与策略，有效发展每个孩子的语文综合素养；三是促进教学相长，将教师从烦琐、机械的教学工作中解放出来，与学生一起阅读写作对话，感受创造生活，实现专业的成长并收获更多幸福感。

而笔者本人正是承担了该课题中综合活动课的子课题研究，进行活动课的整体设计和实践，正是一种在研究的状态下工作、在工作中研究的教学教研方式。

2. 综合活动课的设计原则

（1）体现"语文"的个性化。

语文活动课是围绕"语文"开展的活动，"语文"是其最基础的一个定语和范围界定，是不同于其他学科的活动。

要突出语文个性，就一定要从"语言运用"这个角度来切入。学科教学的主要表现形式是教材的运用，训练的重点是语言运用。而语文活动课则不是简单地局限在这个范围，它有着更广阔的视角，它更注重运用语言去解决实际问题，具有更强烈的生活气息。通过学生的切身体验，在实践中培养发展运用语言的能力。

（2）注重学生学习兴趣的培养。

教学的最终目的是让学生学习知识，掌握学习的技巧，而最好的方法就是让学生主动学习，培养学生内在的学习动力，说到底就是让学生对学习产生兴趣，有好奇心，有探究心。但在实际的教学过程中，我们有很多语文老师往往没有足够重视，在具体教学中一定程度挫伤学生语文学习的自信心和积极性，既影响了教学效果，又失去了学生的支持。

首先，要在活动的内容和形式上吸引学生。如突出强调语言应用能力的演讲、讲故事活动，突出强调协调沟通能力的辩论活动、角色扮演活动，突出强调理解鉴赏能力培养的名作赏析活动、读书交流活动等。

其次，要进行正面的激励与引导。老师要充分了解学生的特长与爱好，进行有针对性的分组，开展专题性的特长展示活动。通过种种方式，搭建起学生展示自己的平台，在信心的不断增加中提高学习能力。

此外，教师在对语文综合性活动课进行评价时，尤其是具体到学生个人的评价，一定不要用分数来做评价，要注重对过程的评价和方法的评价。

（3）尊重学生的自主选择性。

学生在语文活动课中要牢牢把握主动权，要当好主体，自己组织设计。语文教育一个鲜明的特点就是通过知识的学习培养发展一种能力，最终把这种能力运用到生活实践中，就是说学语文是为了更好地用语文，也就是我们常说的"知识能力化，能力生活化"。要很好地把握和运用这一点，教师就要下功夫培养锻炼学生的主动意识，把主动权交还给学生，只进行适当的协调、咨询，让学生独立自主操作。在活动中，学生接触的内容更加丰富，走出了课本，走进了生活，在实践中感悟体验，充实提高。学生自我思考、自我观察、自我实践，掌握了学习方法，享受了学习乐趣，一定会收到良好的学习效果。

（4）突出活动的综合性和全面性。

语文活动课作为活动课的一种，具有活动课的特点的同时，还具有语文的特点，既注重语文这个范围，又强调活动这个特点。因此，语文活动课在设计目标时，一定要突出全面性。既要包含常规的理论知识的学习，又要包含实践能力、生活能力的锻炼和培养，也就是语文能力的运用。通过让学生直接参与活动实践，锻炼学生的认知能力、语言应用能力、综合素质等，给学生一个全面发展的空间。要着眼大局，立足长远，注重整体的把握与综合能力的提高。

3. 初一语文主题大单元系列课程活动设计

人民教育出版社 2016 年版部编新教材的综合性活动课七年级上册的有三个，分别是"有朋自远方来""少年正是读书时""文学部落"，七年级下册的也有三个综合性活动课，分别是"天下国家""孝亲敬老，从我做起""我的语文生活"，这些综合性活动切入点是不错的，但并不能很好地结合单元主题开展活动。而且从部编新教材的编排特点来看，新教材强调学生要进行整本书的阅读，我们的综合性活动课正是结合单元主题，同时兼顾阅读任务，因此每学期至少有三次读书分享会，让阅读的成果得到分享，同时为了改变读书分享的单一模式，比如七年级下册的第一单元，我们还采用了辩论会的方式来展示"民国人物的风采"。

表 4-3、表 4-4 是七年级上、下学期的综合性活动课单元主题和课程设计。

表 4-3 七年级上学期综合性活动课课程设计

单元主题	课程目标	课程内容	时间
走过四季	交流各地四季的风景特色，引发共鸣，写下对大自然的喃喃絮语、款款深情	综合性活动：行走的"风景" PS：看到的风景和读到的"风景"	第 1～3 周
家的那些事儿	关注身边的事情，体会、珍惜家庭亲情	综合性活动：我爱我家 PS：分享"家的那些事儿"	第 4～6 周
师者	品味文中鲜明的人物形象、真挚细腻的情感	读书交流会：《城南旧事》 PS：用思维导图形式，讲述人物故事，分析人物形象	第 7～9 周
以梦为马	学会结合自身实践，通过撰写演讲稿，发表演讲，表达自己的主张、观点、立场	综合性学习：班级演讲比赛	第 10～12 周

（续表4-3）

单元主题	课程目标	课程内容	时间
它的歌	感悟动物折射的精神，激发珍视生命、关爱动物的情感	读书交流会：《狼图腾》	第13～15周
虚幻的真实	自编自演本单元的诗文和寓言童话故事，培养联想力与想象力	综合性活动：排演本单元的诗文以及童话寓言故事	第16～18周

表4-4 七年级下学期综合性活动课课程设计

单元主题	课程目标	课程内容	时间
名人面对面	树立正确的偶像观，感受榜样的非凡气质，唤起对理想的憧憬与追求	读书交流会：民国范儿 辩论会：民国那些男女们	第1～3周
我的国	学习搜集资料并结合观察体验描述评论国民的优缺点，培养公民意识	综合性活动：寻找最美（最丑）中国人	第4～6周
凡尘凡人	熟读精思，体会作品深意，引发对社会底层的关注。理解平凡人的情感	班级读书会：《骆驼祥子》	第7～9周
人生五味瓶	感受人生的酸甜苦辣咸，追求道德修养的更高境界	综合性活动：孝亲敬老，从我做起	第10～12周
悟	发现并体悟生命的价值，树立积极的人生态度	班级读书会：女作家散文品读	第13～15周
让科技带我们穿越	触摸探险者的精神世界，激发探索自然和科学领域的兴趣和想象力	读书交流会：《海底两万里》	第16～18周

（五）开展综合性活动课的过程

1. 综合性活动课的准备

首先，每个主题大单元教学开始前，我们可以上一节单元导读课。单元导读课的主要任务就是挖掘单元主题、激发学生的学习兴趣，同时布置本单元的综合性活动课的课程内容、课程目标、准备时间、各阶段任务完成时间，以及活动展示的具体时间。其中，要注意对学生进行适当的分组，并对组长进行培训，让组长负责分配每个组员的任务，做到人人参与、分工明确。

其次，在活动准备过程中，要对主持人和各小组同学进行适时的点拨和指导，让学生在活动初期就有明确的目的，带着目的去阅读书籍、收集信息、整理资料。

2. 综合性活动课的实施

活动过程就是活动的实施，这是活动教学最关键的一个环节，活动教学的实质性行为都发生在这个阶段，所以控制好这个过程语文活动课的真正效果也就产生了。在这一过程中，一定要依照一定的原则：既要客观实际，又要大胆创新；既要积极主动，又要规范操作；既要尊重个性，又要顾及全体，保证所有学生都有提高，保证每个学生都能全面提高。特别需要注意以下几方面。

（1）要转变观念，让学生真正享有主动权。

要充分尊重学生的主体地位。主体地位还给学生，并不意味着老师无事可做，老师一定要进行合理的指导，而要做好这个指导，首先一定要转变观念，要正确地认识和看待语文活动课的重要意义，要积极面对，积极组织实施，不要把它当作负担和累赘。

（2）要严格控制过程，确保活动顺畅有效。

过程控制是活动的一个核心环节，它的有效性是保证活动效果的一个最为关键的因素，没有科学合理的控制，没有积极稳妥的引导，活动很可能偏离方向，成为一盘散沙，失去活动本身的意义。特别是一些严重偏离教学方向的活动，既影响了活动的效果，又挫伤了学生参与的积极性。因此在开展语文活动课教学时，一定要进行有效的过程控制，加大辅助引导力度，让学生体验成功的快乐。

3. 综合性活动课的评价

（1）综合性活动课的评价原则。

①注重整体。语文活动的评价要注重整体，要保证评价内容和评价方式充分体现各方面的要求。主要包括以下几个方面的内容：一是要保证评估范围的全面性；二是要有对活动实施的评价，要保证评价活动方法的有效性和实用性；三是要充分利用各式评价方法，如定性与定量、口头与书面等，以

求更加科学合理、实用有效。

②尊重个体。语文活动课终究是学生的语文活动课，它的各项活动目标的落实、各项活动措施的实施，都始终依赖学生这个主体，评价过程对此也应该给予高度的重视。一是鼓励学生积极参与评价，让学生根据自己的感觉和判断进行评价，这种评价应该享有充分的自由度；二是要注意多个方面的结合和联系。需要重点强调的是，老师与家长要给予学生充分的信任，让学生在评价中准确客观地认识活动，同时要进行适当的指导，帮助学生更好地掌握活动技巧，最终提高活动能力。

③激励引导。实践证明，激励是促进事物向前发展的一个最好的催化剂，受鼓舞而激发动力。运用到语文活动课的评价上，就是要通过一种激励引导的方式，让学生在评价中找到认同感和满足感，增强自信心。这种评价需要注意的是要多角度、多层面寻找学生的优点，并让这种鼓励的情绪渗透到每件事、每个人。

④立足长远。语文活动课的最终目的是为了促进发展，这个目标不会因为活动方式的不同而有所改变，要从长远的角度出发，立足发展，进行科学合理的分析评价。要全面深入了解学生，分类别对待，分层次评价，不能简单地划定一个标准，眼光要更长远，触及面要更广。

（2）综合性活动课的评价标准。

一般采取自评、互评、师评等方式，它强调的是一种整体效果，一种整体的配合协作精神（见表4－5）。

表4－5 小组活动评价表

组长：　　　　　　小组成员：

	评价项目	评价结果
1	小组成员是否能主动热情与组内外人员合作、交流	
2	组长是否通过民主选举产生？能否尊重、团结组员？有无责任感？	
3	每次活动是否人人参与、团结互助？	
4	活动中查阅了多少资料？有哪些形式的实践活动？	
5	有无家长包办、代替或挪用别人成果的现象？	
6	活动中有无战胜困难的经验与失败的教训可资借鉴？	

第四章 "自主互助"课堂文化的光祖实践

（续表4-5）

	评价项目	评价结果
7	活动过程有无完整的记录？资料的完整和真实性如何？活动的成果和收获是什么？	

注：该评价表可以用于活动小组自评，也可用于小组间互评。

个体的角度主要是对个人参与的评价。一般采取自评和互评来实现，学生自评一般采取体会、感受、心得、小结等方式有针对、有侧重的进行。活动方式不同，评价方式也要有所区别，从而保证更佳的评价效果。如表4-6所示。

表4-6 学生参加语文活动情况评价

评价内容＼评价标准	好	一般	不够	自评	互评	综合评
参与程度	能主动参与活动，热情积极	能参与活动，但主动性不强	有时参与活动，有时不参与			
合作态度	乐于合群，友好配合，互相帮助，共同进步	在合作活动中能做好自己分内事	没有交流，甚至与他人产生矛盾			
个性表现	充分展现自我，点子多，有创意	主要听别人或看别人，以模仿为主	完全依赖老师，独立活动能力差			
活动成果	有作品或文字资料展示，质量高，或在各类评比中获奖	基本完成活动过程，作品、文字资料一般	没有完成或完成质量差			

（六）综合性活动课实施的效果及反馈

首先，语文活动课使教学模式有了新突破。它打破了长期以来由老师自导自演、学生充当看客的单一局面，突出了学生的自主实践性。它为学生提供了实践锻炼的机会，充分发挥了学生的主观能动作用。

其次，语文活动课让教学内容有了新发展。设置活动课程，形成与学科课程的有机结合、相辅相成的课程设置与教学模式，可以弥补单一的学科课程的不足，让学生在接受前人总结流传下来的直接经验的同时，也可以在亲身体验中获得间接经验，培养学生实际应用语文的能力，实现学生的全面发展。

再次，语文活动课在教学效果上有了新成效。从简单意义上讲，活动课重点培养与发展的是学生个体，通过对学生个性的发展来不断提高学生的心理素质。传统单一的语文学科教学中一个非常明显的弊端就是"一刀切"，忽视学生的个性发展。然而事实上，学生在个体上存在着这样或那样的差异，就拿语文学习来说，他们的兴趣指向各有不同，有的喜欢看戏剧和电影，有的喜欢阅读艺术作品，有的喜欢演讲、朗诵、辩论，有的喜欢写诗歌、散文。内容多样、形式多变的语文活动课刚好可以为学生提供一个可选的机会，发挥他们的特长和个性，这样教师也就可以因材施教，重点培养。如有的学生在听说能力上相对欠缺，就可以组织朗诵、演讲比赛等方面的活动课，有针对性地锻炼培养口头表达能力；有的学生在写作能力上相对欠缺，就可以鼓励他们挑选几个热门事件或话题撰写校园新闻报道，从而锻炼写作能力。学生们在活动课上表现出来的状态是积极主动、勇敢自信的，在传统语文课上学生不肯主动回答问题、不愿参与教学的问题，通过在语文活动课上主动积极参与得到很好的改观，通过自我参与获取知识，产生了一种满足感和成功感，学生不断获取知识、攀登高峰的新动力得到激发，既树立了自信心，又锻炼了心理素质。

整个活动过程，除了老师少数的指导和点拨之外，从活动的筹备、主持人的选择、主持稿的书写到后期的活动呈现，甚至活动的录像和视频，全程都是学生自己安排，学生的综合能力得到了很好的锻炼。尤其是一些考试成绩中等偏下的学生，在平时的考试活动中是无法体验到成功的，但活动课却成了他们展示自己的舞台，让他们获得了成就感。

最后，初中语文活动课在培养学生良好的语文学习习惯、发挥学生的自主创造性思维上也起到了积极的作用，它也确实成为发展学生综合素质、培养良好语文能力的一门好课程。

(七) 综合性活动课的不足与反思

经过一学年的实践，学生的语文学习能力得到了提高，本学期学生在开展课前朗读的时候，已经能大胆地、积极主动地融入学习中，但反观这一年的活动课程，仍然存在着一些不足。

（1）活动课程依托新教材开展，但平均用力也有弊端，如果能选取其中的一两个课程作为学期的重点活动，增加活动学时，深入感知活动主题，活动效果可能会更好。

（2）在以后的活动中，可以开展班与班之间的互评互比，不仅可以让学生在自己班级的课堂做展示，也可以让学生在全年级甚至是全校师生面前展示，拓展活动课程的影响力。

（3）规范活动课程的流程，更重视学生对活动课程的准备过程，从思路到文字进行完善，让学生在准备过程中获得成长。

附：学生综合性活动照片

"我爱我家"活动课

小组集体展示图片，讲述家庭故事

家长们正投入地观看小组展示

校长跟同学们分享自己的故事

家长跟同学们分享此次活动的感受

第四章 "自主互助"课堂文化的光祖实践

"女作家散文品读"读书分享会

主持人宣布分享会开始

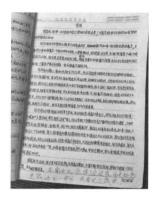

学生活动后的感想

"民国那些男女们"辩论会

一位平时考试成绩不理想的同学主动担任了辩论的主持人

学生侃侃而谈,展示民国时代女性人物的"风流"

参考文献

[1] 语文课程标准 [M]. 北京:人民教育出版社,2011.

[2] 李臣之. 活动课程研究 [M]. 北京:教育科学出版社,1998.

[3] 王松泉,董百志. 学科素质教育艺术论 [M]. 北京:社会科学文献出版社,2004.

[4] 区培民. 语文课程与教学论 [M]. 杭州:浙江教育出版社,2003.

[5] 郭元祥. 综合实践活动课程设计与实施 [M]. 北京:首都师范大学出版社,2001.

[6] 钟启泉. 课程设计基础 [M]. 济南：山东教育出版社，1998.

[7] 郭本禹. 当代心理学的新进展 [M]. 济南：山东教育出版社，2003.

[8] 李冲锋. 教师如何做课题 [M]. 上海：华东师范大学出版社，2013.

[9] 陈理. 主题式悦读乐写 [M]. 石家庄：河北美术出版社，2016.

[10] 任长松. 探究式学习——学生知识的自主建构 [M]. 北京：教育科学出版社，2005.

[11] 朱绍禹. 中学语文课程与教学论 [M]. 北京：高等教育出版社，2005.

[12] 张月娟. 合理开发课程资源，增加学生语文实践机会 [J]. 天津师范大学学报，2002（2）.

[13] 周玉新. 语文教学中学生语文素养的培养 [J]. 教研论坛，2012（10）

[14] 陈星江. 浅谈语文活动课 [J]. 宁德师专学报，2002（1）.

[15] 刘建琼. 语文素养——寻求文化意义 [J]. 语文教学通讯，2007（2）.

[16] 蒋勇. 体验，感悟式阅读教学探索 [J]. 教育科学论坛，2006（7）.

[17] 李泽文. 语文活动新探 [J]. 语文教学与研究，2000（4）.

[18] 张金兰. 新课程下的"语文素养"探析 [D]. 济南：山东师范大学，2006.

六、《物理教学中培养学生实践能力的研究》课题研究报告

光祖中学　张海花

内容摘要：本课题以认知结构学习理论、建构主义学习理论、人本主义学习理论等教育心理学理论和素质教育理论为理论依据，探讨了探究式学习的本质和在物理课堂教学中引导学生进行探究式学习的必要性和重要意义。在课堂教学实践中，以学生为主体，引导学生进行探究式学习，使学生能够在主动参与、积极探究中构建新知，发展能力。通过本课题的研究，探索出有效地引导学生探究式学习的实施策略。通过课题组成员们3年多的实践和探索研究，对课题的实施效果进行综合评价的结果表明，在物理课堂教学中引导学生进行探究式学习，能够改变学生单纯接受式的学习方式，提高学生的综合能力，培养学生的问题意识、大胆质疑的探究精神。

关键词：课堂教学；实践能力；实验操作

（一）课题的提出及意义

1. 时代发展的要求

随着知识经济时代的来临和经济转型，社会对人才的需求正发生着深刻

的变化。为适应时代变革，21世纪更加注重对学生实践能力的培养。相比于传统的知识型教育，过程型教育更能培养学生的实践能力。过程型教育强调"从做中学""从活动中学""从经验中学"，使知识的获得能与生活过程中的活动联系起来，学以致用。这与新课程改革所提倡的探究式教学一致。

2. 初中物理教学中存在的问题

教学缺乏学生的积极参与，缺乏学生的独立表达和练习，缺乏精彩的生成和互动。教师教学等同于教教材，学生学习就等同于学教材。课堂教学中排斥学生的思考和个性，把教学过程变为只需听讲和记忆就能掌握知识的程度，于是便有了掌握知识却不思考知识、询问知识、评判知识、创新知识的"好学生"。这使学生丧失了评判能力甚至提问的能力，更别提主动性、自主性和创造性了。

3. 课题名称的确定及其意义

朱永新教授认为"理性课堂"有六个度：参与度、亲和度、自由度、整合度、练习度、延展度。它可以真正地让孩子练习和实践，让学生在课堂上动脑、动手、动口，通过观察、模仿、体验，在互动中学习，在活动中学习。理想的课堂能够在知识整合的基础上向广度与深度延展，从课堂教学向社会生活延伸，为学生的进一步探究留下空间。为此，我们制定本课题，将课堂教学向课外实践延伸，提供给学生动手实践的机会，锻炼其能力。

（二）课题研究的目标与内容

1. 课题研究目标

通过本课题的研究，拟在改变学生被动单纯接受式的学习方式，使学生从被动的"让我学"转变为"我要学"，不仅如此，还力争达到以下目标。

（1）构建适合我校学生认知实际的课内外动手实践课程。

（2）基于锻炼学生动手实践能力编撰适合初中学生操作的课程。

2. 课题研究内容

（1）通过前期学生调查问卷对物理课堂教学现状展开调查，了解学生对现有课堂教学各个环节的反映情况，分析物理实验教学中存在的主要问题。

（2）通过查阅文献资料和相关理论学习，构建适合我校学生认知实际的课内外动手实践课程。

（三）课题研究的对象与方法

1. 研究的对象

以光祖中学初三学生为主要研究对象。设置两个实验班，在课堂教学中指导学生进行探究式学习，对照班则采用传统的教学法，与实验班进行对比分析。通过问卷调查、对期中和期末考试成绩进行统计分析检验实验效果，其他班级教师根据实验方案尝试教学实践以获得重要参考意见。

2. 研究方法

（1）观察法。通过观察在课堂上学生学习的表现（如主动参与教学的情况、上课时注意力是否集中、有无睡觉现象等）获得有关实验的资料。

（2）调查法。通过问卷调查、访谈学生，掌握实验前后学生的学习兴趣、探究式学习的情况，了解实验的效果。

（3）对比实验法。通过对实验班与对照班在实验前后学生的学习成绩及学生对本学科的兴趣等进行对比，获得实验效果。

（四）课题研究的依据

1. 教育心理学理论

（1）认知结构学习理论。认知学习理论的代表人物、美国著名的教育家布鲁纳（T. S. Bruner）提出了发现学习，认为学生的认识过程是在教师的引导下学生发现的过程，教师创设情境，学生进行主动、积极思考和探究，发现新问题，并自己提出解决问题的方案，得出新的结论。学生成为一个发现者、信息的加工者，而不是被动的知识接受者。

（2）建构主义学习理论。以皮亚杰为代表的建构主义学习理论认为教学要以学生为中心。学习不是被动的接受，学习者对知识的学习与掌握不是通过教师的传授和机械的记忆得到的，而是学习者在一定的情境下，借助教师和同学的帮助，利用必要的学习资源，以先前的知识经验为基础，不断地学习新知识，通过意义建构将其内化为新的认知结构的过程。所以在教学过程中必须要引导学生积极主动地参与教学的全过程。强调教师是学生意义构建的帮助者、促进者，而不是知识的传授者与灌输者。

（3）人本主义学习理论。以罗杰斯为代表的人本主义学习理论认为学习者是学习的主体，在教学方法上应以学生为中心，放手让学生自我选择、自我发现，发展学习者的个性与创造性，并要求创造和谐融洽的师生关系和学习气氛。

2. 素质教育理论

素质教育作为一种教育思想，从20世纪80年代中期提出来，至今已经有20多年的时间。素质教育强调以学生的发展为本，以促进学生全面发展为取向。其核心是培养学生的创新精神和创新能力。我国基础教育新一轮的课程改革，着重强调了学生学习方式的改变和课堂教学形式的改革，要求教学朝着自主学习、合作学习和探究学习的方向发展，其中一个重要而具体的目标就是，改变至今仍普遍存在的学生被动接受的学习方式，倡导学生主动参与的探究式学习。

（五）研究方案

2015年11月，在上级科研部门领导的期待下，我校初三物理学生申请并获得了深圳市学生小课题《住房装修之家庭电路设计》，并于次年结题评估中被评为深圳市学生小课题一等奖，为课题的研究注入了动力和希望。于是，2016年11月，我们初三物理备课组申请并获得了深圳市"好课程"——《我家电路我做主》的开发权。如今回顾起来，课题研究经历了三个阶段。

第一阶段是准备阶段（2015年11月—2016年1月），是实验研究的准备阶段。这一阶段的主要内容是拟定课题研究方案，成立了课题领导小组，举行了课题开题会，为进一步开展研究活动打下了坚实的基础。

第二阶段是实施阶段（2016年2月—2017年11月），这是实验研究的主要阶段。所做的工作主要表现为以下几个方面。

（1）学习家庭电路和家装电工基础理论，初步构建了《住房装修之家庭电路设计》引导下的探究式教学的课堂教学策略，并在策略的指导下进行教学设计和课堂教学实践。

（2）2016年3月，课题组成员进行了家庭用电需求市场调查，并结合住房结构图讨论和制定用电需求图。除此之外，学生课题小组分工协作，完成了家用电器规格调查、基础家装各需求电线和漏电保护器的选择、开关和插座选择及位置的确定、家装电路布线图，等等。

（3）2016年5月末进行阶段性成果总结，并进行了课题结题成果评估和展示。6月，我们参加了深圳市教科研中心举办的学生小课题结题报告会。

（4）实验教学。2016年11月—2017年1月进行了模拟家庭电路探究实验研究。以主持人涂涛为首的课题组成员，结队组合对客厅、书房、卫生间等中家庭电路的用电器进行了实验教学器材模拟安装。2017年3月，课题研究小组正式在模拟家庭中动手安装开关、插座及灯泡、布局排线。学生通过真实体验家装电路，不仅将电学知识灵活运用，也激发了继续学习和专研物理的热情。

第三阶段：总结阶段（2016年12月—2017年5月），本阶段为实验总结阶段。课题组搜集完善各种资料，组织课题组成员撰写论文及研究报告，进行结题评审。

（六）结论与成果分析

1. 课题组成员所取得的成果分析

首先，教师的教育观念在实验的过程中得到更新，学生是学习和自我发展的主体这一现代学生观得以确立。教师开始正确对待学生之间的差异，有针对性的教育、因材施教的意识有了很大提高。其次，教师的学科教育教学水平、科研意识和能力都得到了提高。在课题研究实践中教师素质不断提高，课题组成员教育教学理论得到了提升，教学的专业化水平得到了发展。再次，教师的科研热情被点燃，先前不敢或没有信心完成科研的教师，通过本次课题研究可以说是醍醐灌顶、信心大增。最后，如果说学科学习质量实验研究的直接效果是学生主体性和学习质量的大幅度提高，那么，教师素质的提高更具有深远意义。

2. 课题研究得出的重要结论

（1）在物理课堂教学中，将生产生活中的实际问题与课本的理论知识相结合，引导学生进行自主学习，改变了教师长期以来一直沿用的"一言堂""满堂灌"的教学方式和学生被动接受式的学习方式。自主学习使学生能够在主动参与的过程中进行学习，在解决实际电学问题的活动中获取知识，极大地调动了学生学习的积极性和主动性，使原来死气沉沉的课堂呈现出生机和活力。在整个学习的过程中，学生不再是接受知识的容器，靠死记硬背的方法去死读书、读死书，而是通过动口、动脑、动手真正地参与教学中来，成为知识的主动构建者。

（2）在物理课堂教学中引导学生进行自主学习，提高了学生的综合能力。在自主学习的过程中，学生能亲历、感悟探究过程，从提出问题、分析问题到解决问题，都要靠学生积极的思维活动来完成，不仅提高了学生的动手实践能力，而且学生分析问题的能力、获取新知识的能力、收集处理信息的能力等都得到了提高。

第四章 "自主互助"课堂文化的光祖实践

（3）在物理课堂教学中引导学生进行自主学习，培养了学生的问题意识和探究精神。在探究式学习过程中，学生能带着问题去学习，经过探究用所学的知识去解决问题，在探究的过程中又不断发现问题，再去解决问题，如此反复循环，不仅对知识的理解得到不断深化，同时培养了学生的问题意识和勇于探究的精神。

（七）由本研究引发的几点思考

实验的结果证明，在物理课堂教学引导学生进行自主学习是学生学习的一种有效方法，但是能否取得我们预期的效果，还受许多因素的制约和影响。通过本实验的研究，笔者认为以下几个因素对自主学习效果的影响至关重要。

（1）教师教学观念的转变是进行自主学习的前提条件。目前，有很多教师传统的教学观念还根深蒂固，特别是我们这样面临中考压力的教师，教学观念还比较保守陈旧。要搞好自主学习，首先教师的教学观念必须转变，否则就会使课堂教学"穿新鞋走老路"，名为自主探究，实为接受。因为在实际教学中，学生的学习方式究竟能不能发生应有的转变，取决于教师怎样引导、怎样帮助，也可以说，教师怎样教，学生就怎样学，学生学习方式的转变以教师教学方式的转变为前提。

（2）充分发挥教师的主导作用和学生的主体作用是课堂教学中进行自主学习取得成效的关键所在。促进学生有效探究的基本要件是：其一，必须将学生置于有意义的情境中，并引导他们提出问题，或者向他们提出恰当的探究任务；其二，必须为学生开展自主学习提供必要的时间和空间，并在资料、材料、设备和指导方面提供恰当的支持。

（3）建立一个与自主学习相适应的评价体系是检验学生自主学习的效果和激发学生探究式自主学习的重要手段。目前，传统的课堂教学对学生的评价重结果、轻过程，重分数、轻能力，不重视学生的个性差异，忽视学生的全面发展。对学生的评价，大部分教师采用的是以总结性评价为主、形成性评价为辅的方法。而探究式学习是一种新的学习方式，既重过程又重结果，如果再用以往的评价体系去评价学生的探究式学习，显然是不合时宜的，不能准确地检验出自主学习的效果，教学反馈的结果也不真实，就会影响教师对课堂教学的调控，对学生的自主学习也会产生负面影响。因此，对学生的自主学习的评价必须改变传统的课堂教学的评价方式，建立与之相适应的评价体系。在评价内容上，应从学生的知识、能力、情感态度等多方面、多角度出发去进行综合评价,形成性评价与总结性评价相结合,定性评价与定量评价相结合,自评与互评相结合。建立一个与自主学习相适应的评价体系,不仅使教师能够准确地掌握学生自主学习的效果,也有利于激发学生自主学习的积极性和主动性。

(4) 在课堂教学中,自主学习虽然是一种有效的学习方式,但并不是学生学习方式的全部。在课堂教学中提倡自主学习,并不否定有意义的接受学习,对某些学习内容来说,有意义的接受学习依然是十分有效和必要的。在教学过程中,教师应该根据教学内容和学生的基础,选择适当的教学方法。否则,不顾实际情况,一味地追求课堂的自主学习,就会影响课堂教学的效果,就会事倍功半。

(八) 本课题研究尚待解决的问题

本研究只是对物理课堂教学如何引导学生进行自主学习进行了初步探讨和实践,由于时间比较短,笔者对自主学习的实践经验不足,水平有限,致使本研究存在不足之处,课题研究过程中仍有许多问题值得商榷。

(1) 如何使探究式自主学习较好地落实到物理课堂教学中,取得最佳的教学效果,还有待在今后的课堂教学实践中进一步去探索。

(2) 对学生自主学习还没有形成一个完整评价体系,还有待进一步完善。

(3) 本研究的实验对象是学习水平较高的九年级学生,对一般的学生实施自主学习,是否也具有相同的效果,还有待进一步研究。

(4) 每一堂课中引导学生进行自主学习与教学任务的预期完成之间的矛盾仍需花大力气解决,解决的关键仍需老师在课前充分地进行预设。

(5) 自主学习过程中如何评价"自主"?如何动态地把握好学生的探究,什么情况下才能让学生进行自主探究?

(6) 如何解决课时进度与探究内容的有效性之间的矛盾?

(7) 课堂教学探究素材或探究资源选择的依据和作用如何凸显?

七、《平板电脑在初中数学课堂自主互助教学中的创新应用》课题研究报告

光祖中学　张伟辉

内容摘要：为了适应当前教育信息化的发展，平板电脑在中小学课堂的引进是现如今移动学习理论背景下信息技术与数学课程整合的最好范例。本文开展了平板电脑在初中数学课堂教学中的应用研究，目的在于探索并总结平板电脑在初中数学课堂教学中的应用效果及相比于传统教学的优越性，进而开展信息技术与课程整合，加快新课程教学的改革。

针对目前初中课堂教学中师生课堂互动不够充分、课堂教学缺少活力、传统教学课件局限性较大等问题，平板电脑不仅可以开发预设，还可以在线生成一系列课堂教学资源、创设多种课堂互动方式。并且针对这一新的多媒体技术在初中数学课堂教学中的应用效果及应用过程中已出现的一些问题，进行了比较系统的案例调查研究。

实践研究发现，相较于传统教学，平板电脑不仅在课堂辅助和课外练习方面具有明显的优越性，更实现了教学模式从传统到复合式的转型，证实了多模态教学支持在课堂实践中的有效作用，并促成形成性评价与总结性评价相结合的教学评价方式。

关键词：平板电脑；初中数学；课堂教学；优越性

（一）课题提出的背景及意义

1. 适应时代发展的要求

为了适应当前教育信息化的发展，我国已经确定在中小学普及信息技术教育，同时强调要加强信息技术与其他课程的整合。平板电脑在中小学课堂的引进是现今移动学习理论背景下信息技术与初中数学课程整合的最好范例之一。

2. 课程改革的需要

本课题以光祖中学为依托，开展平板电脑在初中数学课堂教学中的应用研究，目的在于探索并总结平板电脑在初中数学课堂教学中的应用效果及相比于传统教学的优越性，进而深入开展信息技术与课程整合，加快新课程教学的改革。

3. 硬件设备的基础

坪山新区光祖中学引进了大批平板电脑作为智慧校园的一部分,让学生也感受到信息化教学的优越性,经过一段时间的探索,已取得一部分成效。

4. 课题名称的确定及其意义

平板电脑在教学中的使用研究对达成教学目标、提高教学效益、促进教师的发展有着重要的意义。在大背景下的信息化教育,教师必须与时俱进,这些对达到教学目标有积极的促进作用。本课题先从其中一门学科入手研究,在数学教学自主互助方面进行创新性应用研究,这对信息化教育与课程融合、新课程改革有重大意义。

(二) 课题研究的目标与内容

1. 课题研究目标

(1) 利用平板电脑提高学生的数学学习兴趣,培养学生的数学综合素质。美国的相关研究表明,经常使用平板电脑类移动设备学习的学生,写作水平更高、分析能力更强,能够解决更多的问题,更容易合作。中学数学教师利用平板电脑可视、可听、可触的特点,在平板电脑上设计出集图片、音频、视频、文字材料等于一体的教学课件,并运用相关教学软件、视频动画等实现模拟数学现象发生过程,把一些数学事物和数学现象化虚为实、化繁为简,学生可以更好地学习某些无法实地观察或者抽象的数学事物,从而能提高学生的数学学习兴趣,也能培养学生的数学综合素质。

(2) 能够让学生利用平板电脑在数学课堂更好地开展小组合作,自主学习。课堂教学时,教师和学生人手一台平板电脑,教师和学生的平板电脑处于同一个无线网络环境中。教师在上课之前先进行为学生制定学习目标、提供学习资源的教学设计,然后将设计的问题、内容等通过"教师课堂教学平台"无线传输发送到学生的"课堂学习平台"中。学生以个人或小组的形式在平板电脑上学习新知识,或进行课堂探究,通过主动建构的方式获得数学知识。这也正是新课程所提倡的自主学习、探究学习和合作学习,让学生成为课堂的主人,教师成为课堂教学的组织者和管理者。

(3) 总结提炼出平板教学在初中数学课堂教学应用的方法与策略。

(4) 构建完成平板教学在课堂教学中的应用模式。平板电脑进入课堂与中学数学学科相结合作为本文的研究方向,试图挖掘出平板电脑教学相比传统教学方式给初中数学课堂带来的变化及需要注意的方面,以此为平板电脑日后在中学数学课堂中的普及做些探索,也在一定程度上给予中学数学教师和学生使用建议。

2. 课题研究内容

（1）以安卓系统平板电脑为例，结合初中数学教学特点，提炼出平板电脑的基本功能、特效功能等，并分析其对于初中数学教学的应用效果，为后期制定课堂观察编码体系提供参考和指导。

（2）理论探讨平板电脑课堂教学观察的分析研究方法，制定定性描述体系，为初中数学课堂教学案例分析打下基础。

（3）以三节典型初中数学课为例，从课堂中应用平板电脑这一教学设备入手，通过对从教学设计到教学实施及课堂录像的质性分析的完整展示，具体详细分析平板电脑给课堂教学带来的变化，高度总结出其相对于传统教学方法的特色及优势之处，为初中数学课堂教学提供借鉴。

（4）通过对教师和学生的问卷调查，分析教师与学生对平板电脑进入数学课堂的接受程度及分别从教师和学生的角度出发，总结平板电脑在教学中的优势及不足之处。

（三）课题研究的对象与方法

1. 研究对象

以深圳市坪山区光祖中学初一学生为主要研究对象，其中，在初一年级（2016级学生）设置实验班（初一4班）和对照班（初一3班），实验班在数学课堂教学中指导学生进行平板电脑教学，对照班则采用传统的教学法，与实验班进行对比分析。通过问卷调查、对期中和期末考试成绩进行统计分析检验实验效果，其他班级教师根据实验方案尝试教学实践以获得重要参考意见。

2. 研究方法

（1）文献研究法。通过对相关书籍、期刊的阅读梳理，为论文写作奠定理论基础。

（2）问卷调查法。本研究针对光祖中学教师和学生对平板电脑进入初中数学课堂的使用态度设计了一份学生问卷。通过该问卷，从学生的角度出发，调查总结平板电脑在教学中的优势及不足之处。问卷调查部分是定量研究。

（3）现场课堂观察法。主要观察传统课堂和平板电脑辅助的初中数学课堂教学中师生的课堂行为以及平板电脑在课堂的使用情况，并进行课堂实录，这是定性研究。

(4) 课堂教学录像分析法。后期主要针对课堂的实录进行细致补充分析。

（四）课题研究的依据

（1）"群体动力"理论认为，在一个合作性的集体中，具有不同智慧、不同知识结构、不同思维方式的成员可以相互启发、相互补充，在交流的撞击中产生新的认识，上升到创新的水平，用集体的力量共同完成学习任务。

（2）马斯洛的需要层次理论认为，在教育理论界，人们提出教育的交往起源说和交往的本质论认为"交往是人与人之间共同活动的需要，在交往中得到发展"。我国古代教学理论中也指出"独学而无友，则孤陋而寡闻"，等等，这都说明相互合作、交流在学习中的重要作用。特别是在现代科学技术高速发展的今天，任何一项发明创造除了个人钻研以外，还需要集体合作和协调，因此，不管是学习还是工作，"合作"在其中起着重要的作用，是事物发展的主要动力。教学中应当充分体现这一特点，顺应发展规律和社会发展的要求，使学生在学会学习、学会生存的同时，学会合作。

（3）合作教育理论认为，个体的力量是有限的，群体的力量是无限的。还学生学习主动权的具体实施过程是：小组合作学习，通过学生之间的群体智力互补，不仅使学生学会关心和友爱，而且促进了学生的自我发展，使他们体验到成功的喜悦。

（4）建构主义认为，学习不是由教师向学生传递知识，而是学生建构自己的知识的过程。学习者的学习是主动的，通过对外部信息的选择和加工主动建构信息，这种建构不可能由其他人替代完成。因此，教师不是简单的知识呈现者，他应该重视学生自己对各种现象的理解，倾听他们的看法，共同参与学生的探索，引导学生间的交流、质疑，从而使学生不断丰富或调整自己的理解，以建构清晰、完整的认识结构。根据建构主义的理论，要有效地完成知识的建构过程，学生必须由外部刺激的被动接受者和知识的灌输对象，转变为信息加工的主体，知识意义的主动建构者；教师必须由知识的传授者、灌输者转变为学生主动建构意义的帮助者、促进者。

（5）人本主义体现了学生的主动发展思想和主体发展地位，体现了以人为本的现代教育理念。教师的任务不是教学生知识，而是为学生提供各种学习资源，创设有利于学生发展创新的信息平台，让学生真正成为学习的主体，促进学生个体的可持续发展。

（6）《数学课程标准》理念认为，"关注学生发展"是新课程的核心理念，课程标准强调构建"知识与技能""过程与方法""情感态度与价值观"相融合的新课程目标体系，倡导自主学习、探究学习和合作学习等新的学习方式，鼓励学生在活动中学习，强调教学中的"民主、交流、互动、对话"。强调"经历与体验"，重视"过程与方法"，提倡课堂开放，努力把课堂变成实现以创新精神和实践能力为重点的素质教育主阵地。

(五) 研究方案

1. 第一阶段：准备阶段（2017年2—3月）
(1) 收集整理有关课题研究的信息资料，成立课题组，完成课题申报。
(2) 制定课题研究的实施方案，进一步明确课题组成员的分工与任务。

2. 第二阶段：研究阶段（2017年3月—2018年1月）
(1) 设计并进行面向师生的问卷调查，整理分析问卷调查的数据。
(2) 课题组修订研究方案，调整实际操作。
(3) 定期召开课题组会议，反馈与交流信息，研讨和切磋方法，强化目标落实。
(4) 邀请有关专家、学者指导课题研究。
(5) 逐步完成有关论文，力争公开发表，召开中期研究成果研讨会，做好研究过程中产生的各种资料的收集工作。

3. 第三阶段：总结阶段（2018年1月）
(1) 完成课题研究报告。
(2) 编著出版研究成果，如论文与电子成果等。
(3) 成果提交鉴定、验收、结题。

(六) 研究过程

本研究分别通过分析3节北师大版初中数学案例展示课来说明平板电脑课堂教学的特色及优势。

1. 数据汇总结果

将所选3节案例课的体系进行汇总，结果如表4-7所示。

表4-7 平板电脑课要素汇总（单位：次数）

标注	绘图	存储	管理	反馈	重点突显	操作对象	书写	回放	展示
25	26	27	30	24	58	53	95	60	425
动画	音频	文本+音频	文本+视频	视频	图片	实物	文本	文本+图片	
3	3	0	0	0	2	28	153		
	导入（59）		展开（627）		总结		评化		
人机交互331	25		194		7		9		
师生交互390	33		419		21		6		
生生交互8	1		14		0		0		

2. 数据分析

（1）课堂教学形态。

分析课堂教学案例录像发现，随着21世纪信息技术与课程整合教学改革的逐渐深入，课堂教学中已经很难看到板书为主、老师主导课堂的传统课堂教学形态，先进的教学工具、丰富的课堂活动、密集的课堂交互、活跃的课堂氛围已成为中小学课堂的主体文化，课堂教学已呈现出多种多样的教学形态。

上述3节课例表明平板电脑辅助的初中数学课堂教学形态最突出的是基于网络的问题探究式教学。这种课型也是在普通的教室中展开，教师作为课堂教学的组织者，使用教室多媒体和网络支持的平板电脑教学工具，以问题串形式控制着整个课堂的进展与活动。（见图4-2）

3节课例中首先都由教师在平板电脑上展示几个与教学内容相关的问题，引导学生通过独立思考，或同伴交流，或小组讨论寻求问题的解答，接下来由学生个体或集体在平板电脑上书写答案或者现场解答。然后教师会对平板电脑反馈的学生的回答或者学生现场的解答进行相应的评价，强调本课教学核心内容，并引入新的问题，从而又进入下一个循环。以课例《追赶小明》为例，其中包含7个问题，7个问题紧密相连、层层推进。课堂教学中教师通过平板电脑显示讨论问题，学生在平板电脑上练习解答，教师再利用平板电脑控制管理整个课堂中学生的回答情况。在这样的课堂教学中，教学节奏比较紧凑，整个课堂效率较高。

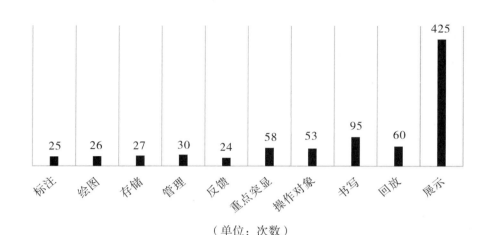

图4-2 案例课平板电脑基本功能使用频率汇总统计分析情况

（2）基本功能分析。

图4-2反映了3节数学案例课教学中平板电脑基本功能的总体使用情况，发现静态展示作为多媒体设备的常见功能，目前依然是平板电脑课堂教学中使用最多的。除此之外，平板电脑设备与办公软件相结合，书写、操作对象、绘图、标注、回放、重点突显、存储等功能也均被用于课堂教学。比较特别的是，网络支持下的平板电脑在课堂教学中还具有存储学习笔记、反馈学习情况以及管理课堂的功能。学生在平板电脑上面解答，然后轻点屏幕上的"提交"按钮，通过教室无线网络在线提交给教师，软件自动汇总学生答题情况，包括正确率等，教师接收后再把学生的解答情况在线回放投影在大屏幕上，然后有针对性地点评。总的来说，各功能均对数学课堂教学产生了正向作用。但由于对技术的不熟练导致占较大比率的操作对象功能对课堂教学没有起到一定作用，这一部分是造成课堂时间浪费的主要原因。

（七）成果分析

1. 教学方面的转变

（1）教学模式的转变。

平板电脑支持的初中数学课堂实现了从传统数学教学到混合式数学教学模式的转变。混合式教学主张把传统教学的优势和数字化教学的优势结合起来，将二者优势进行互补，从而获得更佳的教学效果。混合式教学注重学生个性发展和知识探究过程，课堂变成教师、学生技术互动的平台，较好地契合了信息技术与课程整合的理念。研究发现，平板电脑在初中数学课堂的引入为初中数学混合式教学的展开提供了一种较好的技术支持。

（2）教学方式的转变。

平板电脑对于多模态教学的支持在初中数学课堂实践中已经得到证实。教师精心制作教学课件，使得平板电脑成为集成文字、图片、声音、动画、实物等多种媒体的统一平台，能够在数学这一纯理科的教学中展开多模态的教学，运用多元智力理论，满足了听觉、视觉、运动知觉等不同学习风格的学习者的需求。上述分析结果表明，平板电脑能运用多种媒体来激发学生的学习兴趣，保持学生的学习动机，促进了学生概念的形成与认知发展。

（3）教学评价的转变。

网络环境支持下的平板电脑为形成性评价与总结性评价相结合的教学评价方式提供了可能。利用平板电脑的存储、反馈、管理等功能，教师可以随时记录学生的课堂学习情况，也为教师对学生学习过程的评估提供了支持，同时，也可以及时向学生反馈教师的评价结果，为学生今后的学习提供帮助。

2. 平板电脑辅助初中数学课堂教学的优越性

（1）平板电脑辅助课堂教学的优越性。

①提高课堂组织教学的管理水平与效率。基于网络的平板电脑具有实时在线交互的特点，并结合其特殊软件的控制、管理等功效，大幅提高了数学课堂组织教学的管理水平和效率。相比于传统数学课堂的单一管理模式，在平板电脑的帮助下，教师不仅可以更为全面、快捷地实现课前备课的教案设计、课件生成、习题试卷设计以及课后的作业布置、试卷的发放与考核等工作，也可以对实时课堂进行线上与线下的课堂管理，包括对学生学习原理、学习行为、学习思维的管理，以期架构一种实时、动态的课堂评价机制，帮助我们实现对当前以及今后教学内容和学生学习结果的管理和评价。并且也让学生全面参与课堂及课堂管理的始终，通过管理让学生成为数学课堂学习的深度参与者。

②及时了解学生在课堂中的学习状况。基于网络的平板电脑提供了一种与以往师生之间语言、身体交流方式不同的新型的"数据化"沟通方式。教师通过人机交互方式能及时了解全体学生或个别学生在课堂中的学习情况，学生同样也可以通过这种方式从教师那里得到及时反馈。平板电脑强大

的高速网络数据传输及统计功能，能让学生在平板上对教师所布置问题的解答及时反馈到教师的平板上，或者向教师反映其遇到的疑难问题，同时平板系统对学生所反馈的问题、试卷作业、对新知识的预习和以往知识的复习等情况进行快速统计，教师几乎可以同时轻易地全面掌握每一位学生的学习情况和全班学生的总体学习情况，极大地方便了教师及时、合理地安排教学内容和快速决定如何有针对性地进行个别辅导。网络环境下的平板电脑通过给教师呈现一组直观的数据，展现传统课堂中难以捕捉的学生学习思维的发展过程，教师可以有效地运用这种显现化的思维发展过程来及时调整教学策略，提高课堂教学质量。

③充分调动学生课堂学习的主动性。借助平板电脑进行课堂教学时，教师利用其展示、绘图、重点突显等教学功能激发学生的学习兴趣，管理学生的学习心理，使学生的学习处于"知情交融"的状态，时刻保持足够的精力和热情投入学习过程之中，充分调动学生课堂学习的主动性。除此之外，和以往"教师讲，学生听"的灌输式教学方式不同，在平板电脑的课堂中，学生和老师之间可以方便地互动，老师可以随时发布问题，并要求学生在平板电脑上进行限时抢答，学生也可以随时通过学习笔记向教师反映自己的学习情况，极大地丰富了教师与学生之间的沟通和交流，让教师与学生之间的距离更近了一步。这种方式也大大激发了学生学习的积极性，使学生更为主动地参与课堂学习互动。

④加强课堂教学资源的生成与储存。平板电脑的课堂白板软件可以让教师在课堂中随时调出来进行书写、绘图等，以辅助教学讲解使用，学生在线笔记软件可以让学生及时将课堂中教师讲授的重要知识点和疑惑之处在线存储，方便课堂中教学资源的生成及存储。并且通过在线存储的内容将永久保留在平板电脑中，以备后期随时调用查看。平板电脑系统采用电子文档或音视频来保存各种教学资源，利用现在电子技术发达的存储技术，可实现大容量的、快速的和几乎永久的存储。各类课前、课中、课后的教学课件、习题、试卷等学习资源同样可以以这种形式存储，方便索引和查看，供教师和学生使用，避免了纸质教学资源的搜索不便和存储量较少、存储时间短的缺点。

（2）平板电脑辅助课外练习的优越性。

①方便教师及时查看和批改课外作业。平板电脑设有教师对应学生在线学习笔记或课后作业的批改平台。学生的课后作业，教师可以选用红颜色的触控笔进行批改，双击屏幕会自动进入下一页；屏幕右上角显示的是学生的基本信息，右下角为教师相应的批改评价，包括基本得分，还可以给出相应

的评语。学生在线提交练习后，教师端就可接收到学生提交的练习，只要在有无线网络的地方，教师就可以仅用一台小小的平板电脑随时进行学生作业的查看与批改工作，极大地方便了教师，这是传统纸质作业批改所无法达到的优势。

②方便教师了解学生全面的学习情况。使用平板电脑批改作业可快速了解全部学生或者个别学生的作业情况，方便对个别学生进行个性评价及全体学生进行综合评价。教师通过作业批改界面查看学生提交的作业，可以发现软件已自动统计出各班所完成课外练习的情况，方便教师了解学生整体的学习情况和对全体学生进行综合评价。

平板电脑作业批改系统可以反馈客观题与主观题的学生答题详情。平板电脑上的作业批改系统既可以反馈学生的练习，也可实现对个别习题的正确率进行快速自动统计，包括具体人数和相应的人员。还有客观题和主观题的分析，学生答题后便可自动统计出各个选项的人数，点击颜色线柱，可以看到哪些人在此选项段，红色字体为答题错误的学生，绿色字体为答题正确的学生，极大地方便了教师对个别题目或者个别学生的学习情况的获取。相比于传统的作业批改方式，平板电脑可以说极大地减轻了教师的教学工作量，尤其是作业批改这一方面的工作量。

③方便学生进行学习笔记和错题集的整理和复习。将学习课件、作业、练习等以电子文档形式存储在平板电脑中，不占空间，永久存储，甚至也可以随时随地进行修改保存，方便了学生在线整理和复习学习笔记、错题集。电子资源相比于纸质资源的优越性有很多方面。和传统课堂笔记相似，学生在课堂中可以跟随教师及时将学习笔记进行整理并存储下来，不同的是这种电子版的学习笔记不占外在空间，可随时随地方便查看。学生电子作业上交后可以反过来进行相应批注修改，系统软件也提供了错题集界面，学生将错误练习统一整理到错题集中，省去了传统的抄题目等繁重工作，减轻了学生的学习负担。

（八）问题及展望

平板电脑在教学中的应用正如新生事物一般，有着广阔的发展前景，在高中数学课堂教学领域更是如此。笔者作为即将迈入中学数学教师岗位的新成员，强烈希望自身能够为其发展贡献绵薄之力。

平板电脑在教学课堂教学中的应用存在一些问题还需改进，这同样也是平板电脑在其他学科教学中应注意的问题。

1. 改善教室无线网络的问题

这是教师们在使用平板电脑进行课堂教学时意见最大的一个问题。由于目前学校很少有无线网络，即使安装了无线网络，但由于网络不稳定等因素，经常会出现学生登录不上去、连接速度太慢或者网络延迟所造成的部分统计数据或者文件传输的错误。因此，要想提高平板电脑的教学使用质量，改善无线网络的性能、增强其稳定性是十分必要的。

2. 改良平板电脑设备自身硬件和软件问题

平板电脑作为一种高新技术设备，因为更新换代得太快，设计者们投入的心血并没有很多，所以造成其自身一些"粗糙"的质量问题，包括硬件和软件方面。硬件方面，比如教师或学生在解决某一问题时书写的有效利用面积仅有屏幕那么大，无法进行向下延伸，若调出电子白板题目就会消失，这就是调查的部分学生建议在平板电脑中应增添"草稿纸"这一功能的主要原因。再者，学生普遍反映目前使用的平板电脑书写起来很不方便，板书不流畅，书写汉字走样，常会出现"写不出来、写了不显现"等问题，应在平板屏幕的制作上，兼顾高反光率、坚固度和光滑度等特性，提高书写质量。目前平板电脑也呈现出不能小屏的软件问题，这些问题造成了课堂中宝贵时间的浪费和学生学习资源的部分丢失的严重后果。比如教师教学和学生学习系统不独立，一旦进入课堂环境，教师就可以完全控制学生的学习系统，教师给学生发送一道练习题，学生若还没有做完便上交，但教师一旦关闭此练习界面，学生所做的练习就会丢失，这是一个很严重的软件漏洞缺陷。而且由于平板内存问题容易造成卡机、死机等，无故浪费课堂时间，理应优化程序以减少平板电脑内存的消耗。这些平板电脑自身的问题给课堂效率的提高造成了极大的影响，应当是我们急需要改善的方面。

3. 提高教师和学生操作平板电脑的技能

教师需要在教师平板电脑和投影仪之间进行来回切换，学生需要在平板电脑进行课件学习、习题解答、测试等操作，因而教师和学生操作平板电脑的技能直接决定了课堂的有效时间。目前，教师和学生由于对硬件本身和软件系统操作的不熟练，常容易出现错误操作。因而在将平板电脑投入课堂教学之前需要对教师和学生进行一定的培训，让他们初步掌握一些操作平板电脑的技能，并在后期使用中不断总结、不断提高。比如平板电脑屏幕表面不清洁也会导致平板电脑感应灵敏度下降，进而引起一些错误操作，因而教师和学生在使用平板电脑时应时刻保持屏幕的高清洁度。

课堂教学中使用平板电脑的最终目的是颠覆传统的课堂教学模式，逐步取代黑板在课堂教学中的"霸主"地位。因此，平板电脑兼顾黑板的功能。目前教师在利用平板电脑进行教学时，只能一个人进行操作，这也是平板电脑本身一大缺点，大多数人可能就会产生平板不如黑板的困惑。所以可以增加多人操作模式，比如增加双笔或多笔书写模式，多支笔可在全屏任意区域同时操作，且互不干扰。目前中小学多数学科鉴于平板电脑的某些优势与学科特点相契合，都已开始尝试在教学中应用平板电脑的实践探索，比如英语学科中特有的单词本、化学和物理学科中的虚拟实验室等。因此，只有不断改进平板设备在课堂教学中的不足，才能使平板电脑在各科教学中得到广泛推广和长期使用。

缺陷是进步的前提，任何事物都不可能是完美的，平板电脑也不例外，它也需要逐步的改良与完善，使得这一技术设备能够更好地服务于一线教学。总之，有关平板电脑辅助教育教学应用的研究已经取得了一些进展，但是还有很多问题值得我们进一步探讨。笔者将在今后的教学工作实践中继续研究，更深入地挖掘其功能与应用。

参考文献

[1] 何克抗. e-Learning 的本质——信息技术与学科课程的整合 [J]. 电化教育研究，2002（1）.

[2] 程少华. 基于 iPad 的教学改革初探 [J]. 教学月刊（中学版下），2012（1）.

[3] 蔚蓝. 美国将 iPad 应用于教学 [J]. 中国教育技术装备，2011（2）：112 – 113.

[4] 李玉顺，杨振涛，史鹏越，等. 平板电脑在教育教学中应用发展的现状机 [J]. 中小学信息技术教育，2014（4）：73 – 74.

[5] 李青，王涛. 基于平板电脑的学习资源设计框架和要点分析 [J]. 远程教育杂志，2012（5）：35 – 41.

[6] 李家树，尉辉根. 平板电脑在高校数字化教育中的应用与展望 [J]. 电脑编程技究与维护，2012（10）：156 – 157.

[7] 孟红波，吴帆，蔡郑东，蔡明. iPad 在骨科多媒体教学中的应用 [J]. 中国医学教育技术，2013（3）：309 – 311.

[8] 徐锐. 基于"平板电脑"技术的课堂教学管理——以"洛伦兹力"教学为例 [J]. 物理教学，2013（4）：31 – 32.

[9] 徐荣，iPad 在中学英语教学中的应用浅析 [J]. 新课程，2014（2）.

[10] 王济军，王赫男，曾毅. 平板电脑在幼儿数学教育中的应用研究 [J]. 中国电化教育，2012（12）.

[11] 罗云玲. IPad 辅助中学地理教学的初步研究 [D]. 北京：首都师范大学，2013.

后　　记

"办品质教育，树现代中国人"，这是光祖中学的教育理想。继续深化素质教育，不断提升学生素养，已是当今教育的共同追求。

自新课改以来，光祖中学一直致力于课程与教学创新，进行了丰富的实践，取得了丰硕成果。尤其在自主、合作、探究等教学方式的实践中，我们有自己的理论思考与真切作为。

自2015年9月起，我们围绕《核心素养背景下"自主互助"课堂教学文化的理论与实践》课题进行静悄悄的教学创新。经过近4年的努力探索，学校初步重构了优秀的教学文化，良好课堂教学生态逐渐形成，师生素质全面提升。

回顾就是反思，总结是为前行。我们觉得，自主互助课堂教学文化的重构与实践，主要处理好了教学中的三对基本关系。

一是自主与互助的统一。所谓自主，就是尊重主体，成就人生。体现在教学中是以学定教，先学后教；互助就是培养人的利他品格。在学习与生活中，互学互帮，共同成长。自主是合作之基，合作是自主之力。

二是理论与实践的统一。本课题就"自主""互助"等核心概念、理论依据、国内外研究现状及教学模式等多方面做了全面的阐释和分析，尝试重构了学校的教学理念文化，解决了"形而上"的问题，让具体的教学行为有章可循。更难能可贵的是，教师组建了共同体，通过学习与转化，以预习单、导学案、评价单、反思录等真切的行动，将教学的理想变成了理想的课堂。其实，这种"知行合一"的学习与工作方式，本身就是教学文化的自然丰富与生成。

三是教学与育人的统一。初中阶段的教学，若单纯追求高分，实现升学，采取接受式的被动学习，也许结果更好。但站在立德树人，培育担当中华民族伟大复兴时代新人的高度来思索，教学的根本目的是育人。"自主互助"课堂文化旨在让师生过一种自主合作的教学生活，并在这种自主、合作的长期磨砺中形成自主人格，培养担当精神，提升研学品质与共处能力。

因课堂教学是一个非常复杂、多变的系统，现代教学文化的建构没有标准答案，理想的教学实践也没有完成时。由于我们的理论水平有限，实践求

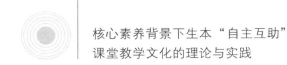

索欠深,"自主互助"课堂教学文化的理想建构还不成熟,教学系统的整体优化有待完善,实践成果的梳理与表达有待凝练。在此希望广大教育同仁批评指正,不断超越。

此书的编辑出版,参阅了众多学术著作与论文,得到了深圳大学张兆芹等专家的悉心指导,尤其是学校赖崇辉、彭炫、陈丽等干部与众多教师的艰辛实践,以及中山大学出版社专业人士的大力支持,在此谨表谢意!